받는 삶에서
나누는 삶으로

받는 삶에서
나누는 삶으로

초판 1쇄 발행 2023년 8월 10일

지 은 이 박광철
펴 낸 이 한승수
펴 낸 곳 문예춘추사

편 집 이상실
디 자 인 박소윤
마 케 팅 박건원, 김홍주

등록번호 제300-1994-16
등록일자 1994년 1월 24일
주 소 서울특별시 마포구 동교로 27길 53, 309호
전 화 02 338 0084
팩 스 02 338 0087
메 일 moonchusa@naver.com

I S B N 978-89-7604-605-5 03230

받는 삶에서 나누는 삶으로

박광철 지음

✦ 내일 보다 오늘 더
✦ 행복하길 기도하는
✦ 박광철 목사 신앙 에세이

문예춘추사

짐승은 글을 쓸 수 없다. 언어가 없기 때문이다. 물론 그들 사이에 의사소통이 가능한 어떤 소리가 있을 것이다. 그래서 어미가 위험에 처한 새끼를 부르기도 하고 장소를 이동할 때 특이한 소리를 내기도 한다. 고래나 침팬지같이 지능이 높은 짐승은 노랫 소리와 비슷한 소리를 내서 자기들끼리 의사소통을 한다고 한다. 그래도 그들에게는 글이 없다.

글은 인간에게 주어진 너무도 귀한 삶의 도구 중 하나이다. 말은 한 번 하면 곧 사라지지만 글은 두고 두고 다시 읽을 수 있고 다른 사람들에게 전달할 수도 있다. 그런데 세상에 존재하는 수많은 종족 중에는 아직도 글이 없는 종족들이 있다. 그들 사이에는 그들만 이해하는 언어가 있지만 글이 없기 때문에 구전(口傳) 이외에는 자기들의 생각과 생활습관과 가치를 후대에 남겨줄 수 없다. 그러니 읽고 쓰기에 난해한 중동의 언어들보다 대단히 과학적이고 익히기 쉬운(?) 한글이 있다는 것은 우리 민족에게 주어진 큰 복 중 하나일 것이다.

그런 글을 쓰는 작가가 되는 것은 아주 놀라운 특권이며 그런 글을 읽을 수 있는 것도 행복의 한 요소가 아닐까? 우리는 글을 모르는 문맹(文盲)자를 "까막눈"이라고 말한다. 글을 봐도 읽을 수 없기 때문에 삶의 길이 어둡고 길을 잃기 쉽다는 것이다. 그래서 문맹 노인들이 한글을 깨치면서 눈이 밝아졌다고 말하며 행복해하는 모습을 종종 볼 수 있다.

나는 이 글을 쓸 수 있어서 행복하다. 이제 나이가 들어가면서 생각이 더 깊어지고 언어가 더 무게 있기를 바라지만 그것이 그렇게 쉽지 않다. 오히려 종종 젊은 때의 마음이 다시 되살아나기도 하고 그 지난날들을 돌아보는 시간이 전보다 분명히 많아졌다. 이 시대가 아무리 100세 시대라고 하지만 모든 사람이 100세까지 사는 것은 결코 아니다. 오히려 막연히 100세까지 살기를 기대하기보다는 오늘 나에게 주어진 귀한 하루와 한 주간 그리고 한 해를 보다 의미 있고 행복하게 사는 것이 더 중요하지 않을까?

"내일의 즐거움을 위해서 오늘의 행복을 포기하지 말라"는 내용의 글을 읽은 적이 있다. 사실 우리의 많은 부모들이 자녀의 내일을 위해서 자신의 오늘을 포기하고 헌신했다. 그런데 막상 성장한 후 기대하던 것들이 보이지 않을 때에는 얼마나 많은 절망을 하는가? 세상이 돌아가는 것들을 보면 종종 실망을 금치 못하기도 한다. 가장 애국자인 척하는 정치인들이 뒤로는 엄청난 뇌물을 받고 사사로운 이익을 챙기면서 정의로운 결정을 왜곡하는 것이 현실이다. 지도자들에 대한 신뢰만이 아니다. 상호간의 신뢰가 바닥으로 팽개쳐지는 시대에 살면서 우리는 종종 암담함을 느끼기도 한다.

그렇지만 나는 메마른 가슴에서도 희망을 캐내려고 한다. 즉 실망할 때가 종종 있어도 결코 절망하지는 않으려는 것이다. 인간은 희망을 먹고 산다고 하는데, 더러워진 양심 한구석에서는 그래도 "바르게 살아라", "너의 잘못을 인정해라"는 등의 작은 소리가 들리고 있다. 잔인하고 사나운 조폭이 자기 어머니 앞에서는 순한 양이 되는 것만 보아도 밖으로 나타난 것만 보고 절망할 필요는 없다는 생각이 든다. 더욱이 이 세상은 독재자나 정치인이나 기업인들이 다스리는 것이 아니라 하나님의 통치하에 있기 때문이다. 내일 행복하기를 막연하게 기대하는 것보다 오늘 행복했으면 좋겠다는 마음으로 이 글을 쓴다.

제1부에서는 삶의 일상에서 일어난 작은 일들에 대해서 썼고 제2부에서는 그동안 여러 선교지를 여행하면서 보고 듣고 느낀 것들을 읽기 쉽게 적었다. 이 책을 쓸 때 처음부터 원고를 읽어주고 또 여러 번 수정해준 사랑하는 아내에게 감사하고 문예춘추사의 한승수 사장님과 수고하는 이들에게 감사를 드린다.

차례

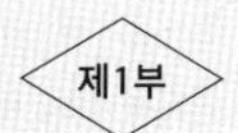

일상에서

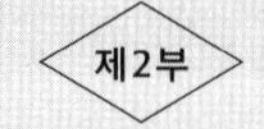

선교지에서

제1부

일상에서

{하나}

받는 삶에서 나누는 삶으로

나의 삶을 돌아보니 참으로 많은 것들을 받았다. 사실 우리 인간은 누구나 벌거벗은 몸으로 이 세상에 와서 인생 초반에는 모든 것을 받으며 산다. 그런데 어느 날 나는 그 모든 것을 평생 움켜쥐고만 있는 것은 합당치 않다는 생각을 갖게 되었다. 내가 가진 것을 모두 남에게 줄 수는 없지만 부분적이나마 나의 것을 이웃과 나눌 수 있겠다는 생각이 들었다. "주는 것이 받는 것보다 복이 있다"는 성경 말씀이 생각난 것이다.

나는 어렸을 적에 부모로부터 사랑을 듬뿍 받았고 칭찬과 격려를 많이 받았다. 물론 훈계와 책망도 들었지만 내 기억으로는 사랑을 훨씬 더 많이 받았다. 내가 초등학교 시절에는 집안이 경제적으로 여유가 없어서 먹을 것이 풍성하지는 않았지만 가정에는 거의 매일 웃음꽃이 만발했다. 그건 성장하는 시절에 좋은 보약과 같은 추억이다. 중학교에 다닐 때에도 열심히 공부해서 상장도 받고 선생님의 사랑도 많이 받았다.

중학교를 졸업할 때에 결핵에 걸려서 한동안 고생했지만 어머니의 지극한 돌봄으로 건강을 되찾고 중학교 담임선생님의 조언으로 대학에 들어갈 수 있는 길도 찾을 수 있어서 정말 감사하다. 대학 시절에는 지도 교수의 도움으로 총장 장학금을 받을 수 있었고, 무엇보다도 청년 시절에 예수를 믿어 "하나님의 은혜로 구원을 받아" 새로운 삶을 살게 된 것이 정말 기적 같은 사실이다. 내가 정직하게 고백하는 것은 내 일생에서 받은 선물 중에 가장 큰 것이 이 놀라운 구원의 선물이라는 것이다.

또 나는 가진 것이 없이 거의 빈손으로 결혼했지만 지혜롭고 믿음 좋은 아내를 만나서 나의 삶이 완전히 새로워졌다. 대부분의 전도자의 삶이 그러하듯이 경제적으로 팍팍한 삶이었지만 한 번도 불평하거나 찡그린 얼굴 없이 두 아들을 잘 키우며 쉽지 않은 길을 동행해 준 아내는 하나님으로부터 받은 귀한 선물이다.

늦게 시작한 신학대학원 시절에도 장학금을 받아서 신학 공부를 마쳤고 또 유학할 때에도 여러 손길을 통해서 그 비싼 학자금이 마련되어 빚도 없이 졸업하고 석사와 박사학위를 받을 수 있었다. 그리고 귀국한 후에는 대학 강사로부터 시작하여 교수직을 받아 젊은이들을 가르칠 수 있었고, 소위 대형 교회에서 담임목사로 섬겼던 것도 내가 바라고 기대하던 것보다 더 좋은 것들이었다.

이제 은퇴하고 나니 그동안 받은 그 많은 은혜들을 나눠야 할 때가 되었다는 생각이 든다.

예수의 제자들은 모든 것을 버리고 예수님을 따랐지만 나는 내가 가진 시간과 건강과 재능과 지식을 이웃들과 나누고 싶다. 우선 평생 배운 지식과 경험들을 나누고자 한다. 이것을 지금 나누지 않으면 내가 세상을 떠남과 동시에 다 사라질 것이기 때문이다. 무엇보다도 하나님의 은혜로 거저 받은 예수의 복음을 더 많은 이들에게 전해야겠다. 그 복음을 통해서 나의 삶이 풍성해지고 보람과 기쁨과 의미를 찾았기 때문에 그것이 내게는 가장 소중한 것이다. 그래서 중국과 동남아 여러 나라는 물론이고 아프리카 오지같이 외부인들의 발걸음이 적고 많은 선교사들이 이름도 없이 수고하는 곳들을 찾아 현지인들에게 생명의 복음을 전하고 또 교회 지도자들을 교육하는 일에 여생을 바치려는 것이다. 아직도 나를 필요로 하는 곳이 있는 한 나는 어디든지 달려갈 것이다.

늘 받아만 왔던 나의 삶인데 이제 여생에는 무엇이든지 나의 소중한 것들을 나누며 살고 싶다는 마음을 갖게 된 것이 참으로 다행이다. 세계적인 재벌인 록펠러가 병원비가 없는 어떤 아이를 이름 없이 도운 것이 계기가 되어 그의 인생 후반에는 베푸는 삶을 살면서 "나누는 것이 이렇게 행복할 줄은 정말 몰랐다"고 말했다는데 나도 그 행복을 조금 맛보고 싶다.

{둘}

직장인들에게 성경공부를

미국에 이민 교회 담임목사로 부임하기 전까지 나는 한국의 여러 곳에서 직장인들을 위한 성경공부반을 인도했다. 어느 모임은 일주일에 한 번씩 회사 건물의 한 방을 빌려서 정기적으로 그리고 체계적으로 성경을 공부하며 교제를 나눴다. 그들은 하루 일과를 마친 후에 나와 함께 수년간 꾸준히 성경을 공부했는데, 감사한 것은 그 중 몇 사람이 자기가 다니던 좋은 직장을 포기하고 고생스럽게 선교에 전적으로 헌신하는 사역자가 된 것이다. 그는 당시 한국의 대기업 중 하나인 곳에서 최고의 판매사원으로 일하며 월수입도 상당히 많고 기업 회장의 신임을 받던 사람인데 그 일을 포기하고 전도자가 되었다.

한국의 모 방송국에 속한 신우회에서도 직원을 대상으로 성경을 공부했다. 그들 대부분이 아주 바쁜 일상을 지내지만 성경을 공부하는 시간에는 성실하게 참여하여 구원에 대한 확신을 얻기도 하고 또 평신도 전도자로 헌신하는 것을 보았다. 그 중 몇 사람은 결국 평신도 선교사로 헌신했는데 한 자매는 세계를 돌며 전도하고 기독교 문서를 배포하는 선교선을 타게 되었고, 또 한 형제는 평신도 선교사로 헌신하여 중국에 들어가 복음을 전했다. 그의 초청을 받고 내가 중국을 방문하여 깊은 산속에 사는 소수 민족을 찾아가서 설교한 것은 또 새로운 경험이었다. 참으로 빛과 이름도 없는 아름다운 헌신이다.

그 가운데 기독실업인을 위한 성경공부도 효과적이었다(CBMC).

회원들은 크고 작은 회사와 기업의 대표들로서 소위 사장(CEO)들인데 일주일에 한 번씩 이른 아침에 호텔에 모여서 성경을 공부하고 함께 아침 식사를 했다. 수년간 성경을 가르쳤는데 이들은 회사 대표들이기 때문에 기회가 되는 대로 직원들에게 신앙을 전하는 영향력 있는 사람들이다. 기업 대표의 말 한 마디가 직원들에게는 예사롭지 않게 들리기 때문이다. 한때 로마서를 깊이 공부했는데 어느 회원은 내가 칠판에 쓰고 그리는 모든 것을 그대로 적어서 두툼한 책 한 권이 된 것을 내게 보여주었다. 배우고자 하는 그의 열성에 감동이 될 정도였다.

어떤 직장인 그룹은 특이했다. 그들은 대형 백화점에 종사하는 사람들로서 일요일도 없이 일해야 하기 때문에 주일에 교회에 가는 것이 불가능했다. 그들을 위해서 한 회사의 장로가 주선하여 퇴근 후에 정기적으로 모여서 성경을 공부한 것이다. 마켓에서 가장 분주한 매장에서 일하기 때문에 일이 고되고 피곤하지만 성경을 배우고자 하는 그들의 열심은 아무도 막을 수 없었다. 모처럼 휴가를 낼 수 있는 사람들과 함께 경기도 가평에 있는 작은 수양관에 모여 맘껏 찬송하고 즐거운 교제를 나눴던 기억이 새롭다.

또 다른 그룹은 방송국의 유명 탤런트들을 위한 신우회에서 이뤄졌다. 그것도 일주일에 한 번씩 모여서 성경을 공부하는 것이다. 그 공부반에는 10여 명의 탤런트들이 참석했는데 그 당시에 임동진 장로(현재는 은퇴 목사), 김혜자 권사(당시에는 집사), 정영숙 권사 등이 성실하게 성경을 배웠다. 그것도 약 3년간 함께 성경을 배우니 신앙이 불확실했던 이들이 확신을 얻고 또 하나님의 도우심을 받아 길이 열리는 것을 자주 볼 수 있었다. 탤런트들은 우리에게 그 얼굴이 널리 알려져 있기 때문에 그들의 영향력은 클 수밖에 없어서 내게도 보람이 아닐 수 없었다. 나는 지금도 일주일에 한 번씩 내가 사는 캘리포니아의 엘에이 다운타운에서 인근에서 일하는 변호사, 공인회계사, 부동산 에이전트, 보험 에이전트, 의사 등의 전문인들과 10년 째 성경공부를 하고 있다. 어느 참여자는 옛날에 교회에 다니다가 중단한 지가 오래되었는데 함께 성경을 공부하면서 식었던 불씨가 다시 살아나서 지금은 교회에 잘 출석하며 성경의 맛을 보고 있다고 한다. 그리고 최근에는 성경을 더 배우고 싶어서 교회에서 어느 지도자의 가르침을 받는다고 한다.

하나님은 다양한 사람들을 들어 쓰셔서 하나님의 나라를 전파하시고 또 복음을 듣게 하신다. 실제로 정식 선교사와 목사의 입국을 불허하는 나라들이 많지만 평신도 직장인이나 전문인으로서는 입국이 극히 제한된 나라에도 언제나 들어갈 수 있는 것이 장점이 된다. 실제로 기업인으로 입국하여 기업 활동을 하면서 틈틈이 복음을 전하거나 의사나 간호사로 일하면서 많은 사람들과 접촉하여 효과적인 전도자의 삶을 살 수 있기 때문이다. 이제는 자비량 평신도 선교사가 더 많이 요구되는 시대가 되었다.

{셋}

친구들을 잊지 마라

얼마 전 밖으로 나 있는 나의 서재의 문을 누가 두드렸다. 큰 도로에서 상당히 멀리 떨어진 곳이어서 거기까지 찾아올 사람이 없을 텐데 웬일인가 하는 마음으로 문을 열었더니 거기 반가운 얼굴이 서 있었다. 머리칼이 거의 없고 얼굴에 주름살이 가득한 한 노인이 밝은 얼굴로 나를 대하는 것이다. 그는 나의 청년 시절 그러니까 약 40년 전이 더 되는 때에 함께 어울려 지내던 친구였다. "이게 누군가?" 그렇게 말했지만 나는 그를 한눈에 알아볼 수 있었다. 지금은 미네소타 지역에 살고 있는데 내가 사는 지역에 그의 아들이 살고 있어서 그를 방문하던 차에 내가 있는 곳을 물어 물어 찾아온 것이다.

얼마나 반가웠던지! 인근 일식당에서 점심을 먹으며 지난날들을 돌아보았다. 그 밝고 팽팽하던 얼굴과 목에 주름이 가득하고 대화의 내용도 지난날의 추억거리들이다. "다른 사람들이 나를 볼 때에도 이처럼 늙은 노인으로 볼 텐데…" 나 혼자 속으로 생각했다. 사람들은 자기 스스로 늙어가는 것을 크게 실감하지 못하지만 오랜만에 보는 타인들은 우리의 변화를 쉽게 알 수 있다. 한동안 안 보다가 아기를 보면 "네가 어느새 이렇게 컸구나!"라고 말하지만 그의 부모는 자기 자녀의 성장에 놀라지 않는 것과 같다.

몇 년 전에 인도 선교여행을 떠날 때의 일이다. 미국에서 인도 입국비자를 받는 것이 얼마나 어려웠는지를 기억한다. 관련 기관에 수 십

번 전화를 하여 간신히 연결되어 문의하고 신청한 후에도 오래 기다렸다. 그곳 영사관에 직원 수가 부족한지 전화를 잘 받지 않을 뿐 아니라 잠시 대화하고는 그것으로 그냥 끝일 때가 많았다. 그래도 꼭 가야 했기 때문에 결국 출발 수일 전에 여권을 돌려받았다. 그런데 여권에 비자 스탬프가 찍혀 있지 않은 것이다. 결국 나는 일정에도 없이 한국으로 가서 거기서 인도 입국비자를 받기로 했다. 서울에 있는 인도 영사관을 방문하여 어렵게 신청하고 어렵게 비자를 받은 것이다.

그때 며칠간 서울에 머물렀기 때문에 오래된 친구에게 전화를 했다. 그 친구는 내가 대학입학 검정고시를 준비할 때부터 함께 어울려 지내던 아주 가까운 친구다. 어릴 적에 소아마비를 앓아서 걸을 때 다리를 조금 절룩거리지만 우리 둘 사이에는 아무런 문제가 되지 않고 그저 말을 터놓고 교제하는 관계이다. 어린 시절에 공부하느라 같이 고생했던 기억이 있어서 그런지 그 친구와는 유별나게 가까움을 느낀다. 내가 머물고 있는 호텔로 그가 찾아왔다. 그는 내가 상상했던 것과 달리 그렇게 늙어 보이지 않았다. 여전히 날씬하고 그 명랑한 목소리가 여전했다. 함께 아침식사를 맛있게 하고 주변을 잠시 걸었다. 우리는 결혼해서 자녀들을 가진 아이들 이야기를 비롯하여 마음을 터놓고 소소한 대화를 나눴다. 사려 깊은 그의 아내는 나의 선교 여행에 보태라고 작은 성금도 보내왔다. 참으로 고마운 일이다.

이 세상에서 가까운 사람들 중에는 가족을 제외하면 친구들이 있다. 청소년 아이들이 왜 부모보다 친구들과 더 가까운가? 사람들은 왜 개를 가장 좋은 친구라고 하는가? "개는 나에게 어려운 요구나 질문을 하지 않고 또 비판하지도 않기 때문이다"라는 말이 있다. 다만 주인의 말에 귀를 기울여주고 잘 순종하기 때문일 것이다.

친구가 없는 삶은 쓸쓸하다. 나의 어깨에 손을 얹어주고 나란히 걸으면서 존경어가 아니라 "반말"로 대화할 수 있는 친구가 있다는 것은 작은 행복이다. 마음속에 가득한 답답한 이야기를 들어줄 수 있는 친구가 있다면 그의 삶은 결코 외롭지 않다. 누가 이기주의자인가라는 질문에 "이기주의자는 자기 자신만 자기의 친구가 되는 사람이다"라는 대답이 이해가 된다.

노먼 빈센트 필의 글에 친구에 관한 짧은 글이 있다. 자동차의 왕으로 알려진 헨리 포드가 어느 날 레스토랑에 앉아 있는데 곁에 있던 사람이 그에게 물었다. "당신에게 가장 좋은 친구는 누굽니까?" 포드는 잠시 말없이 있다가 펜을 꺼내더니 식탁보 위에 커다랗게 이렇게 썼다. "당신 속에 있는 가장 좋은 것을 꺼내줄 수 있는 사람이 가장 좋은 친구입니다."

우리는 좋은 친구가 많기를 바란다. 더 나를 아껴주고 더 나의 말에 귀를 기울이고 또 더 나와 함께 있기를 바라는 친구를 갖길 원한다. 그런데 이것보다 더 중요한 것은 내가 그렇게 좋은 친구가 되어주는 것이다. 하나님은 아브라함이 그의 친구라고 말씀하셨다. 친구를 위해서 목숨을 버리는 자가 정말 좋은 친구라고 말씀하신 예수님은 우리를 위해서 자기 목숨을 버리셨다.

{넷}

식탁은 행복한 곳

어릴 적에 식사시간은 하루 중 가장 즐거운 시간이었다. 당시에는 대부분의 가정이 경제적으로 넉넉하지 못한 시절이었고 구멍이 숭숭 뚫린 엿이나 호떡과 눈깔사탕 정도 외에는 군것질이 별로 없었기 때문에 밥먹는 시간이 제일 좋았을 것이다. 온 식구가 작은 밥상에 둘러앉으면 몸이 서로 닿기도 하고, 만일 식탁에 맛있는 생선 반찬이라도 올라오는 날에는 보이지 않는 신경전이 벌어졌다. 우선 할머니와 아버지가 맛을 보신 후에야 우리 아이들의 젓가락이 날아든다. 우리 형제는 위로 아들이 셋이고 아래로 딸이 둘인데 나는 둘째 아들이어서 종종 중간에 끼는 경우가 있다. 형은 첫아들이어서 새 옷을 입고 동생은 어리기 때문에 새것을 사주는데 나는 대부분 형의 옷을 물려받았다. 밥상에서도 우리 형제들은 누가 생선을 먹을지 눈치를 볼 때가 많았다. 그래서 만일 누가 반찬 불평이라도 하면 그날은 식사를 하지 못할 위험(?)도 있다. "배부른 사람은 먹지 마라"는 아버지의 불호령이 떨어지기 때문이다.

그런데 내가 종종 궁금해하던 것이 있다. "엄마는 언제 밥을 먹나? 우리들에게 다 퍼주고 엄마가 먹을 밥이 있기는 한 건가?" 엄마가 아이들과 같이 한 식탁에서 생선을 잡숫는 것을 본 적이 거의 없었기 때문에 늘 궁금했던 것이다. 엄마는 늘 괜찮다고 말했는데 아마 잡숫지 않았던 것 같다.

대학을 졸업하고 몇 년간 정부에서 운영하는 어느 연구기관에 다녔다. 아침에 일어나면 어머니는 어느새 아침밥을 다 준비하여 내 밥을 안방 아랫목의 담요 밑에 넣고 기다리셨다. 일하러 가는 아들에게 따뜻한 아침밥을 먹여 보내려는 어머니의 사랑이다. 어느 겨울에는 출근하려고 나섰는데 구두가 안 보였다. 어머니가 내 구두를 따뜻한 방에 신문지를 깔고 그 위에 두고 담요를 덮어서 아주 따끈한 구두를 만들고 계셨던 것이다.

결혼한 후 어느 날 나는 행운아라는 생각을 했다. 장모님의 맛깔나는 음식솜씨를 닮아서 그런지 아내는 반찬을 맛있게 요리했다. 내 기억으로는 식탁에서 한 번도 맛이 없다고 생각하거나 말한 적이 없다. 정말 식사 때마다 늘 맛있게 먹었다. 그것도 나에겐 큰 행복 중의 하나다. 결혼한 지 40년 이상이 지났는데 이제는 전보다 음식 솜씨가 더 좋아져서 식탁을 대할 때마다 나는 행복하다. 우리 아들들도 엄마가 담그는 김치를 제일 좋아하고 또 장모님이 만들어주셨던 것과 같은 손만두가 일품이어서 먹을 때마다 행복하다.

한국에서 오래 봉사하던 어느 미국인 선교사 댁에 식사초대를 받아 간 적이 있다. 서울 등촌동 쪽에 살고 있었는데 훌륭한 식탁이 차려져 있었다. 모두 양식인데 캘리포니아라는 스탬프가 찍힌 노란 오렌지도 신기했다. 그날은 나이프와 포크로 멋진 저녁 식사를 했다. 그런데 내 마음에 한 가지 질문이 있었다. "어려운 사역을 하고 또 선교비를 받아서 사는데 이렇게 거창한 식탁을 차릴 수 있다니…." 그런데 나의 생각이 끝나기도 전에 부인 선교사가 웃으면서 말했다. "오늘은 우리가 가진 것 모든 걸 내어놨으니 내일부터 우리는 마른 빵과 물만 먹겠어요." 그래서 모두 한바탕 웃었다.

목회를 하다 보면 성도들의 집을 방문하는 경우가 많고 식사대접을 자주 받는다. 그리고 성도들은 목사가 집을 방문하여 식사대접을 받을 때에 맛있게 많이 먹기를 기대한다. 그들은 그 시간을 위해서 간혹 며칠 전부터 음식을 장만하기도 한다. 그래서 만일 식사를 거절하거나 조금만 먹으면 "내가 준비한 음식이 맛이 없나? 나는 정성껏 장만했는데 왜 저렇게 조금만 먹나?"라고 생각하고 종종 실망할 수도 있다. 그래서 대부분의 목사들은 성도의 집을 방문하고 식사를 대접받게 되면 배가 불러도 많이 그리고 맛있게 먹을 수밖에 없다. 그래서 목사들 사이에 우스갯소리로 "목회는 먹회다"라는 말이 있다.

한국인은 밥심으로 산다는 말이 있듯이 집에서 먹는 밥은 탈이 나지 않는다. 가끔 성도들의 가정에 애경사가 있을 때에 뷔페 식당을 찾아가기도 하는데 그날은 조심하지 않으면 꼭 과식하게 된다. 다양한 메뉴를 보고 접시에 조금씩 담아도 어느새 가득해진다. 교인 심방 때에 차린 음식을 사양하기라도 하면 초청한 성도가 많이 섭섭해하기 때문에 나는 어떤 음식이 제공되든지 맛있게 먹으려고 애쓴다.

나는 식사시간이 즐겁다. 요즘에는 하루에 두 끼 정도 먹어도 배가 고프지 않다. 아주 젊은 때처럼 활동이 많지 않기 때문이기도 하고 음식에 영양분이 넘치기 때문일 것이다. 사실 많은 이들이 배도 고프지 않은데 식사시간이 되었기에 음식을 먹고 있어서 비만도 생기고 다른 질병도 얻는다. 그래도 식탁에 앉는 시간이 행복한 시간이 되면 그 사람은 건강한 사람일 것이다.

{다섯}

즐겁게 몸을 움직여야

얼마 전에 미국 애틀랜타에서 목회하는 한 후배 목사가 갑자기 세상을 떠났다는 소식을 들었다. 이제 61세밖에 안 된 분인데 캄보디아 선교 여행을 마치고 귀국한 직후 새벽에 심장마비를 일으켜 급히 응급실을 찾아갔지만 끝내 절명한 것이다. 사망 원인이 자세히 밝혀지지는 않았지만 아마 그가 무리한 목회 사역을 감행했기 때문이라고 전해진다. 그를 지치게 하는 많은 일 때문에 탈진한 것이다.

점차 나이가 들면서 몸이 여기저기 아플 때가 있다. 소년 시절에는 단거리 선수를 하고 싶을 정도로 잘 달렸는데 이제는 조금만 뛰어도 숨이 턱에 차고 가슴이 벌렁거린다. 몇 년 전에는 새벽에 갑자기 가슴이 답답하여 숨을 쉴 수가 없었다. 심장이 터질 것 같고 잠시 호흡이 되지 않는 것이다. 억지로 참고 있다가 잠시 후 다시 평안을 되찾고 편안하게 숨을 쉴 수 있었다. 그런 일이 하루에도 여러 번 일어나게 되니 겁이 났다. "이렇게 하다가 죽는구나!" 죽음에 대한 공포가 순식간에 몰려오는 것을 느꼈다.

며칠 후 병원을 찾아 진찰을 받았다. 몸 여기저기에 갖가지 연결 호스 같은 것을 붙이고 트레드밀에서 몇 분간 빨리 달렸다가 천천히 달리기를 반복했다. 잠시 후 그래프가 나오니 담당 의사의 소견을 들을 수 있었다. "신경성 협심증 증세가 있습니다. 신경을 덜 쓰시고 몸을 쉬어주면 괜찮겠습니다." 의학적으로는 아무런 증세도 없다는 것이다. "의사들은 병의 정확한 원인을 모르면 대개 신경성이라고 한다는데 이것도 그런 것인가?" 혼자 그렇게 생각했을 뿐이다.

그 후로 증세가 많이 좋아져서 하루에 여러 번 나타나던 것이 한두 번으로 줄고 또 며칠이 지나니 2~3일에 한번 나타나더니 언제부터인가 그런 증세가 완전히 사라졌다. 돌이켜보면 참으로 감사한 일이지만 그때의 놀란 경험은 나로 하여금 몸관리에 마음을 조금 더 쓰게 하였다.

나는 그 후에 동네에 있는 YMCA에 회원으로 등록했다. 더욱 편리한 것은 거리가 가까울 뿐 아니라 내가 가입한 보험회사에서 회원비를 대신 지불해주기 때문에 소액 회비만 지불하고 아무 때나 다닐 수 있다는 것이다. 그로부터 나는 매일 이른 아침에 기도와 묵상시간이 끝나면 체육관을 찾아갔다. 처음엔 몸을 스트레칭하고 트레드밀에서 빨리 걷기를 하거나 작은 역기를 들기도 하고 각종 운동기구를 적극 활용했다. 젊은 때처럼 힘겨운 것을 들지 않고 가볍게 온몸을 움직이는 운동을 하는 것이 나에게 적합한 것이다.

아침에 체육관에 다닌 지 거의 2년이 된다. 이제는 하루의 일상이 되었기 때문에 갈까 말까 고민하지 않고 매일 정한 시간에 체육관에 가서 약 1시간 정도 몸을 즐겁게 움직인다. 자전거를 탈 때에는 책을 읽을 수도 있고, 아이패드로 유익한 프로그램을 시청할 수도 있어서 좋다.

우리 몸은 기계와 같다고 한다. 기계를 오래 사용하지 않고 방치해두면 우선 녹이 슬고 그것이 오래되면 쇠가 분쇄된다고 한다. 마찬가지로 우리 몸도 시간이 지나면서 여기저기 오랫동안 사용하지 않은 부분이 있다. 하루에도 여러 시간 책상에 앉아 있거나 활동이 부족하면 사용하지 않는 몸의 부분은 "녹슬기" 시작하는 것이다. 그래서 중국인들 다수가 즐기는 온몸 체조와 같은 "타이치"가 보기에는 대단치 않겠지만 중장년층 사람들에게는 온몸을 움직이는 것이기 때문에 건강에 대단히 유익한 것이다.

운동은 억지로 할 것이 아니다. 하기 싫은데 강요에 의해서 하거나 자기 체력에 맞지 않는데 과시적으로 해서도 안 된다. 연령과 신체 요건에 맞춰서 동료들과 함께 즐겁게 하는 것이 중요하다. 그리고 한두 달 하다가 중단할 것이 아니라 꾸준히 하는 것이 꼭 필요하다. 나는 일 년에 여러 차례 외국 선교지를 방문하기도 하는데 지난번 인도에서 두 주간을 열심히 섬기고 돌아온 후에 시차를 별로 느끼지 않고 2~3일 만에 몸이 완전히 회복되었다. 생각하건대 매일 조금씩 운동하고 과식하지 않고 감사하며 살고자 하는 나의 마음 상태 덕분이었을 것이다. 늘 몸을 즐겁게 움직이자.

{여섯}

여전히 책 속에서 길을 찾는다

초등학교와 중학교 시절에는 가정에 경제적인 여유가 없어서 교과서 외에는 참고서를 산 적이 거의 없었다. 대부분 친구들의 책을 빌려 보거나 헌책방을 돌아서 구입하기도 했다. 지금은 복개 공사를 해서 사라졌지만 당시에는 서울 청계천에 헌책을 파는 서점이 즐비해서 그곳을 한 바퀴 돌면 내게 필요한 책은 거의 다 구할 수 있었다. 대학에 다닐 때에도 그곳에 자주 갔던 기억이 난다. 가난한 대학생에게는 아주 좋은 서점들이었다.

어릴 적에는 아버지가 만화책을 많이 사다주셔서 집에는 거의 400여 권의 만화책이 있었다. 동네 아이들은 학교가 파한 후에는 우리집으로 몰려와서 마당에 펼쳐놓은 돗자리에 배를 깔고 서로 히히덕거리며 만화책을 읽었다. 지금도 기억하는 만화가 이름 중에는 박기정, 코주부 김용환, 고바우 영감의 김성환, 슬픈 이야기를 잘 그린 김종래등이 있어 당시에 큰 인기를 끌었다.

나는 중학교 졸업 직후에 병이 나서 고등학교 진학을 못하는 바람에 독학으로 대학에 입학했기 때문에 누구보다도 더 많은 책을 읽어야 했고 또 노력을 많이 해야 했다. 대학입시를 준비할 때에는 자주 친구의 참고서를 빌려서 밤이 새도록 다 읽고 아침에 책을 돌려준 적도 있었다. 어떤 때에는 학교 도서관을 찾아가서 하루 동안에 여러 권을 독파할 정도로 책을 사랑했고 또 열심히 공부한 것이 기억난다. 나는 독학(獨學)을 독(毒)하게 했다고 생각한다.

대학에 입학한 후에도 필독서 몇 권 외에는 참고서를 사기보다 도서관을 많이 이용했고, 친구의 책을 빌리는 것이 다반사였다. 내 소유의 책을 가지면 두고두고 보리라는 생각에 오히려 책을 덜 읽을 가능성이 있지만 빌린 책은 며칠 안에 돌려줘야 하기 때문에 더 열심히 책을 파고들었다. 그리고 아이들을 가르치는 알바를 해서 돈이 생기면 교통비를 빼고는 거의 책을 샀다. 결혼 전부터 그렇게 사 모은 책이 집에 사방으로 가득했다. 아내 역시 책벌레이기 때문에 나보다 더 책을 좋아하고 많이 읽었다.

정말로 독서는 마음을 살찌게 하고 세상을 보는 눈을 넓게 열어준다. 직접 가보지 않은 곳을 책을 통해서 가볼 수 있고 무엇보다도 만나기 어려운 위대한 학자와 문학가들을 책을 통해서 만난다. 그래서 인류는 언어와 함께 글을 발명해냈고 글이 생기면서 책이 나왔다. 세상에는 대략 6,000개의 언어가 있다고 하는데 그 가운데 글이 없는 언어도 대단히 많다. 수년 전에 중국 산족 중의 하나인 묘족을 방문한 적이 있는데 그들에게는 이상한 글자가 있었다. 원래 글이 없었는데 영국의 어느 선교사가 글자를 만들어주었다는데 신기하게도 벌레처럼 생긴 그 글자로 책을 읽고 노래하고 음악 악보로 사용하는 것이다.

처음 인터넷이 나왔을 때에 많은 이들이 인쇄로 제작된 책이 덜 읽힐 것이라고 예상했지만 실상은 그렇지 않다. 사람들은 인쇄된 책이 갖는 고유한 냄새와 매력에 대한 애착을 포기할 수 없는 것으로 보인다. 아무래도 인터넷으로 보는 것보다 책에 줄을 긋기도 하고 한 장 한 장 넘기며 읽는 것에 더 매력이 있다. 나도 여전히 눈에 띄는 책을 사들인다. 내 서재에는 대략 수천 권의 도서가 있었는데 수년 전 은퇴를 하면서 대부분의 책을 도서관과 신학교에 기증했다. 거의 다 읽은 것이지만 내게 필요한 부분만 읽고 책꽂이에 꽂은 것들도 적지 않아서 아직도 내 손을 기다리는 책들이 적지 않다.

"손때가 묻지 않은 책들에는 먼지가 묻는다"는 말이 있다. 진화론을 주장한 찰스 다윈이 쓴《종의 기원》에 대해서 궁금하던 대학 시절에 대학 도서관에서 영문으로 된 그 책을 대여했다. 그런데 대여자 카드에 아무 이름도 없는 것이 아닌가? 아직까지 한 명도 그 책을 빌려서 읽지 않았다는 뜻이다. 아마 한국어 번역서를 읽은 사람은 많았을 것으로 생각된다. 나는 호기심을 가지고 책을 읽기 시작했는데 긴 서문부터 이해하기가 어려웠던 것으로 기억된다. 그런데 그 책이 성경의 창조론과 상충하여 진화론을 퍼뜨린 바로 그 책이었다.

세상에는 가장 유명하면서도 가장 읽히지 않는 책이 세 권 있다고 한다. 공산주의 사상의 기초가 된 칼 막스의《자본론》과 진화론의 근거가 된 찰스 다윈의《종의 기원》 그리고 온 인류를 향한 하나님의 메시지인 성경이다. 실제로《자본론》과《종의 기원》 그리고 성경을 읽은 사람들은 그리 많지 않다.

요즘에는 전보다 책을 덜 읽는 경향이 있어 보인다. 하루에도 여러 시간 인터넷과 스마트폰으로 살면서 책과는 점점 더 멀어지는 것 같다. 책에 대한 입맛을 잃으면 결국 지적인 영양부족이 되고 만다는 말을 잊지 않아야 한다. 책에서 삶의 지혜를 얻고 책에서 인생의 길을 발견하며 또 책에서 지난 세대와 대화도 하는 것이다.

{일곱}

선생님께 큰절을 하고

나는 중학교를 졸업한 직후에 심한 결핵이 발견되어 고등학교 진학을 못했다. 당시에 명문으로 알려진 서울고등학교의 합격 통지서를 받았지만 건강이 허락하지 않아 그로부터 약 1년간 집에서 요양을 하는 딱한 형편이 된 것이다. 동급생 친구들은 모두 교복을 입고 학교에 다니는데 나는 작은 방에 누워서 심한 기침을 하고 또 자주 각혈을 했다. 전염을 우려하여 가족들도 접근하지 않는 방 한켠에서 정말 외롭고 슬픈 날들을 보냈다. 그때 나는 사람의 피 냄새가 무엇인지 알았던 것 같다. 보건소에서 제공하는 한 줌의 알약을 매일 먹어야 했고 기력이 없어서 그저 하루 종일 누워서 지냈다. 멋진 인생을 살고자 했던 소년의 꿈이 조용히 사라지는 것처럼 보였다. 중학교를 졸업할 때는 전교에서 우등을 하여 상장과 상품을 받았는데 상급학교에 진학하지 못하는 것이 못내 아쉬웠다.

그래도 희망을 잃지는 않았다. 공부하고 싶은 마음이 강렬하여 건강이 상당히 회복된 후부터 다시 공부할 기회를 물색했다. 아직도 몸은 허약했지만 정신만은 그 어느 때보다도 맑고 밝았다. 그래서 찾아간 곳이 야간 공립학교였는데 그곳은 주간에 일을 하고 밤에만 공부하는 학교였다. 나는 형님의 뒤를 이어서 당시 가장 낮은 급인 5급 공무원으로 일했다. 그리고 저녁이 되면 야간학교에 약 1년을 다녔는데 그것으로 마음이 흡족하지 않았다. 그래서 한동안 여러 방면으로 알아보다가 찾아간 곳이 수년 전 나의 중학교 3학년 담임선생님이었다. 선생님을 찾아뵙고 나의 상황을 말씀드리니 공부하는 길을 알려주셨다. 단기간에 고등학교 과정을 배우는 검정고시 학원을 소개해주신 것이다. 나는 당시 서울의 청계천 지역에 있는 검정고시 학원에 등록하고 고등학교 졸업에 필요한 공부를 했다. 그런데 얼마 동안은 교과과정을 따라가기가 어려웠다. 국어나 영어는 대부분 따라갈 수 있겠는데 학기 도중이어서 수학 같은 다른 과목은 아주 생소했다.

그로부터 수개월간 열심히 공부하여 검정고시에 합격하고 아주 부족한 상태에서 연세대학 입학 시험을 맞았다. 시험지를 받고 보니 내가 좋아하는 과목인 영어 문제에는 대답할 것이 많았지만 수학 문제는 전혀 알 수가 없어서 시험을 시작하고 약 20분 만에 시험장을 나왔다. 다른 수험생들은 나를 부러운 눈으로 바라봤지만 실상은 내가 쓸 것이 없어서 거의 백지로 제출한 것이다. 그날부터 나는 재수생으로서 본격적으로 대학입시 준비에 몰두했다. 하루에 약 4시간만 잠을 자고 나머지 20시간을 집중적으로 공부하여 결국 1967년도에 대학에 합격할 수 있었다.

4년 동안 열심히 공부하여 대학을 마치고 미국 유학을 다녀온 후에 대학 교수가 되었다. 그럴 즈음에 나를 대학으로 인도한 중학교 때 가르치시던 담임선생님이 생각났다. 키가 크지 않았지만 다부지게 생겨서 빈틈이 없어 보이셨고 칠판글씨가 반듯하고 멋지던 분이다. 그분의 격려와 추천 때문에 내가 여기까지 왔다는 것을 생각하니 더욱 감사한 마음을 어떻게 해서라도 표현하고 싶었다. 그 선생님이 아직도 교사 현직에 계신지 사방으로 수소문하여 결국 찾아냈다. 어느 중학교의 교장 선생님이 되신 것을 알았다. 여전히 날씬한 몸매에 반짝이는 선생님의 눈을 보고 금방 알아차릴 수 있었다.

나는 커다란 케이크를 한 개 사 들고 내가 늘 기억하던 존경하는 은사를 그렇게 찾아갔다. 선생님을 만나서 내가 누구인지를 말씀드린 후에 사무실 바닥에 넙죽 엎드려 큰절을 올렸다. 잘 기억을 못하시는 것 같아서 중학교 졸업 앨범까지 본인의 것을 주신 것과 검정고시 학원을 소개해주셔서 결국 대학에 진학한 것과 미국 유학을 마치고 대학에서 강의하게 된 것을 말씀드리니 그제야 생각이 나셨는지 크게 기뻐하셨다. 그날 나는 하나의 중요한 인생 숙제를 마친 느낌을 가졌다.

일생에 좋은 선배와 훌륭한 스승을 만나는 것은 큰 복이다. 가장 어려운 때에 바른 길을 찾게 하는 말 한마디나 삶의 기로에서 어쩔 줄 모를 때 손을 잡아 이끌어주는 스승을 만난다는 것은 정말 소중한 재산이다. 나 자신이 대학생들을 지도한 선생으로서 그들의 삶에 내가 어떤 영향을 끼쳤는지 되돌아보게 된다. 어느 선배 교수의 말처럼 유명하지는 않아도 제자들에게 존경받는 인물로 오래 기억되기를 바라는 마음이다.

{여덟}

식권 한 장의 사랑

신학대학에서 교수할 때 있던 일이다. 신입생들은 적어도 한 학기 이상 학교 생활관 즉 기숙사에 기거하면서 경건의 훈련을 해야 하는데 어느 해인가 내가 생활관장으로 임명되었다. 당시에는 생활관 기숙생이 약 600명이었다. 가능한 한 나도 생활관에 머물면서 학생들의 불편을 덜어주거나 상담도 하여 학교생활에 잘 적응하게 하는 책임을 맡았다. 또한 밤에 생활관을 돌면서 점검하는 일과 매일 아침에 생활관 학생들의 기도생활을 지도하는 일도 맡았기 때문에 좀 불편하지만 나도 종종 학생들과 함께 지낸 것이다.

학교 구내식당에서는 점심 시간에 밥과 국과 간단한 반찬을 사서 음식을 먹을 수 있었는데 그것을 위해서는 식권을 미리 구입해야 한다. 한 달 분이나 수개월 분을 사서 끼니마다 사용하는데 어느 날 뜻밖의 광경을 목격했다. 생활관 뒤뜰에는 산에서 흘러내리는 맑은 샘물을 마실 수 있도록 수도꼭지가 달려 있는데 어느 학생이 그 물을 자주 마시는 것이었다. 처음에는 대수롭지 않게 보고 지나쳤는데 점심 때마다 그런 학생이 여럿 보였다. 내가 간접적으로 사정을 알아보니 점심을 사 먹을 식권이 없는 가난한 학생이 식사 대신 샘물을 마신다는 것이다. 물로 배를 채우는 것이다. "아직도 점심을 먹지 못하는 학생이 있나?" 나는 정말 의아해서 마음에 부담이 생겼다. "어떻게 해야 저런 학생들을 도울 수 있을까?"

나는 교수들이 모인 자리에서 그런 상황을 말하고 식권을 사서 제공하자고 제안했다. 교수들도 놀라면서 기쁘게 공감하고 그날부터 내 연구실 문틈으로 여러 장의 식권이 소리없이 들어오기 시작했다. 누가 주는 것인지 밝히지 않고 교수들이 자기 돈으로 식권을 사서 나에게 보낸 것이었다. 어떤 때에는 한 뭉텅이의 식권이 들어오기도 했다. 참으로 감사한 일이 아닌가!

그런데 문제는 그 식권을 누구에게 어떻게 전달해주는가 하는 것이다. 만일 공개적으로 식권을 주기라도 하면 그것을 누가 받겠는가? 부끄럽기도 하고 자존심이 상하지 않겠는가? 나는 고민했다. 그래서 일부 학생들에게 누가 점심을 굶는지 알아보도록 하고 여러 학생의 손을 거쳐서 식권을 전달해주도록 했다. 식권을 전달하는 학생도 그것이 어디서 온 것인지 모르기 때문에 자연스럽게 그 일을 한 것이다. 그런 일종의 전략(?)은 상당히 성공적이어서 생활관에 속한 학생들 중에 그때부터 점심을 굶는 학생이 눈에 잘 띄지 않았다. 한두 장의 식권이 학생들에게 점심만 아니라 용기와 사랑을 제공한 것이다.

비슷한 일이 목회 현장에서도 있었다. 1994년 1월에 캘리포니아의 LA 북쪽에 위치한 노스리지 지역에 대형 지진이 났을 때였다. 새벽 잠을 깨울 정도로 침상이 심하게 흔들려서 몸이 바닥에 굴러떨어질 것 같았다. 일부 고가 다리가 무너져서 새벽 순찰 중이던 경찰이 추락하여 사망하고 집들은 심하게 붕괴되었다. 그 지역 병원 건물도 무너져서 환자를 대피하는 소동이 벌어졌고 학교도 폐쇄되었다. 교인 중 다수가 그 인근 지역에 살기 때문에 피해가 심한 것을 알 수 있었다. 어느 교인 집에서는 수영장 물이 바닥에서 솟구치면서 방 안으로 밀려

들어왔고, 방에 있던 텔레비전이 반대쪽 벽으로 날아가 쓰러지는가 하면 찬장이 넘어지는 바람에 그 안에 있던 그릇과 장식품이 박살이 나기도 했다. 본진이 난 후에도 거의 3,000회 이상의 여진이 났다고 하니 그 두려움이 짐작이 된다.

지진 피해 현장에 가보니 상황이 심각했다. 집에 머물 수 없기 때문에 임시 수용소나 학교 강당에 모인 사람들도 있고 식사는 관련 기관이 제공하는 음식으로 견디는 상황이었다. 나는 교회에 이 상황을 알리고 당장 급한 대로 쌀을 매입해서 나누기로 했다. 교인들은 기꺼운 마음으로 헌금했고 쌀을 여러 포대 사서 나누기로 했다. 그런데 그것을 가져다주는 것이 쉽지 않았다. 혹시 자존심을 건드리지 않을까 고심하다가 주인이 없을 때에 그 집 앞에 쌀 포대를 놓고 오기도 했다. 사실 받는 사람이 마음이 상하지 않도록 세심한 배려를 해야 하는 것이 매우 조심스러운 일이다.

사람은 한마디의 날카로운 말 때문에 깊은 상처를 받는가 하면 한 번의 밝은 미소가 그 마음을 풀어주기도 한다. 마켓에서 동전 몇 개가 부족하여 당황할 때에 곁에 있던 사람이 웃으면서 동전을 건네 주는 것을 봤다. 마켓에서 기다리던 사람들이 그 광경을 보면서 모두 좋아했다. 식권 한 장과 쌀 한 포대 그리고 동전 몇 개는 가격이 별로 많지 않지만 사람의 마음을 따뜻하게 하는 힘이 있어 보인다.

{아홉}

글은 쓸수록 향상된다

소년 시절 나의 꿈 중의 하나는 작가가 되는 것이었다. 공책에 내 나름대로 시를 쓰기도 하고 아무도 읽지 않는 단편소설을 쓰기도 했다. 중학교 시절에는 문학 창작지에 응모하려는 요량으로 200자 원고지 700여 장에 달하는 단편소설을 썼다. 그렇지만 끝내 응모하지 않았고 내 마음속에만 간직한 글이 되었다. 그래도 포기하지 않고 여러 곳에 짧은 글들을 보내기도 했다.

나는 문학가나 소설가도 아니고 전문적인 작가도 아니다. 그런데 그동안 참 많은 글을 썼고 여러 권의 책을 펴냈다. 내가 펴낸 책 가운데 많은 사랑을 받았던 책이 있다. 대학에서 학생들을 지도하던 당시, 종종 여러 학생이 시험 중에 부정행위를 하다가 발각되기도 했다. 갖은 방법과 수단을 동원해서라도 좋은 학점을 받아서 장학금을 타거나 또는 회사에서 진급을 하려는 생각으로 부정행위를 하는 것이다. 그런데 이런 현상은 비단 수험생만 아니라 나라 전반에도 마찬가지로 보인다.

뇌물을 주고받는 것은 물론이고 각종 부정한 방법을 동원하여 선거에서 당선만 되면 된다는 생각에 무능하고 부정직한 자들이 정치인으로 등장한다. 그래서 어떤 작가는 "정치인은 비둘기와 같다. 땅에서는 고개를 숙이고 굽실거리는 모습으로 걷지만 일단 높은 곳에 올라가면 바닥으로 오물을 쏟는다"고 혹평했다. 권력 있는 자들과 결탁하여 자기 기업을 성장시키고 나라의 국방이 걸린 무기거래에도 뇌물이 오가며, 관련 중개상이 많은 돈을 갈취하는 바람에 성능이 많이 떨어지는 무기가 수입되기도 한다. 그런 것들은 모두 부끄러운 소득이 아닌가?

그때 쓴 것이《부끄런 A 학점보다 정직한 B 학점이 낫다》라는 책이다. 그 책은 출간되자마자 갑자기 작은 선풍(?)을 일으켰다. 그 내용은 아버지가 아들에게 말해주고 싶은 잔소리를 책으로 쓴 것이다. 어느 날 아내와 자녀에 대한 대화를 하던 중 아들에게 꼭 필요한 잔소리를 글로 쓰면 좋을 것이라는 생각이 들어서 대학 노트에 적기 시작했다. 생각이 연달아 떠올라서 대략 열흘 만에 수백 개의 잔소리를 썼던 것이다. 마침 좋은 출판사와 연결이 되어 발간되었는데 부모들이 책을 구입하는 것만 아니라 학교장이 책을 한꺼번에 많이 사서 교사들에게 나누기도 했다. 기자들이 집을 찾아와서 사진을 찍고 신문과 잡지에 우리 가정에 관한 기사가 여러 번 실렸다. 한동안 베스트셀러가 되어 수정판이 나오기 전까지 40판 이상이 인쇄되었던 것은 정말 예상치 못한 일이었다. 지금도 인터넷에서는 그 책의 내용들이 종종 발견된다.

그 후로 나에게는 글을 쓰고자 하는 욕구와 함께 나도 글을 쓸 수 있다는 작은 자신감이 생겼다. 그 후로 몇 권의 책을 더 출간하게 되었다. 수년 전부터 매일 아주 짧은 묵상의 글을 써서 내게 이메일 주소를 준 이들에게 보내고 있는데 그 일부를 모아서《말씀의 향기》라는 책을 출간하기도 했다. 매일 글을 쓰는 것은 나로 하여금 항상 무엇인가 생각하게 하는데 그것이 글을 쓰는 데 있어서 일종의 수련과도 같은 것이 되었다. 주변에서 일어나는 일들이나 신문과 방송에서 읽고 보는 모든 것에서 글쓰기 재료를 찾아낸다. 세상에서 일어나는 일들이 결코 사소한 것이 아니며 그것들이 누구에게는 비극의 이유가 되기도 하고 반면에 어떤 사람에게는 행복의 기회가 되기도 하기 때문이다.

근래에는 월간지에 수개월에 걸쳐서 짧은 글을 보내고 있다. 이곳 미국에서 발간하는 기독교 신문사에는 내가 논설위원으로 있는데 정기적으로 시론을 쓰고 있다. 또한 한국에서 유명한 소설가 부부가 정기적으로 펴내는 계간지에도 우리 부부가 수필 형식의 글을 계속해서 싣고 있다. 누구나 읽을 수 있고 또 이해하고 공감할 수 있는 내용으로 쓰려고 노력한다.

글은 쓰면 쓸수록 보다 편하게 쓰게 된다고 생각한다. 전문적인 이론을 연구하는 대학 교과서나 철학책 종류가 아니라면 일부러 어려운 용어나 표현을 찾으려고 하지 않고 다만 삶의 주변에서 흔히 듣는 이른바 "장터의 언어"로 읽고 이해하기 쉽게 쓰는 것이 비결이라는 것도 조금 터득했다. 얼마 전에도 이미 작고한 어느 소설가의 수상집을 읽으면서 그는 그 사소해 보이는 가정과 거리와 인간관계에서 어떻게 그런 맛깔스런 글을 써낼 수 있는지 신기하게 생각했다. 그런 글을 읽으면서 공감하여 고개를 끄덕이다가 어느 부분에서는 코끝이 찡하기도 하고 어느 부분에서는 행복한 미소가 떠오르기도 한다. 그런 것이 작가들이 기대하는 것 중의 한 부분일 것 같다.

{열}

잔디가
누렇게 되었네

내가 살고 있는 이곳 남부 캘리포니아를 미주 한인들은 "남가주"라고 부른다. 그 중심에 거대한 도시인 로스앤젤레스가 있고 내가 사는 곳은 도심지에서 약 30분 북쪽에 위치한 곳이다. 이곳은 매년 유명한 로즈 퍼레이드가 열리고 있고 학군이 좋다고 소문나서 그런지 적지 않은 한인들이 거주하고 있다. 대형 한인 마켓도 있고 한국인이 운영하는 식당도 있다.

이곳에 이사 온 지 어느새 10년이 넘었다. 공기도 맑고 고속도로에서 조금만 들어오면 되기 때문에 시내를 드나드는 것이 편리하고 또 생활에 필요한 것들을 가까운 곳에서 구입할 수 있어서 좋다. 교회에서도 가깝고 동네도 깨끗하기 때문에 좋은 주택지역이다. 결혼하여 사는 두 아들들도 우리 집에서 그리 멀지 않은 곳에 있기 때문에 일주일에 한 번씩은 만날 수 있어서 그것도 좋다.

그런데 로스앤젤레스를 포함한 이 지역은 근래에 이르러 심한 가뭄을 겪고 있다. 이 지방은 여름에 가물고 12월과 1월 겨울이 되어야 비가 조금 오는 편인데 최근에는 비가 오는 계절에도 가뭄이 계속되어 물 비상이 내려진 상태다. 남부 캘리포니아는 비와 호수, 그리고 지하수만으로는 모든 필요를 충족시킬 수 없어서 주변 지역에서 식수를 사다가 공급하기 때문에 물값이 비싼 편이다. 예를 들어서 약 1,000마일(1,600킬로미터)가량 떨어진 콜로라도강을 비롯하여 북부 해안, 새크

라멘토 강, 샌프란시스코 만과 여러 호수에서 물을 끌어와야 한다.

이곳에는 거의 5년 이상 비다운 비가 내리지 않아서 주변 잔디와 산이 온통 누렇게 변했다. 수년 전에는 인근 산에서 산불이 크게 발생하여 거의 두 주간 동안 밤낮으로 산을 태웠다. 내가 사는 곳에서 그리 멀지 않은 편산이었기 때문에 산불에서 날아온 하얀 재가 자동차 지붕과 주택에 눈처럼 쌓이기도 했다. 밖에 나가야 할 때에는 며칠간 불편한 마스크를 쓰기도 했다. 원래 불길이 강하고 후끈한 산타아나 강풍도 있어서 헬리콥터는 멀리 호수에서 물을 가져와 산 중턱에 있는 주택단지 위쪽에만 뿌렸다. 위쪽에는 불이 타올라가도록 놔두고 주택과 건축물만 보호하는 것이다. 그 두 주간 동안 많은 소방관들이 밤낮을 가리지 않고 위험을 무릅쓰고 많은 수고를 했다. 그래서 이 지역에 사는 주민들은 화재보험을 들지 않으면 주택 구입을 위한 은행융자도 받지 못한다. 산불이 잦고 위험하기 때문에 여름에는 늘 경계태세를 가지라고 경고한다.

시 정부에서는 잔디에 매일 물을 줄 수 없으니 일주일에 두 번 정도로, 그것도 짧게 주라는 명령을 내릴 정도이다. 만일 그것을 어기고 잔디에 물을 주다가 발각되거나 물을 많이 준 것이 고지서에 드러나면 벌금을 매긴다. 그래서 주변 주택에 있는 잔디보다 유난히 초록색이 진한 잔디가 있으면 수상한(?) 것이다. 밤에 몰래 물을 주었을 가능성이 있기 때문이다.

우리집 주변의 잔디도 누렇게 변했다. 진초록색으로 덮여 있을 때에는 시원하고 상쾌한 느낌을 주던 잔디인데 누렇게 변하니 보기가 흉했다. 그래도 일주일에 두 번씩 잠깐 물을 주기 때문에 잔디가 아주 죽지는 않았다. 동네의 어떤 가정에서는 잔디 관리가 힘들어서 그런지 잔디를 모두 걷어내고 작은 돌들을 이용하여 돌마당으로 만들거나 시들지 않는 인조잔디로 바꾸기도 한다.

내가 전에 살던 곳의 바로 건너편에는 백인 노인이 사는데 앞뜰의 꽃과 잔디 관리에 퍽 신경을 썼다. 메리라고 하는 할머니인데 전에 암 투병을 했지만 지금은 상당히 건강해져서 활동을 많이 하는 것으로 보인다. 특히 그 집 앞뜰에는 각종 꽃들이 가득하다. 보라색과 노랑과 빨간색의 작은 꽃들을 위해서 그 할머니는 겁도 없이(?) 물을 자주 주는 것이 보였다. 그래도 주말이면 손주들이 찾아오기 때문에 더 열심히 뜰을 가꾸는 것 같다. 아마 그 집의 경우에는 다른 어떤 것보다도 물 값이 가장 많이 나올 것 같다. 그래서 소나기라도 내리는 날에는 모든 것이 풍성해지는 느낌과 풀과 나무들이 다시 살아나는 소리가 들리는 것 같다.

많은 사람들의 영혼도 그렇지 않은가 돌아본다. 늘 쳇바퀴를 돌듯 반복되는 일상 속에서 갈등과 스트레스와 긴장으로 마음에 세속의 먼지가 쌓이지 않을까 하는 생각이다. 마치 가뭄 계절에 모든 풀과 나무가 메마르듯이 우리의 영혼도 메마를 수 있기 때문이다. 더욱이 영혼에 대해서는 잠시도 생각할 겨를을 갖지 못하면 그는 완전히 현실 속에 갇혀 사는 것이다. 매일 발등에 떨어진 급한 일들에 쫓겨다니면서 마음과 영혼이 피곤해지기 쉽기 때문이다. 이럴 때에는 가끔 하던 일을 멈추고 몸과 마음이 쉼을 가져야 한다. 늘 소음 속에 살기 때문에 듣지 못했던 마음의 소리도 듣고, 늘 급하게 달리고 지냈기 때문에 보지 못하던 주변 환경도 돌아보면 좋겠다. 운전도 너무 급하게 하면 주변 경치를 거의 구경할 수 없는 것처럼, 너무 급하게 달리지만 말고 조금씩 속도를 늦춰서 자신과 이웃도 보살피는 기회를 가져야 한다.

어서 이곳에도 풍성한 비가 내려서 누렇게 죽어가던 풀과 나무들이 다시 소생하고 힘없이 늘어져 있던 꽃나무들이 힘차게 일어서기를 바란다. 그래서 과일을 수확하는 계절이 되면 시원하고 달고 맛있는 과일들을 맛보기를 기다려본다. 그리고 나의 영적인 삶에도 풍성한 열매들이 많기를 기대한다.

{열하나}

껍데기만 남았네!

교회가 있는 넓은 동산에는 귤나무, 사과, 대추, 석류, 레몬, 감, 무화과 등의 십여 가지 과일 나무와 함께 호두나무가 여덟 그루 있다. 근간에 너무 가물어서 두 그루가 말라 죽었지만 아직도 열매를 맺는 나무들이 있다. 그 나무에는 거의 매년 호두가 상당히 많이 열린다. 그래도 사람들이 호두를 따는 경우는 거의 없다. 사람이 호두를 따기 전에 이미 동산의 땅 다람쥐들이 잔치를 벌이는 것이다. 이 다람쥐들은 대개 땅속에 굴을 파고 사는데 나무에 많이 올라가 있고 동산에 있는 과일나무 열매들을 즐긴다. 매년 석류와 감과 비파 열매도 많이 열리는데 그것으로는 대개 새들이 잔치를 벌이고 호두는 다람쥐들이 겨울 양식으로 모은다.

그런데 어떻게 그 딱딱한 껍질을 깨고 알맹이만 먹어치우는지 정말 궁금하다. 거의 매년 늦가을이 되면 호두나무 밑에 수북하게 쌓인 호두 껍데기를 볼 수 있다. 그 딱딱한 껍질을 어떻게 쪼갰는지 모두 꼭 반으로 쪼개져 있고 속이 텅 빈 껍데기들이다. 호두의 일부는 땅속 어디엔가 저장해두었고 이미 까먹은 것만 해도 아주 많다. 심지어 까마귀들까지 호두를 까먹는다고 하니 기가 막히다! 넓은 교회 마당 주변에 까마귀가 많은 것도 그곳에 먹을 것이 많기 때문인 듯하다. 유튜브에서 본 영상 가운데 까마귀가 딱딱한 호두를 입에 물고 대로에 나가 전깃줄에 앉아서 호두를 시멘트 바닥에 떨어뜨린 후에 차가 지나가면서 박살을 내면 즉시 내려와서 호두 열매를 먹는 장면을 보았다. 까마귀의 IQ가 굉장히 높다는 것을 증명하는 것일까?

내가 어렸을 적에는 달걀이 귀한 편이어서 동네 사람들이 종종 집에서 한두 마리의 닭을 길렀다. 매일 달걀을 먹는다고 자랑하는 이들도 있었다. 우리 집 건너편에 있는 집에도 문 안쪽에 닭장을 만들어서 아침마다 달걀을 먹는다고 자랑하는 것을 들었다. 그 집에는 목소리가 큰 부인과 두 아들이 살았는데 어느 날 아침에 소동이 벌어졌다. 닭들 중에서도 가장 크고 멋지게 생긴 수탉이 죽은 것이다. 그것도 속내장이 다 빠지고 털과 껍데기만 남은 것이다. 그 부인이 흥분하여 소리치는 것을 듣고 달려가보니 정말 바람이 빠진 풍선같이 수탉이 닭장 바닥에 널브러져 있는 것이 아닌가? 어찌된 일인가?

그 집의 부인은 그 이유를 알고 있었던 것 같다. 전에도 그와 같은 일이 있었기 때문이라고 한다. 즉 간밤에 홰에서 자고 있던 닭의 항문에 큰 쥐가 접근하여 소리 없이 마사지하여 닭의 항문을 열게 하고 결국 닭을 죽이고 내장을 파 먹는다는 것이다. 나로서는 도저히 이해가 되지 않는 설명이지만 막상 죽은 닭을 직접 보니 그 말을 믿을 수밖에 없었다. 닭은 자기 항문이 시원하다고 느껴서 그런지 반항도 하지 않았고 결국 그렇게 껍데기만 남기고 죽었다는 것이다.

전에 한국에서 텔레비전 방송국에 자주 갈 일이 있었다. 일주일에 한 번씩 탤런트와 직원들에게 성경을 가르치는 반이 있었기 때문이다. 흥미로운 것은 드라마의 다양한 세트장이다. 방송으로 볼 때에는 드라마 현장에 있는 것처럼 정말 그럴듯했는데 막상 촬영 현장에 가서 세트를 보니 모양만 꾸미고 칠을 해서 진짜로 보이지만 세트 뒤를 보니 아무것도 없는 것이다. 나도 그것을 예상한 것이지만 정말 흥미로운 껍데기였다.

나의 삶을 되돌아보게 된다. 소위 스펙은 괜찮아 보이지만 속은 텅 빈 것이 아닌가? 마치 겉으로는 화려하고 경건해 보이지만 마음속에는 각종 악한 것들이 웅크리고 있는 허울좋은 종교인의 모습은 아닌지 생각해본다. 성경에도 예수께서 당시에 가장 종교적이라고 생각되던 바리새인들을 향하여 겉은 흰색을 칠해서 깨끗해 보이지만 속에는 썩은 시체가 있는 무덤 즉 회칠한 무덤과 같다고 날카롭게 책망한 것을 무시할 수 없다. 국민을 위한다고 늘 말하지만 실제로는 자기 속셈을 차리는 표리부동한 지도자들의 모습은 아닌지? 속과 겉이 모두 깨끗한 나 자신이 되기를 기도한다.

{열둘}

고독과 홀로 있는 것은 다르다

이 두 단어는 같은 것 같지만 의미가 다르다. 홀로 있다고 해서 다 외롭고 고독한 것은 아니다. 요즘엔 독신자들이 전보다 훨씬 많아졌다. 피치 못할 사연으로 이혼한 사람들 중에도 재혼하지 않고 혼자 사는 이들이 많다. 그렇다고 해서 그들이 다 외로움으로 고통받는 것은 아닐 것이다. 사실 요즘은 남자 혼자 살아도 생활에 큰 불편이 없을 정도로 모든 것이 편리하다. 전에는 밥을 지을 줄 모르거나 요리를 할 줄 모르면 식생활이 힘들었지만 지금은 돈만 있으면 마켓에서 얼마든지 주식과 부식은 물론이고 먹고 싶은 것은 다 살 수 있다.

전에는 한 마을에 살면서 동네 주민들 사이에 왕래가 많아서 심지어 이웃집의 숟가락 개수까지 알 정도로 가깝게 지낸 적도 있었다. 남의 집 자녀의 생일까지 기억할 정도였고 음식이 있으면 이 집 저 집으로 나눠주었다. 우리 집에서 그런 심부름할 일이 있으면 어머니는 거의 다 나를 보내셨다. 어느 가정에 슬픈 일이 생기면 온 동네가 같이 슬퍼하면서 초상집에서는 주민들이 모여서 밤을 새우는 일도 다반사였다. 그때에는 고독사라는 단어도 들어보지 못했다.

그런데 지금은 시대가 크게 달라졌다. 인구는 훨씬 많이 증가했고 길에는 사람들이 서로 발을 밟고 어깨를 부딪칠 정도로 많지만 모두 모래알같이 개인들일 뿐이다. 옆에서 누가 무슨 일을 하든 상관하지 않으려고 한다. 심지어 스마트폰이 생겨나면서 눈앞에서 무슨 사건이 터지면 즉시 경찰에 알리거나 도우려고 하기보다 그 현장을 스마트폰 사진으로 찍느라 정신이 없다고 한다. 귀에 리시버를 꽂고 있어서 주변 소리가 들리지도 않는다. 그래서 미국에서는 귀에 이어폰을 끼고 운전하다가 경찰에게 적발되면 벌금을 내야 한다.

그러다 보니 이른바 고독사(孤獨死)가 심각한 문제가 되고 있다. 현대사회가 극단적으로 개인주의가 되다 보니 집단으로 사는 아파트 생활에서도 옆집의 상황을 알 수 없다. 사망한 지 수개월이 지난 후에야 그 집에서 이상한 악취가 나온다는 이웃의 말에 경찰이 문을 뜯고 들어가보니 혼자 살던 노인이 이미 오래전에 사망했지만 아무도 그 사실을 몰랐던 것이다. 고독사인 것이다.

그런데 더욱 가슴 아픈 사실은 멀지 않은 곳에 자녀들이 있으면서도 오랫동안 노부모와 연락을 하지 않고 방문하지도 않아 그런 일이 생기고 있다는 것이다. 이웃과의 사이에 오가는 정이 끊어지고 모두 개인이라는 울타리 속이나 깊은 함정으로 빠져들어가 있다 보니 비인간적인 사건이 발생하고 있다. 거리상으로는 가깝지만 마음의 거리가 너무 멀어져 있다.

요즘 특히 젊은이들은 어디를 가든지 손에서 스마트폰을 놓지 못한다. 잠시라도 손에 스마트폰이 없으면 외부와 단절된 느낌을 갖는다. 전에 이런 기기가 없었을 때에는 어떻게 살았나 하는 생각까지 든다. 사람들이 길을 걸으면서도 전화로 대화하는 것은 아주 흔한 일이고 보행하면서 음악을 듣거나 동영상을 보는 것도 흔한데, 이는 대단히 위험한 일이다. 특히 교통사고를 당하는 경우도 적지 않다. 얼마 전에 외국에서 발매되기 시작한 포켓몬이라는 프로그램 때문에 정신없이 그것을 추적하던 사람들 중에 도로 맨홀에 빠지거나 절벽에서 추락한 사건이 발생했고 각종 사고가 계속 일어나고 있다.

그러나 우리에게는 종종 홀로 있는 시간이 필요하다. 이것은 할 일이 없어서 우두커니 먼 산을 바라보고 있는 공허함과는 다르다. 항상 많은 소음 가운데서 사람들 속에 파묻혀 살다 보면 정작 가장 중요한 자신에 대해서 소홀하게 될 우려가 있다. 마치 잡음이 많은 곳에서는 전화 통화 내용을 알아들을 수 없는 것처럼 외부 환경만 아니라 마음 속에 염려와 불안과 두려움 같은 것 때문에 잡음이 많으면 자신의 양심의 소리를 들을 수가 없다는 것이다. 귀로 들리지 않지만 우리 마음 속에는 많은 음성이 있다.

모든 인간에는 조물주가 마음에 심어준 양심이라는 귀가 있다. 어느 소설가의 말처럼 우리의 양심은 마치 날이 날카로운 바람개비와 같은데 거짓말을 할 때마다 그 바람개비가 돌면서 마음을 아프게 찌른다는 것이다. 그래서 자신의 잘못을 깨닫게 되고 뉘우치고 돌이키게 된다. 그런데 주변의 소음이 너무 큰 것만 문제가 아니라 너무 자주 양심의 바람개비가 돌다 보니 이제는 날카로운 부분이 뭉뚝해져서 아무런 반응도 없게 되었다는 것이다. 꾸며낸 이야기겠지만 상당히 일리가 있다. 양심의 소리를 들으려면 주변의 잡음만 아니라 마음의 소음이 꺼져야 한다.

인터넷과 텔레비전과 스마트폰을 끄고 전적으로 자신에게 집중하는 시간도 필요하다. 그동안 너무 많은 말을 했으니 이제는 스스로 마음의 소리를 듣는 것이다. 왜 이런 시간이 필요할까? 남이 보고 평가하는 자신이 아니라 자신이 스스로를 들여다보고 정직하고 공정하게 평가하는 시간이 있어야 한다. 사실 우리는 자신을 평가할 때에 많은 편견이 있기 때문에 정확하기가 어렵다. 또한 세상은 우리 자신에 대해서 잘 모른다. 세상은 겉으로 보는 것만으로 우리를 평가하고 자로 잰다. 학위와 직위와 돈과 외모로 우리를 판단하는 세상에서 자신은 자기 자신을 어떻게 보는가? 마치 여자들이 외출에서 돌아와 화장을 지우고 맨얼굴로 거울을 대하듯이 자신을 사실 그대로 돌아보는 시간이 있어야 한다. 어제의 자신의 말과 행동을 돌아보고 또 내일에 대한 마음 자세를 가다듬을 수 있어야 한다. 얼굴에 흉터가 많은 사람은 누구보다도 화장을 진하게 할 것이다. 약점이 많은 사람은 누구보다도 자신을 많이 꾸며야 할 것이다. 그러나 그것은 그 자신의 모든 것이 아니다. 고요한 마음으로 홀로 자신과 주변을 돌아볼 수 있어야 실제로 삶의 질서가 생기는 것이다.

{열셋}

지붕이 낮아졌나?

나는 어릴 적에 서울 변두리에 살았다. 서울의 서대문 밖이었기 때문에 소위 "문밖"이라는 곳이다. 문 안에는 넓은 기와집들도 많았지만 문밖은 서민들이 사는 곳이다. 내가 아주 어렸을 적에는 그 동네에서 우리집이 유일하게 전통적인 초가지붕을 가졌기 때문에 아주 옛날 집과 같았지만 집안이 겨울에는 따뜻하고 여름에는 시원했다. 한 가지 불편한 것은(?) 거의 2~3년마다 지붕을 짚으로 새로 얹어야 하는 것이다. 물론 내가 할 수 있는 일이 아니라 아버지와 형이 일꾼들과 함께 작업을 했다. 며칠간 온 집 안팎이 먼지로 가득하지만 노란색의 새 볏짚으로 지붕을 얹으면 아주 멋있어 보였다. 우선 보기에 깨끗하고 비가 와도 빗물이 깨끗했다. 그런데 초가지붕에 대해서 한 가지 염려되는 것은 태풍 계절이 되면 강한 바람에 지붕이 종종 벗겨지는 것이다.

내가 초등학교 5학년 때에 거대한 태풍 사라호가 불었다. 학교에서 공부하고 있는데 갑자기 학교 지붕에서 무엇이 쏟아져내리는 소리가 들렸다. 선생님이 알아보니 강풍 때문에 학교 건물의 지붕을 덮은 기왓장들이 쏟아져 바닥으로 떨어진 것이다. 창문으로 내다보니 여기저기 동네의 지붕들이 바람에 벗겨지고 어떤 가게의 간판은 바람에 연처럼 날아가버리는 것이었다. 이게 웬 난리인가?

그날은 공부를 마치지 못하고 모두 집으로 돌아갔다. 가는 도중에도 바람이 너무 강해서 몸이 날아갈 것 같았고 건물 유리창이 깨어지고 물건들이 사방으로 날아다녔다. 당시 서울 서대문에 있던 유명한 영화관인 동양극장의 커다란 그림 간판도 떨어져 멀리 날아갔다고 한다. 밤낮으로 불던 그 무서운 태풍은 며칠간 계속되었는데 부서진 집들이 많아서 재산 피해도 많았고 인명피해도 적지 않은 것으로 기억된다. 그날 우리 집 초가지붕이 날아갈까봐 얼마나 두려웠는지 모른다. 아버지는 지붕이 바람에 벗겨질까봐 지붕에 올라가 몸을 낮춰 잠시 엎드려 계시기까지 하셨다. 정말 다행스럽게도 바람이 우리집 반대 방향으로 불어서 우리 동네에는 피해가 거의 없었다.

우리집 앞에는 작은 축대가 있는데 그곳은 불쑥 나온 돌멩이를 타고 오르내리기도 하고 동네 친구들과 신나게 놀던 곳이다. 아버지는 내가 그렇게 뛰어노는 것이 위험하다고 여러 번 주의를 주었지만 나는 들은 척도 하지 않았다. 아버지 눈을 피해서 높은 곳에서 뛰어내리기도 하고 거기에 매달리기도 했다. 한번은 높은 축대에서 거꾸로 떨어져서 머리에 작은 돌맹이가 박히는 사고를 당하기도 했지만 여전히 "개구쟁이"였다. 인근에 넓은 운동장이 없고 놀이기구도 없던 시절이기 때문에 산비탈의 계단과 축대는 물론이고 나무 작대기와 돌멩이만 있어도 얼마든지 재미있게 놀았다.

겨울에는 우리집 추녀 끝에 고드름이 많이 달렸다. 초가가 오래 지나면 볏짚이 썩기 때문에 추녀에서 떨어지는 빗물이 거의 빨간색이었다. 그래도 거기 달린 고드름을 따고 싶은데 키가 닿지 않아 깡충깡충 뛰기도 했다. 장마철에는 썩은 초가에서 징그러운 굼벵이들이 생겨 땅바닥에서 꿈질거리는 것을 보면 질겁을 하고 피했다. 그래도 나의 어린 시절은 즐거운 추억으로 가득하다.

세월이 지나서 거의 30년 만에 내가 태어난 서울의 그 집을 찾아갔다. 이미 주인이 바뀌어서 누가 사는지 알지 못하고 또 우리가 이사를 나오기 전에 지붕을 기와로 바꿨기 때문에 다른 집같이 보였지만 집 주변 환경은 여전했다. 내가 타고 놀던 축대도 그대로 있고 건너편 집 문 앞에 있던 아카시아 나무도 여전했다.

그런데 참 이상했다. 지붕과 축대가 아주 낮아 보이는 것이다. 내가 어릴 적에는 우리집 추녀가 너무 높아서 고드름을 딸 수 없었고, 축대도 아주 높아서 거기서 한번 뛰어내리려면 대단한 용기가 필요했는데 여러 해 후에 다시 찾아와보니 모든 것이 낮아 보였다. 물론 지붕과 축대가 낮아진 것이 아니라 내가 성인이 되어 키가 자랐기 때문이다.

우리의 삶과 생각도 그렇게 변한다. 어릴 적에 갖고 싶었던 것과 소년 시절이나 성인이 된 후에 갖고 싶은 것이 다른 것처럼 세상을 보는 눈도 그렇게 변한다. 옛날 어른들이 "서울에 가본 사람보다 서울에 안 가본 사람이 서울에 대해서 할 말이 더 많다"고 한 말씀이 기억난다. 아직 넓은 세상을 알지도 못하면서 내 주장만 고집하는 것은 참으로 어리석은 일이다. 그것이 바로 "우물 안 개구리"가 아닌가? 더 넓은 마음과 더 포용하는 마음을 가져야겠다는 생각을 하게 된다. 세상이 빠르게 변하기 때문에 정신을 바짝 차려야겠다.

{열넷}

고추장찌개를 끓이면서

우리 형제는 아들 셋과 딸 둘 오남매인데 여동생들이 태어나기 전에는 오직 우리집 여자라고는 어머니와 할머니뿐이었다. 그래서 식사 준비와 빨래를 비롯한 가정일은 거의 다 어머니가 혼자 하셨고 아버지와 아들들은 부엌에도 들어가지 못하게 하셨다. 남자들은 여자들의 전용장소(?)인 부엌에 들어가지 않는 것이 당시의 생활관습이었다. 어릴 적에 살던 주택은 요즘과 달리 방과 마루가 있고 부엌은 따로 떨어져 있어서 그곳을 드나드는 사람들이 정해져 있는 것처럼 보였다.

언젠가 어머니가 많이 아프셔서 며칠 동안 일어나지 못하신 적이 있었다. 아무도 밥을 해줄 사람이 없어서 그때 "남자들" 네 명은 하루 종일 쫄쫄 굶기도 했다. 보다 못한 어머니가 이마를 싸매신 채로 일어나 밥을 지어주셨던 것을 기억한다. 또 한 번은 어머니가 좀 먼 곳에 가셨다가 저녁 늦게야 귀가하셨는데 어머니가 오실 때까지 우리 형제는 아무것도 먹지 못하고 마냥 기다리기도 했다. 지금이라면 전기밥솥이 있고 원하는 반찬을 마켓에서 사다 먹을 수 있지만 그 시절은 전혀 달랐다. 그래서 나도 스스로 밥을 짓거나 반찬을 만드는 것에는 완전히 맹탕이었다.

그런데 두 번에 걸쳐서 자취생활을 한 적이 있다. 첫 번째 경우는 결혼 전에 지방 도시에서 자취하며 몇 년간 평신도 전도자로 일할 때다. 주변에는 친척이나 아는 사람도 없고 혼자 지내야 하기 때문에 다만 "생존하기" 위해서 밥을 짓고 반찬을 준비해야 했다. 밥을 짓는 것은 그래도 많이 어렵지 않았다. 작은 전기밥솥을 준비했기 때문에 쌀을 씻어서 붓고 물만 적당히 넣으면 저절로 밥이 되었다. 그런데 문제는 반찬이다. 아직 라면이 유행하기 전이었고 시장에 가면 혹 반찬거리가 있을 테지만 돈을 아끼기 위해서 그 생각은 하지 못하고 스스로 준비하려니 고생이 이만저만이 아니었다. 가장 쉬운 것은 이웃이 준 김치와 밑반찬 몇 가지였다. 나에게는 냉장고가 없지만 밑반찬은 여러 날을 두어도 상하지 않으니 안심하고 먹을 수 있었다. 한 번은 콩자반이 먹고 싶어서 검은콩을 사서 씻어 간장과 함께 끓였다. 간단하게 될 줄 알았는데 전혀 먹을 수 없게 되어서 모두 버린 적이 있고, 거의 3년 이상을 지내면서 생선과 고기를 한 번도 요리해본 적이 없다. 그런데 어떻게 건강을 유지하고 살았는지 돌이켜봐도 신기하다(?).

또 한 번은 미국에서 유학생활을 할 때였다. 나 혼자 유학을 왔기 때문에 이번에도 생존전략이 필요했다. 결혼 후에 두 아이가 자랄 동안에도 나는 늘 바쁘게 밖으로 다녔기 때문에 아내의 살림살이를 돕지 못했다. 그래서 나 스스로 음식을 만들어 먹는다는 것은 전혀 생각도 하지 않았다. 그런데 다시 혼자서 공부하며 자취를 하게 된 것이다. 그렇지만 이번에는 내가 부목사로 섬기는 교회가 있어서 여러 교인들이 공부하느라 수고하는 "홀아비" 목사를 위해서 여러 가지 반찬을 해다주었다. 그런데 반찬을 준비하는 교인들의 출신 지역에 따라 맛이 가지각색이었다. 어느 지방 출신의 교인이 만든 반찬은 무지하게 맵고 짠가 하면 또 어느 지방 출신의 음식은 싱겁고 달았다. 어떤 노인

교인은 정성스럽게 콩자반을 만들어 내게 주었는데 얼마나 기름과 간장을 많이 넣었던지 정말 너무 짜서 먹기가 어려웠다. 그래도 반찬이 아무것도 없는 것보다 낫지 않겠는가?

그 가운데 내가 자신 있게(!) 만들 수 있는 것이 김치찌개였다. 김치를 숭숭 썰어 넣은 냄비에 물을 붓고 몇 가지 양념을 넣고 끓이는 것이다. 가끔 버터를 잘라 넣기도 했지만, 거기에 돼지고기를 조금 넣으면 훨씬 낫겠지만 맹탕으로 끓이는 그 맛이 오죽했겠는가? 그래도 아침에 일찍 학교로 가서 밤에 도서관이 문을 닫을 때까지 공부해야 간신히 따라가는 미국 대학원 공부이기 때문에 어쩔 수 없었다. 월요일 아침에 밥솥에 가득 밥을 짓고 김치찌개를 한 그릇 준비하면 거의 일주일 동안 따로 식사준비가 필요하지 않을 정도였다. 아마 그래서 건강에 그다지 좋지 않은 것을 알면서도 학교 앞에 있는 햄버거 집을 자주 찾아갔던 것 같다. 실제로 약 4년의 공부를 마치고 한국에 귀국했을 때에 나는 부끄럽게도 거의 과체중에 가까워서 아주 어릴 적에 나를 봤던 작은아들이 금방 나를 알아보지 못할 정도였다. 영양의 불균형이 나를 그렇게 만든 것이다.

세월이 지나서 이제는 그런 것들이 옛 추억이 되었다. 그런데 요즘 남편들은 요리에도 많은 관심을 갖고 있다. 방송에도 남자들을 위한 요리강습이 심심치 않게 나오고 우리 아들만 봐도 자기 스스로 여러 가지 요리를 한다. 예전에는 요리를 여자들만 하는 특수한 분야(?)로 생각했던 것 같은데 요즘에는 남자 셰프가 대세인 것처럼 보인다. 그래서 나도 어느 식당에서 맛있게 먹었던 고추장찌개를 시도해봤다. 식당에서 먹던 것을 되살려서 이것저것을 넣고 끓였는데 영 그 맛이 아니다. 눈대중으로 끓인 고추장찌개가 맛이 없지만 내가 끓였기 때문에 불평 없이 먹을 수밖에….

{열다섯}

과식은 유혹이다

요즘엔 아프리카 오지가 아니면 어느 나라를 가든지 쉽게 뷔페 식당을 만난다. 수년 전 한국을 방문했을 때 내가 잘 아는 친구가 주선해서 서울 시내의 아주 좋은 호텔방을 예약해주었다. 교통이 편리한 것은 물론이고 내가 보기에는 방의 시설도 일류였다. 그런데 나를 놀라게 한 것은 음식이었다. 아침 식사를 하려고 호텔 내에 있는 식당에 갔는데 거대한 아침 뷔페가 차려져 있는 것이었다. 눈짐작으로 가짓수를 세어보니 거의 100가지가 넘어 보였다. 만일 그것들을 한 가지씩 조금씩이라도 접시에 담으면 도저히 담을 수도 없고 먹을 수도 없었을 것이다. 아침 식사로 어떻게 그렇게 많고 화려한 음식들을 먹을 수 있는지? 그런데 대부분의 한국 일류 식당에는 그렇게 아침 메뉴가 풍성하다고 한다. 그런데 그 가격이 만만치 않다.

미국에서 목회하면서 뷔페 식당을 자주 갈 수밖에 없었다. 특히 결혼식이나 장례식을 마친 후에는 하객과 조객들을 뷔페 식당으로 모이게 하여 대접하는 것이 일반적이다. 한국에서는 결혼식이 끝나면 대형 음식점에 단체로 음식을 주문해놓기 때문에 참석자들이 좋든 싫든 같은 음식을 먹었다. 그런데 요즘엔 뷔페에서 음식을 대접하는 일이 잦은데 맛있는 음식들이 가득하기 때문에 뷔페에 간 날은 의도하지 않았는데도 빈번하게 과식하는 것이다. "오늘은 조금만 먹어야지" 라고 스스로 다짐하고 가지만 어느새 음식을 접시에 수북하게 쌓아놓는다. 과식은 강력한 유혹 중의 하나다.

전에 먹을 것이 궁했을 때는 무엇이든지 분량이 많은 것을 좋아했었다. 식당에 가도 맛보다 양에 관심이 더 많은 적도 있었다. 그래서 무엇이든지 먹을 것을 살 때에는 "좀 더 주세요"라고 했고, 또 식탁에서는 "많이 드세요"라는 말을 자주 들을 수 있었다. 그렇지만 이제는 사방에 먹을 것이 지천이기 때문에 골라서 먹게 된다. 건강도 생각해야 하고 비만도 염두에 둬야 하기 때문이다. 그런데 뷔페에 가면 음식 종류가 많다 보니 다른 이들과 어울려 결국 과식하는 경우가 생기는 것이다. 그러다 혹 탈이 날 수 있다. 사실 뷔페 식당에는 음식이 너무 많기 때문에 양은 많지만 질적으로는 좀 덜한 것으로 보인다. 그리고 여러 사람의 젓가락이 드나들기 때문에 혹 식중독에 걸릴 염려도 있을 것이다.

나는 어려서부터 음식에 대해서는 한번도(?) 불평을 하지 않았다. 집에서나 어디서나 주는 대로 먹었고 있는 대로 즐겼다. 그래서 우스갯소리로 "없어서 못 먹고 안 줘서 못 먹었다"는 말이 있듯이 무엇이든지 잘 먹는 나는 입맛이 항상 꿀맛이다. 그래서 해외 선교지를 방문하여 수저가 없이 손으로 음식을 먹거나 생전 처음으로 대하는 "이상한"(?) 음식도 사양하지 않고 잘 먹는 편이다.

몇 년 전 미국 플로리다에 교회 집회로 방문한 적이 있었다. 그런데 거기 머무는 며칠 동안 너무 많은 해산물을 먹은 것이 탈이었다. 나는 콜레스테롤 수치가 높아서 약을 복용하고 있는데 음식을 대접하는 이는 "즐겁게 먹으면 관계없습니다. 맘껏 즐기세요!"라고 하면서 하루에 두세 번씩 큰 바닷가재와 게를 대접하는 것이었다. 그것도 가격이 만만치 않았는데 매일 풍성하게 대접해주는 것이다. 나는 괜찮다는 그 말을 믿고 정말 실컷 먹었다. 그런데 집에 돌아온 후 몸에 이상을 느꼈다. 그때 콜레스테롤 수치가 아주 높아져서 큰일을 당할 뻔했다.

일전에 시내 대형 마켓의 엘리베이터를 탔는데 바로 내 옆에 한 노인이 배가 불룩한 채로 서 있었다. 그는 나를 힐끗힐끗 쳐다보더니 내가 말을 걸지도 않았는데 나에게 말하는 것이다. "선생님은 배가 나오지 않았네요. 건강관리를 잘 하시는가 봅니다. 나는 이것 때문에 쯧쯧!" 그러면서 자기 배를 쓰다듬으면서 자기 입을 가리키는 것이다. 먹는 것을 잘 통제하지 못해서 몸이 비대해졌다면서 스스로 혀를 찼다.

무슨 음식이든지 과식하면 좋을 것이 없다. 노인이 되어 생기는 질병 가운데 하나가 과식 때문이라고 한다. 먹지 못해서 생기는 병보다 식탐 때문에 생기는 질병이 더 많다고 하니 자신을 절제하는 노력이 있어야겠다. 음식을 조금씩 천천히 먹는 것이 특히 노년 건강에 중요하다는 말을 알겠다. 그리고 나이가 들면서 체중관리를 제대로 하지 못하면 각종 질병으로 고생할 위험이 많다. 몸이 무거우면 무릎을 포함해서 하체에 무리가 생겨 관절이 고장나기 쉽기 때문이다. 100세 시대라고 해도 모두 100세까지 사는 것도 아니고, 또 장수하는 것도 좋지만 몸이 건강해야 보람된 일도 하고 삶의 의미가 있을 것이다.

{열여섯}

손주는 무조건 사랑하리라

내게는 손주가 여섯 명이다. 큰아들에게 두 아들과 딸 하나, 그리고 작은아들에게는 한 명의 아들과 딸이 둘 있다. 모두 우리집에서 멀지 않은 곳에 살기 때문에 종종 만날 수 있어서 좋다. 처음에 애들로부터 할아버지라는 말을 들었을 때는 나를 부르는 것이 아니라는 착각을 하기도 했다. "내가 언제 할아버지가 되었지?" 물론 아들들이 결혼해서 아이를 가질 때부터 할아버지가 된 것이 분명하다. 그런데 할아버지라는 명칭에 익숙하기까지는 상당한 시간이 걸렸다.

언젠가 손자와 손녀들이 집에 왔을 때였다. 한 손자가 할머니가 부르는데도 대꾸를 안 하는 것이다. 다시 불렀는데도 여전히 딴청을 하는 것을 보니 괘씸했다. 엉덩이를 한번 때릴까 하는 생각을 하고 아내에게 눈짓을 했더니 "여보, 당신이 그러면 안 돼요"라는 뜻으로 손을 젓는 것이다. 그때 나는 아이들을 교육하는 것은 제 아비와 어미가 하게 하고 조부모는 무조건 사랑해야 한다는 아내의 말이 생각났다. 공연히 어린 애들에게 무서운 할아버지가 되어 미움을 살 뻔한 것이다.

내가 자랄 적에는 우리 삼형제에게 각각 자기가 준비한 회초리가 집에 항상 있었다. 아버지는 잘 웃으시던 분이지만 우리가 잘못을 저지르면 호랑이 같아서 나는 아버지를 좋아하면서도 무서워했다. 그런데 아버지는 삼형제더러 각각 자기 이름을 적은 회초리를 준비해두라고 하셨다. 나는 맞아도 크게 아플 것 같지 않아 보이는 가느다란 싸리

나뭇가지를 준비했고, 형은 넓적한 널판지 같은 것을 준비했다. 막내는 아직 어리다고 해서 예외가 되었던 것 같다. 그런데 내가 잘못을 하거나 형과 싸워서 실제로 아버지한테 매를 맞을 때에 내가 장만한 가느다란 회초리가 종아리에 벌건 자국을 남길 정도로 아팠는데, 형의 회초리는 매를 맞을 때에 퍽퍽 하는 소리만 크고 별로 아프지 않았다고 한다. 나는 꾀를 부리다가 더 아픈 회초리로 맞은 것이다.

나는 초등학교에 입학하기 전 어렸을 적에 몇 년간 할머니 밑에서 자랐다. 어머니와 아버지가 타 지역에서 직장을 갖고 있었기 때문에 한 달에 한 번 정도 집에 오셨고 나는 할머니의 손에서 성장했다. 그런데 내 기억으로는 키가 작은 할머니의 회초리도 매서웠다는 것이다. 언젠가 내 것이 아닌 밤을 몰래 먹다가 들켜서 싸리 회초리로 아프게 맞았던 기억이 있다. 아마 내가 잘못을 저질러도 그냥 받아주었다면 내 행실이 나빠졌을지도 모른다. 성경에서 말하는 "마땅히 행할 것을 아이들에게 가르치면 늙어서도 그 길에서 벗어나지 않는다"는 말씀이 기억난다. 나는 호랑이 같은 아버지와 무서운 할머니의 훈계를 받고 자라서 그래도 이만큼 사람구실(?)을 하는 것이라고 믿는다.

그런데 세월이 많이 달라졌다. 이제는 할아버지와 할머니가 손주들을 교육하라고 있는 것이 아니라 사랑하라고 있는 것이라고 한다. 그건 누가 말한 것인지 모르지만 사실이 그런 것 같다. 아이의 말씨와 행실을 고치는 것은 제 부모의 몫이고 조부모는 맛있는 것이나 좋은 선물을 주고 사랑하고 용납하고 돌봐주는 것이 몫이라는 것을 깨달았다.

손주들이 조부모와 많은 시간을 보내는 것에는 좋은 면도 있다. 특히 미국에서 이민자의 삶을 사는 가정의 어린 아이들은 유치원부터 모두 영어로 가르치기 때문에 모국어인 한국어를 배울 기회가 많지 않다. 더욱이 부모가 젊은 때에 이민을 와서 영어가 익숙한 부모들은 집에서도 영어를 많이 쓰기 때문에 아이들은 자연스럽게 영어에 익숙하게 된다. 그런데 할머니와 할아버지와 함께 지내는 아이들은 대개 한국어를 많이 사용하기 때문에 모국어를 익히는 기회가 되는 것이다. 그렇게 이중 언어를 구사하는 사람들에게는 미국에서 일자리 기회도 더 많다.

나의 두 아들은 중고등학교 시절 미국에 왔기 때문에 둘 다 한국어에 상당히 익숙하다. 물론 이곳에서 중고등학교를 다니면서 영어에 익숙해졌지만 또한 한국어도 잘할 수 있어서 미국 직장에서 간혹 한국과의 사업이나 프로젝트 문제가 생기면 나의 작은아들이 실력을 발휘한다. 이곳 사회에서는 모국어와 영어만 아니라 인근 나라인 멕시코에서 온 이주민이 많기 때문에 스페인어에 익숙한 것도 유리하고 또 교역이 많은 중국과의 사업관계에서 쓰임받으려면 중국어를 말하는 것도 아주 큰 도움이 된다. 요즘에 많은 아이들은 두 세 개의 언어를 말할 수 있다.

손자와 손녀를 보는 것은 늘 즐거운 일이다. 조용하던 집안에 갑자기 깔깔거리는 아이들 웃음소리가 가득하고 음식준비에도 분주하다. 아이들과 놀아줘야 하기 때문에 몸이 좀 피곤할 때도 있지만 "난 할아버지와 놀고 싶다"고 보채는 손자 아이가 귀엽다. "할아버지, 그림 그려주세요." 작은아들의 아이는 요새 유행하는 변신 로봇이나 애니메이션 인물들을 그려주면 아주 좋아한다. 그 손자도 조금 더 커지니 이제는 자기 컴퓨터에 빠져서 혼자 지내는 시간이 많아졌다.

그런데 요즘 흔한 말로 "손주들이 오면 반갑고 그 애들이 가면 더 반갑다"는 말이 나도 실감이 난다. 부부만 살던 조용한 집에 애들이 들이닥치면 우선 어수선하고 정신이 없다. 아이들을 특히 좋아하는 아내는 무엇인가 맛있는 것을 해먹이려고 분주하고 거실 바닥에는 장난감이 사방에 흩어져 있고 옷가지도 여기저기 있다. 한바탕 소동을 피운 후에 다들 돌아가면 다시 집안이 조용해지는데 한가롭기도 하지만 어쩐지 애들이 언제 또 올 건지 기다려진다.

{열일곱}

아내의 보드라운 손

결혼 전에 나는 대전에서 평신도 전도자로 수년간 살았다. 내가 일하던 곳은 미국인 선교사가 시작한 문서선교회 한국 지부인데 매월 발간하는 기독교 잡지에 실을 글을 찾아서 번역하고 또 직접 쓰기도 하는 일을 맡은 편집장 역할이었다. 아침 일찍 일어나 성경을 읽고 또 하루 종일 기독교 잡지들을 뒤적이고 찾아오는 이들에게 복음을 전하거나 신앙적인 대화를 나누는 것이 나의 일이었다. 지극히 단순한 생활을 하면서도 조금도 불편하다거나 외롭다고 생각하지 않았다. 그때 여기저기서 직접 또는 간접적으로 결혼에 관한 이야기들이 내게 들려왔다. 그렇지만 당시 나의 관심사는 내게 맡겨진 일을 하는 것밖에 없었다.

대학을 졸업한 지 여러 해가 지났고 지방에서 혼자 사는 것을 탐탁하게 여기지 않았던 나의 어머니가 내가 언제 결혼할 것인지, 사귀는 여자는 있는지 종종 물으실 때였다. 서울의 청년 성경 공부반에서 만난 한 자매와 교제를 시작한 것도 그때쯤이었을 것이다. 서울의 어느 선교기관에서 일하고 있던 자매와 결혼을 약속한 때였는데 대전에 내려와 함께 하루 산행을 하기로 했다. 그날을 어떻게 지냈는지 정신이 없는 하루였지만 그날 내 생전 처음으로 "여성"과 함께 버스의 한 자리에 앉아 여행을 한 것이다. 황홀한 시간이었다.

대학 시절 초기에 새로운 신앙의 결단을 하고 상당히 "엄격한" 신앙교육과 훈련을 받았기 때문에 이성교제에는 별로 관심이 없었다. 당시에 대학가에서 유행하던 "미팅"은 학급 대표가 이웃 여자 대학생들과의 만남을 주선하는 것이었는데 나와 만남이 약속된 여학생은 내가 만나자마자 너무 직설적으로 신앙적인 질문을 하는 바람에 그 여학생이 놀라서 도망치듯이 사라진 기억이 있다. 그러다 보니 나는 대학을 졸업할 때까지 여성과 만남을 갖거나 한번도 제대로 데이트를 한 적이 없는 "완벽한 숙맥"이었다. 나는 새로 발견한 나의 신앙에 대하여 누구에게라도 말하고 싶은 뜨거운 열정 때문에 공부하고 아르바이트하는 것 외에는 마음을 쓰지 않은 것이다. 이런 이야기를 아들에게 했더니 그건 정말 옛날 원시시대 같다는 야릇한(?) 반응을 보였다.

그런데 내가 마음으로 사랑하는 한 여성과 버스의 한자리에 앉아 있다는 것이 놀라웠다. 그날 내가 무슨 말을 하고 무슨 말을 들었는지 전혀 기억도 나지 않는다. 그런데 좋은 시간을 보내고 하산하는 산길에서 작은 개울을 건너게 되었는데 처음으로 자매의 손을 잡아주었다. 그전에는 걸을 때에도 손을 잡은 적이 거의 없었던 것 같은데 그날은 좋은 기회가 된 것이다. 그때 나에게 놀랄 일이 벌어졌다. 그 작은 손을 잡는 순간, 내 손가락을 타고 엄청난 힘의 "전력"(?)이 흐른 것이다. 마치 강한 전기에 감전된 것 같은 이상한 느낌이었다. 작고 보드라운 손이 내 손에 쏙 들어온 것이다. "이게 뭐지? 왜 감전된 것 같지? 참 이상하다!" 그것은 전에 전혀 느끼지 못했던 멋진 순간이었다.

요즘에도 길을 걸을 때나 계단을 내려갈 때에는 종종 아내의 손을 잡아준다. 수년 전에 아내가 욕실 바닥에서 미끄러져서 넘어지는 바람에 발목 골절이 되어 오랜 동안 고생을 했다. 바닥에 있던 물기를 내가 즉시 닦지 않은 것이 화근이었다. 그래서 그 후 계단을 걸을 때에는 늘 조심하기 때문에 나도 마음을 쓰지 않을 수 없다. 나이가 들어가면서 길이나 계단에서 실수하여 낙상하는 것이 아주 위험하다는 것을 알고 있기 때문이다. 손을 잡으면 서로 의지가 된다.

그런데 요즘에 아내의 손을 잡으면 그때보다 느낌이 좀 약해진 것 같다. 약혼 시절에는 손끝만 닿아도 찡! 하는 느낌을 가졌었는데 요즘엔 그저 따뜻하고 보드라운 손이 사랑스럽게 느껴진다. 그동안 감전력이 많이 떨어진 것인지, 아니면 내 손이 무뎌진 것인지 알 수 없지만 그래도 나는 작고 보드라운 아내 손을 잡는 것이 늘 행복하다. 사람들은 우리가 손을 잡고 걷는 것이 보기에 좋다고 말하는데, 실은 서로 의지하기 위해서 손을 잡는다는 것이 더 좋은 것 아닌가?

{열여덟}

말을 바꿔라

2016년 브라질의 리우 올림픽에서 펜싱 결승전에 출전한 박상영 한국 선수가 결승전 도중 계속 중얼거린 혼잣말이 "나는 할 수 있다"였다고 한다. 그는 이 말을 혼자 반복함으로써 자신에게 자신감을 불어넣었고 결국 역전하여 금메달을 딴 것이다. 그 장면이 카메라에 포착되어 여러 사람들이 시청했고 많은 박수를 보냈다. 그리고 올림픽 여자 양궁 개인전에서 기보배 선수 역시 "나는 할 수 있다"는 말을 되뇌었다고 말했다. 비록 이것은 짧은 말이지만 자신에게 힘을 넣어주는 긍정적이고 적극적인 표현이다.

사람은 "말한 대로 된다"는 표현이 있는데 그것은 절대적이지는 아닐지라도 삶에 많은 영향을 끼치는 것이 사실이다. 심리학자들의 오랜 연구에 따르면 우리의 입버릇 즉 무슨 말을 많이 하는가에 따라 우리의 뇌는 그것을 인지하기 때문에 자신도 모르는 사이에 그가 말한 행동을 하게 된다는 것이다. 즉 우리의 뇌는 현실과 상상을 명확하게 구분하지 못하기 때문에 상상하는 것을 반복적으로 말로 표현하면 뇌는 그것이 현실인 것으로 착각하여 그렇게 되는 방향으로 이끌어가는 것이다. 상상을 통한 훈련이 그 한 예일 것이다. 내가 주판을 배우던 시절에 지도교사는 암산을 훈련시키면서 머릿속에 주판을 선명하게 그려보라고 지도했다. 나는 그 훈련을 많이 했고 실제로 주판 실력을 크게 향상시킬 수 있었다. 그래서 중학교 2학년 때에 공식적인 주판 실력 4급을 딸 수 있었다. 그것은 실제로 주판을 책상 위에 놓고 손가락으로 움직여서 하는 것보다 훨씬 빠르고 또 정확할 수 있다.

아침에 눈만 뜨면 거의 하루 종일 "피곤해 죽겠다", "살기 싫다", "왜 나라가 이 꼴이야?" 또는 "내 주변엔 온통 나를 공격하는 자들만 있네" 등의 부정적이고 슬픈 말을 자주 하는 사람의 얼굴에서 밝은 미소를 볼 수 있겠는가? 그의 삶이 행복하겠는가? 그런 사람을 친구로 사귀거나 가까이 있기를 원하는 사람이 얼마나 있겠는가? 사실 이런 사람과 가까이 지내다 보면 자신도 모르게 그와 같은 말을 자신도 모방하게 된다. 반면에 "감사합니다", "수고하셨습니다", "멋지시군요", "오늘도 좋은 날입니다" 등의 밝고 긍정적인 말을 자주 하는 사람의 얼굴은 밝을 수밖에 없다. 성격이 아주 밝고 적극적인 어느 의사는 "미인대칭"이라는 말을 마음에 두고 산다고 한다. 미인대칭? 그게 무슨 뜻인가? "미소, 인사, 대화, 칭찬"을 의미하는데 그렇게 하면 전도의 기회가 많이 생긴다는 것이다. 참 좋은 표현이다.

지금도 그렇지만 초등학교 시절에도 나는 그림 그리기를 좋아했다. 언젠가 학교에서 그림을 그려 집에 가져왔는데 어머니가 내 그림을 보시더니 "와! 우리 아들의 그림 솜씨가 대단하네. 그림 선생님이 조금만 손을 봐주면 화가가 되겠네!" 하시는 것이다. 솔직히 말해서 내가 내 그림을 봐도 별로 잘 그린 것 같지 않았는데 어머니는 "참 잘했다"는 말을 자주 하셨다. 어머니는 자식들에 대해서 칭찬을 아끼지 않으셨다. 그런 말을 자주 들어서 그랬는지 나는 대학에 갈 때에 미술대학에 가서 화가가 되는 꿈을 꾸기도 했었다. 비록 화가는 되지 못했지만 지금도 틈만 나면 풍경화를 수채화나 유화로 그리면서 아름다운 풍경들을 마음속에 담는다.

보다 긍정적이고 진취적인 표현을 자주 하는 것은 우리의 삶을 더 밝고 성공적으로 이끄는 한 동력이 된다. 앞서 말한 펜싱 선수와 양궁 선수처럼 현실적으로 힘에 벅차고 어려움이 있을 때에도 "나는 해보겠다", "나는 할 수 있다", "하나님이 도와주실 것이다"라고 생각할 뿐 아니라 그것을 말로 직접 표현해보라.

우리의 옛말에 "시작이 반"이라는 말이 있다. 여기에는 포기하지 말고 계속하라는 격려의 말이 담겨 있는 것이다. 무엇인가 일단 시작하고 또 계속 긍정적인 가능성을 보면서 시도하다 보면 일을 이룰 수 있다는 것이다. 미리부터 실패를 예언하고 시작도 하지 않는 사람이 성취할 것은 아무것도 없다. "안 될 것이다"라는 것은 어느 틈에 "안 할 것이다"가 되고 결국 얻는 것도 없게 된다. "내일의 걱정을 오늘 빌려와서 미리 염려하지 말라"는 말을 들었다. 실제로 일어나지도 않을 일에 대해서 미리 겁을 먹고 포기할 생각을 하는 것은 실패 인생을 계획하는 것과 같다. 온통 머리를 덮는 시커먼 먹장 구름이 있어도 그 너머 사이로 얼핏 보이는 밝은 햇살을 보는 믿음의 눈으로 "밝은 언어"를 습관화하라.

{열아홉}

쉬는 것도 배워야 한다

우리는 모든 것이 빠르고 조급한 시대에 산다. 인터넷의 발달과 함께 우리 생활은 전보다 더 빠른 것을 추구하게 된 듯하다. 전에는 많은 시간을 투자하여 손 편지를 써서 우체통에 넣으면 그로부터 아무리 빨라도 일주일 이상을 기다려야 답장이 왔지만 지금은 형편이 너무 다르다. 이메일이나 카톡으로 짧은 소식을 전하고 몇 분 안에 답장이 오기를 기다린다. 만일 즉시 답장이 오지 않으면 조바심을 내기도 하고 상대방에게 무슨 일이 났는지 궁금해한다. 더욱이 스마트폰이 나온 이후로 우리 마음은 더 급해졌다. 어떤 정보를 원하여 스마트폰을 작동했는데 결과가 나오기까지 몇 초가 더 걸리면 "이 스마트폰이 이제는 구식이 되었네. 너무 느리다"라고 생각하여 더 비싼 돈을 주고 새것으로 바꾼다. 그래야 몇 초 정도 더 빠른 것인데 그런 것을 위해서 돈을 소비한다. 스마트폰의 기능이 수백 가지라고 하는데 실제로 우리가 사용하는 것은 몇 퍼센트나 될까? 그런데 오늘날의 사회는 그런 조급성을 더욱 부추기고 있다.

여러 해 전에 이스라엘과 중동 일부 나라를 방문한 적이 있다. 예루살렘 주변에는 중동의 여러 나라에서 온 사람들이 상점을 차려놓았는데 한 아랍 사람이 한국인 무리가 지나가는 것을 보더니 "빨리! 빨리!"라고 한국어로 말하는 것이었다. 그는 한국 관광객들이 지나갈 때에 단체 관광 안내원이 항상 "빨리, 빨리"를 외치면서 관광객들을 이끄는 것을 보고 그 말을 배웠다는 것이다. 내가 사는 이곳 캘리포니아는 날씨가 늘 온화하여 사람들 마음에 여유가 있어 보인다. 그런데 거리에서 두 종류의 사람만 급하게 뛴다고 하는 웃기는 말이 있다. 하나는 도둑을 쫓는 경찰관이고 다른 하나는 한국인이란다! 사실 우리 한국인은 건축을 해도 기술도 좋지만 굉장히 짧은 기간에 완공한다. 그래서 세계 여러 나라는 한국 기술자들을 선호한다고 전한다.

그뿐 아니라 현대는 일과 놀이, 노동과 쉼의 양극에 서 있는 것처럼 보인다. 이곳 미국에 사는 많은 이들은 계절별 휴가를 대단히 중요하게 여긴다. 일부 남미 사람들 사이에서는 일년 내내 일하여 힘들게 번 돈으로 여름 휴가를 준비한다는 말도 있다. 그리고 휴가를 다녀온 후에는 그다음 해의 휴가를 위해서 또 열심히 일한다. 실제로 유명 관광지는 거의 일 년 전부터 예약을 받고 있다. 그런데 대부분의 한국인들은 일년 내내 일하고 수고하는 것에는 상당히 익숙한데 쉼을 갖는 것에는 아직도 익숙하지 못하다. 아무 일도 하지 않고 빈둥거리며 지내는 것을 마치 무슨 죄라도 짓는 것처럼 불편해하는 것이다. 쉬는 것과 게으른 것은 질적으로 다르다. 악착같이 일할 줄은 알지만 멋지게 쉬는 것은 제대로 배우지 못했기 때문이다.

미국에 약 40여 년 전에 이민자로 온 한 친구의 말이 기억난다. 새로 배운 자동차 정비기술을 가지고 자동차 수리점을 차린 그는 지난 30여 년 동안 일주일에 6일 동안 거의 쉬지 않고 부지런히 일하여 경제적으로는 상당한 안정을 찾았는데 오랜만에 찾아간 의사로부터 충격적인 말을 들었다고 한다. 쉬지 않고 오랫동안 일만 했기 때문에 온몸이 구석구석 많이 망가졌다는 것이다. 체력이 떨어진 것은 물론이고 관절마다 고장이 나서 단명할지도 모른다는 의사의 말을 들었다고 한다. 그 친구는 정말 매일 매일 열심히 일했다. 한번도 제대로 휴가를 갖지 못했고 자기 개인 시간을 가진 적이 거의 없을 정도로 열심히 일해서 자녀들도 모두 잘 성장했지만 정작 그의 몸에는 갖가지 질병이 생긴 것이다.

창조주가 인간을 만드셨을 때에 왜 일주일에 하루를 쉬도록 하셨겠는가? 쉬지 않고 노동을 하면 결국 몸이 망가지고 삶을 제대로 살 수 없기 때문이라고 생각한다. 우리 몸은 과도하게 사용하면 반드시 문제가 생기게 되어 있다. 자동차도 대략 2시간을 달린 후에는 잠시 엔진을 끄고 쉬는 것이 차의 수명을 늘리는 것이라는데 우리 몸의 질병과 상처를 줄이기 위해서도 휴식이 필요하고 근육도 쉼을 주어야 한다. 좋은 휴식은 몸의 면역력을 높여주고 정신적 긴장을 해소시킨다.

어떤 실험을 통해서 알려진 것인데 우리 몸은 일주일 내내 일하면 질병을 초래하지만 반면에 너무 많이 쉬면 몸의 기능이 약화되어 나중에는 거의 쓸 수 없게 된다고 한다. 실제로 오래전에 러시아 탄광에서 무거운 석탄을 운반하는 당나귀들을 일주일에 하루도 쉬게 하지 않고 일을 시켰더니 얼마 동안은 일을 잘하더니 결국 지쳐서 쓰러지거나 죽었다고 한다.

예를 들어서 팔에 골절을 당해서 수개월 동안 깁스를 한 후에 그 팔을 제대로 사용하기 위해서는 깁스를 푼 후에 계속해서 팔운동을 해줘야 하는 것과 같다. 어느 선배는 교통사고로 오른쪽 팔을 다쳐서 몇 달 동안 깁스를 하고 지냈는데 깁스를 푼 후에 의사 말대로 팔운동을 하지 않아서 굽은 채로 굳어져버렸다. 그래서 두 팔을 들 때에는 아주 어색하게 들어올린다. 깁스를 하고 있는 동안 팔을 움직이지 않고 쉬었기 때문에 깁스를 푼 후에는 반드시 운동을 해야 한다는 것이다. 이것은 운동해야 할 때 운동을 하지 않았기 때문에 생긴 불상사인데 반면 쉬어야 할 때 쉬지 못하면 더 심각한 문제가 발생할 수 있다.

신기하게도 일주일에 하루 정도를 쉬면 우리 몸이 정상적으로 잘 움직여지고 또 건강을 유지할 수 있다. 창세기에서 엿새 동안은 일하고 하루를 쉬라고 명령하신 창조주의 아이디어가 신기하지 않은가? 무조건 쉬기만 하면 삶이 망가지지만 열심히 일하는 것과 멋지게 쉬는 것의 균형을 잘 잡으면 우리 몸은 오랫동안 "고장 없이"(!) 잘 활용할 수 있다.

{스물}

값비싼 미소

"웃는 얼굴에 침 뱉지 못한다"는 우리 속담이 있듯이 사람은 웃고 미소를 지을 때 가장 멋지다. 아무리 거칠고 사납게 생긴 사람이라도 얼굴에 미소를 머금으면 무섭지 않고 친근하게 보이는 것과 같다. 반면에 예쁘고 고운 얼굴이든지 인자하게 생긴 사람이라도 분노하고 화를 내면 그의 얼굴에서 공격성을 보고 사람들은 그를 피하게 된다. 분노하여 씩씩거리는 사람을 좋아할 사람은 아무도 없다. 짐승들은 웃을 줄 모른다고 한다. 종종 웃는 얼굴의 개나 고양이를 볼 수 있지만 그것은 인간의 웃음과는 다른 것이다.

미소는 여러 면에서 높은 가치를 가진다. 우선 얼굴에 미소가 있는 사람에겐 접근성이 높다. 분노하고 사나운 사람과 친절하게 웃는 사람 가운데 누구에게 다가가겠는가? 온순해 보이는 작은 강아지도 이빨을 드러내고 으르렁거리면 무섭다. 당장이라도 덤벼들어서 물을 것 같으니 피할 수밖에 없다. 미소에는 어떤 힘이 있는지 생각해보자.

* 미소는 상대방의 긴장상태를 완화시키기 때문에 가까운 대화를 시도할 수 있다.
* 미소는 입끝만 조금 올리면 되는 것이어서 전혀 힘이 들지 않는데 그 결과는 굉장하다.
* 미소는 순간적으로 보이는 것이지만 그 영향력은 종종 아주 오래 지속

된다.

* 미소는 상대방을 주눅들게 하지 않으면서 그에게 마음의 여유를 준다.
* 미소는 가난한 사람이나 부자나 모두가 마음만 먹으면 언제든지 나눠 줄 수 있는 선물이다.
* 미소는 가정에서는 행복을, 친구 사이에는 우정을, 비즈니스에서는 신뢰감을 준다.
* 미소는 어둔 마음에 빛을 던지고 슬픈 가슴에 따뜻한 온기를 던져준다.
* 미소는 먹장구름 속에 숨어 있는 은빛처럼 꽉 막힌 상황에서도 작은 희망의 빛을 비춘다.
* 미소는 돈을 주고도 살 수 없고 빼앗기거나 훔칠 수도 없으며 오직 나만 지니고 있는 것이다.
* 미소는 매일 사용해도 결코 줄어들거나 사라지지 않으며 죽을 때까지 소유할 수 있다.

전에 나의 책이 출간되어 얼마 동안 베스트셀러가 된 적이 있다. 방송과 텔레비전에 출연하고 신문과 잡지에도 나에 관한 기사가 실렸다. 어느 날 한 잡지사 기자가 우리집을 찾아와 거의 하루 종일 가족사진을 찍었다. 그런데 사진 기자가 나를 보고는 "제발 환한 미소를 지으세요"라고 자주 요구하는 것이었다. 아마 교회 사역에 힘이 들고 지쳐서 얼굴에서 미소가 사라졌던 것 같다.

사진을 촬영할 때만 미소를 짓지 말고 평소에도 미소를 가지고 다니라. 어느 연구에 따르면 누구든지 매일 거울을 보고 두 달 이상 미소를 연습하면 그것이 아름다운 습관이 되고 얼굴에 남아 있게 된다고 한다. 꾸밈이 없는 미소는 맘껏 젖을 먹은 갓난아이가 만족해서 짓는 순전한 미소와도 같다. 이 세상은 사람들의 얼굴에 순전한 미소가 많을 때 더욱 밝아질 것이다.

당신의 인생은 거울을 보는 것과 같아서 당신이 얼굴을 찡그리면 거울도 당신에게 찡그린다. 반면에 밝은 미소를 던지면 거울은 당신에게 똑같이 밝은 미소를 던져준다. 거울은 절대로 거짓말을 하거나 꾸미지 않고 사실을 보여주기 때문이다. 다만 주의할 것이 있다. 슬픔을 당한 현장이나 장례식장 같은 데서는 미소를 삼가야 한다. 그건 바보가 아니면 정신 나간 사람의 짓이다. 또한 바리새인 같은 위선적인 미소는 오히려 상대방에게 불쾌감을 줄 수 있다는 것을 알라. 우리는 상대방이 정말 반가운 미소를 짓는지 아니면 배우처럼 가짜 미소를 짓는지 대부분 분별할 수 있다. 진짜 아름다운 미소를 짓는 사람은 자신도 행복하고 남도 행복하게 한다.

{스물하나}

이민자의 애환

우리 인생은 누구나 다 나그네인 것을 인정한다. 어느 가수의 노래처럼 "어디서 왔다가 어디로 가는지…" 늘 궁금해하며 산다. 그 가운데 모국을 떠나 외국에서 사는 이민자의 삶에는 많은 애환이 서려 있다. 청소년이나 청년층에 속한 사람들은 새로운 문화와 환경에 대한 호기심과 함께 쉽게 적응하지만 비교적 장년이나 노년층에 속한 이들은 이민자의 삶이 누구보다도 더 힘들고 외로울 수밖에 없다. 미국에 사는 한국인으로서 주변에서 많이 들었던 몇 가지 애환을 나눈다.

무엇보다도 언어의 장벽이다. 어릴 적에 외국에 가서 살면 그 나라의 언어를 비교적 쉽게 익힐 수 있지만 장년층 이상 사람들의 대부분은 영어를 비롯한 현지어를 익히는 데 고생이 많다. 전에 한국에서 외국어를 공부할 때에는 대개 책을 통해서 문법 위주로 배웠기 때문에 시험을 치러도 좋은 결과를 얻었지만 생활 언어에는 상당히 약한 것이 사실이다. 비단 영어만 아니라 중국어와 일본어 그리고 요즘에는 세계 각처에 많이 흩어져 나가기 때문에 러시아어, 불어 등을 배워야 한다. 그래서 웃지 못할 일들이 얼마든지 벌어지는 것이다.

하나의 사례로 미국에서 이민자로 사는 경우를 보자. 아이들과 대화할 적에 많은 부모가 한국어와 영어를 섞어서 말한다. "이번 쌔터데이에 아빠와 함께 베이스볼 보러 가자. 네가 얼웨이스 원하던 것이잖아. 스쿨이 끝나면 놀지 말고 곧장 홈으로 와라. 아빠가 널 웨이팅할

거야." 예를 들자면 이런 식이다. 그래도 서로 대화가 된다는 것이 신통하다.

이미 오래된 것이지만 이런 일화도 잘 알려져 있다. 어떤 한인이 운전 중에 자신도 모르게 과속을 해서 교통경찰이 차를 갓길로 이동하라고 지시했다. 가슴이 철렁했다. 이런 경우에는 차에서 내리지 말고 그 자리에 앉아서 두 손을 운전대 위에 올려놓고 있으라고 배웠기 때문에 이 사람은 떨리는 가슴으로 기다렸다. 그런데 경찰이 손짓으로 창문을 열라고 하더니 뭐라고 한다. 그건 운전면허증과 자동차등록증 그리고 보험증서를 보자는 것이다. 대충 눈치를 채고 여러 가지 서류를 통째로 다 내밀었다. 그런데 꼭 한 마디를 영어로 하고 싶더란다. 처음 실수했으니 "한 번만 봐달라"고 말하고 싶어서 기껏 한다는 말이 "Look at me only once!"였다고 한다. 자기를 한 번만 쳐다봐달라니 그게 무슨 말인가? 벌금 딱지를 받고 화가 나서 그 자리를 떠나면서 그는 속으로 한마디를 했다. "See you later!" 그는 불편한 마음에 "두고 보자"는 내용으로 말한 것인데 경찰이 그 말을 들었으면 그 사람이 인사성이 아주 바르다고 해석했을 것이다. 요즘에 로스앤젤레스에 있는 일부 미국인 교통경찰은 한국어를 많이 들어서 영어를 모르는 척하는 한인들의 "꼼수"에 넘어가지 않는다고 한다.

음식 때문에 어려움을 당한 사례는 많다. 내가 약 25년 전 미국에 왔을 때에는 이층집 건물의 아래층에 살았다. 위층에는 포르투갈계의 미국인이 살고 있었다. 언젠가 맛있는 된장찌개를 끓였는데 그 냄새가 이층까지 전해진 것이다. 이층에 사는 사람이 급하게 내려오더니 우리집 문을 두드리는 것이었다. 내가 놀라서 나가니 "이 집에서 가스가 새는 것 같다. 위험하니 한번 확인해보시오"라는 것이다. 된장찌개 냄새가 그들에게는 마치 연탄가스 같은 독가스로 생각되었던 것 같다. 그 후로 거기 살 동안에는 한 번도 된장찌개를 끓이지 못했다. 만일 청국장을 끓였으면 어떻게 되었을까 다시 생각해봐도 궁금하다. 요즘엔 한국 김치가 아주 유명해져서 김치를 즐기는 미국인들도 많아졌고 특히 캘리포니아에는 여러 나라 사람들이 섞여 살기 때문에 이런 문제가 비교적 덜하다.

1982년도에 네덜란드의 암스테르담을 방문했을 때의 경험은 잊을 수 없다. 빌리 그레이엄 박사가 주관하는 대규모 전도 대회의 한국어 통역을 맡은 일인데 그곳에 거주하는 한인들이 반갑다고 우리 일행을 찾아와서 잘 포장된 김치를 건네주는 것이었다. 사실 며칠간 달고 느끼한 양식만 먹다 보니 김치가 먹고 싶었기 때문에 동료와 함께 서둘러 호텔로 돌아왔다. 내가 묵던 방은 8층이었는데 엘리베이터에는 세계 각 나라에서 온 집회 참석자들 때문에 늘 만원이었다. 나는 비닐로 싼 김치병을 들고 있었는데 엘리베이터 안에서 그 독특한 냄새가 솔솔 나기 시작했다. 아시아와 아프리카와 서양에서 온 사람들이 꽉 찬 엘리베이터이기 때문에 도무지 어떤 사람에게서 어떤 몸냄새가 나는지 분간하지 못할 정도인데 김치냄새까지 나니 여러 사람이 코를 벌렁거리며 의아해했다. 늘 김치를 먹던 나에게는 그 냄새가 느껴지지 않았지만 외국인들에게는 지독하게 강한 일종의 "악취"였을 것이다. 우리는 부리나케 엘리베이터를 벗어나 침실에서 김치를 즐겼지만 그 날의 경험은 오래 지워지지 않는다.

김치냄새가 얼마나 강한지 미국의 야외 캠핑장에서는 절대로 김치를 텐트 근처에 두지 말라고 주의한다. 왜냐하면 곰들이 그 냄새를 거의 1킬로미터 거리에서도 맡고 텐트에 접근하기 때문이란다. 실제로 요세미티 국립공원에 처음 갔을 때에 짐승이 접근하지 못하도록 숙소 입구에 먹고 남은 김치를 매달아두었는데 아침에 나와 보니 다 없어졌다. 틀림없이 곰이 먹은 것이다.

이민자의 애환은 끝이 없다. 얼마 전까지만 해도 한국에서 기업의 사장이던 사람이 이국땅에 와서 새로 직업을 얻기 어려워서 건물 청소를 하는 이들이 많고, 생전 해보지 않던 세탁소 일을 하거나 남의 집 정원의 풀을 깎아주고 꽃과 나무를 관리하는 정원사 일을 하는 이들도 많다. 내 나라가 아니니 사는 곳의 문화와 생활습관을 따라야 하고, 더욱이 신분 문제가 생기면 아주 복잡한 절차와 까다로운 서류 작업을 감당해야 하기 때문에 여간 고생이 아니다. 그런데 이곳 미국에서는 직업에 대한 귀천이 거의 없어서 무슨 일을 하거나 정직하고 성실하게 일하면 차별받지 않는다. 그래서 대부분의 이민자들은 "인생은 나그네"라는 말을 더 실감하는 것 같다.

{스물둘}

제비가 집을 잃고

몇 년 전까지만 해도 나는 일주일에 온 하루를 인근 산 밑에 위치한 조용한 수양관에 가서 혼자 시간을 보냈다. 늘 사람들 속에서 지내야 하기 때문에 혼자 조용한 시간을 갖기가 아주 어려웠기에 내린 결정이었다. 끊임없이 울리는 전화 소리를 비롯하여 불쑥 내 서재를 찾아오는 이들도 있고 약속된 회의가 많아서 늘 마음이 분주했다. 그런데 집에서 30분 정도면 충분히 갈 수 있는 거리에 믿음 좋은 백인이 운영하는 좋은 시설이 있기 때문에 왕복하기도 편리했다. 목요일 저녁에 그곳에 가면 대개 나 혼자 목요일 밤을 보내고 금요일 오후에 귀가하기 때문에 설교를 준비하거나 독서하기 좋고 또 묵상과 산책을 하기에 가장 적합하다. 사방이 산으로 둘러싸여 있어서 외부의 잡음이 들어오지 않고 작은 시냇물이 늘 졸졸졸 흐르고 있어서 거기에 손발을 담그면 산골의 시원함을 만끽할 수 있다.

수양관 주인인 라키 씨는 수양관 한쪽에 있는 자기 집에 살면서 시설 관리를 직접 자기 손으로 하는 부지런하고 재능 많은 백인이다. 자기가 갖고 있는 자격증이 여러 가지라면서 나에게 자랑한 적도 있다. 그래서 수영장 관리는 물론이고 목수일도 하고 크레인도 운전한다. 에어컨과 히터도 스스로 고친다. 아들 다섯을 모두 집에서 홈스쿨링을 시킬 정도로 자녀 교육에 신경을 많이 쓰던 그는 나와 대화가 잘 통하여 가정 이야기도 하고 종종 기도를 부탁하기도 했다. 금요일이 되면 주말을 이용하여 시설을 찾는 이들이 적지 않기 때문에 목요일이 나에게는 그곳을 찾기에 가장 좋은 시간이었다.

그날도 목요일 늦은 저녁 시간이었다. 산중이어서 다른 곳보다 해가 빨리 지는데 조용해야 할 시간에 시끄럽게 새들이 우는 소리가 들리는 것이다. 나는 웬일인가 하여 창 밖을 내다보니 여러 마리의 제비가 전깃줄에 줄지어 앉아서 슬프게 우는 것이 아닌가! "이 시간에 제비들이 왜 이렇게 시끄럽게 울까? 제비들이 해가 질 때가 되면 모두 둥지로 돌아가서 초저녁부터 주위가 아주 조용한데 오늘 저녁엔 무슨 일이 있는가?" 나는 차근차근 주위를 돌아보았다. 가끔 스컹크나 족제비 또는 코요테 같은 짐승이 나오기도 하지만 아무리 둘러봐도 짐승은 보이지 않았다. 개들이 짖는 소리도 없는 것을 보면 야생 짐승이 나온 것은 아니다. 그런데 내가 머물고 있는 이층 숙소 벽 끝에 제비집이 있는데 자세히 보니 누군가가 그것을 장난삼아 부수고 바닥에 떨어뜨린 것이다. 바닥에 떨어진 둥지에는 깨어진 제비알도 보였다. 추녀 끝에 지은 자기들의 집이 바닥에 떨어져 있으니 제비들이 들어가 쉴 자리가 없어진 것이다. 그 가운데 제일 크게 우는 제비가 아마 깨어진 알을 보고 가장 슬퍼하는 어미일 것이다. 그날 저녁엔 밤이 되도록 제비가 우는 소리를 들어야 했다.

세상에 아무리 비싸고 좋은 호텔이 있다고 해도 자기 집만 할까? 여행객이 비싼 호텔에 며칠간 머물 수는 있지만 그런 곳에서 오래오래 살 수는 없다. 나도 어릴 적에 살던 서울 한구석의 오래된 초가집이 기억난다. 그때껏 아직 기와를 올리지 못하여 흔치 않은 초가집으로 작은 방이 세 개 있었는데 모든 시설이 구식 그대로였다. 부엌도 옛날

식이고 수돗물도 나오지 않아서 어머니가 살림을 하시기에 대단히 불편했을 것이다. 그럼에도 불구하고 우리 오남매와 어른들은 모두 우리집이 제일 편하다고 늘 말씀했다.

내 집이라는 것은 시설이 좋다거나 교통이 편리하다거나 가구가 화려해서 좋은 것이 아니라 우리 삶의 모든 눈물과 웃음과 가족 간의 따뜻한 정이 흐르고 서로를 사랑하고 아껴주는 곳이기 때문에 그냥 좋은 것이다. 세상에 학력 없고 재력 없고 빽이 없는 것보다 더 서러운 것은 자기 집이 없다는 것이다. 고단할 때나 외로울 때 그리고 슬픔과 어려움을 당할 때에 돌아갈 집이 있어야 한다. 그런 면에서 노숙자들의 슬픔은 우리가 알지 못하는 깊은 아픔이리라. 그리고 무엇보다도 이 세상을 떠날 때에 영원한 본향인 천국이 있다는 것이 얼마나 감사한 일인가!

{스물셋}

서로 참아야

우리 부부는 1976년에 결혼했으니 이제 2023년도에 결혼 47주년을 지냈다. 기념일마다 특별한 잔치를 갖지는 않았지만 지난 세월을 돌아보고 감사하며 정말 하나님의 은혜로 살았다는 것을 다시 한 번 느꼈다. 언젠가 대화 중에 결혼한 지 수개월밖에 안 된 한 미국 청년이 이 말을 듣고 뜻밖의 질문을 했다. 어떻게 그렇게 한(?) 여자와 오래 살 수 있는지를 내게 묻는 것이다. 그러면서 오래 행복하게 살 수 있는 비결이 무엇인지를 대답해달라고 하는 것이다. 뭐라고 말할까? 잠깐 생각하다가 "서로 참아주는 것"이라고 말했다. 상대방에 대한 기대치가 너무 높았다가 실망하지 말라는 것일 수도 있다. 그것은 자신을 봐도 다 알 수 있지 않은가?

결혼 전에는 누구나 이상적인 배우자를 꿈꾼다. 흔히 말하는 것처럼 백마 탄 왕자거나 아름다운 공주 같은 배우자를 상상한다. 그래서 서로 사랑한다고 고백하고 결혼하지만 우리 삶은 그렇게 상상하는 대로 환상적인 것만은 아니다. 영화에서나 사진으로 보면 천사와 같고 최고의 왕자 같은 사람이라도 실제 삶에서 그렇게 산다는 것은 불가능하다. 아마 그래서 연예인들 가운데 이혼하는 사례가 많은 것 같다.

얼마 전 텔레비전에서 어떤 여자가 나와서 자기 얼굴을 완전히 변장시키는(!) 화장술을 소개한 적이 있다. 민낯을 보면 눈도 작고 광대뼈가 나오고 별로 볼품이 없어서 상당히 촌스럽기까지 한 여자인데 약 한 시간 후에 화장한 그의 얼굴은 완전히 10여 년은 젊어 보이는 아이돌과 같았다. 놀랍게도 눈이 커지고 얼굴 모형도 아주 멋지게 변했다. 얼굴의 거의 대부분을 새로 꾸민 것이다. 그리고 무언가를 붙이는 신기한 화장술로 전혀 딴사람이 된 것이다. 촌스러운 시골 여자 모습이 발랄한 도시 여자로 변신하는 것이 흥미로웠다. 그래서 외모만 보고 모든 것을 판단하다가는 크게 실수할 수 있는 것이다.

우리 삶에서도 그런 경우가 있다. 밖에서는 아무 흠도 발견할 수 없이 다정하고 따뜻하고 거의 완벽한 사람이라도 가정에서는 다를 수 있다. 멋지게 겉을 꾸미면 화려해 보이겠지만 그런 것을 다 벗고 지우면 실존적인 사람이 나온다. 이제 문제는 그 실제를 있는 그대로 받아들이고 긍정하며 사랑해야 한다는 것이다.

얼마 전 결혼 80주년을 맞은 어느 부부 이야기가 방송에 소개되었다. 부부가 모두 100세가 넘었는데 다들 행복해 보였다. 한 미국인 기자가 그들의 오랜 결혼 생활의 비결을 물었다. 주름살이 가득한 얼굴에 미소를 띤 남편은 아내의 눈치를 보지도 않고 한마디 답변으로 기자의 입을 막았다. "아내가 하자는 대로 한 것뿐이오." 그건 놀라운 지혜의 답이다.

우리 부부는 여러 면에서 다른 점들이 있다. 엄한 가정교육을 받고 자란 아내는 장모님을 닮아서 맺고 끊는 것이 분명하고 결단력이 있으며 지도자 기질을 가졌다. 물론 이제는 세월이 많이 지나서 전보다 부드럽고 인내가 많지만 그래도 나와는 달랐다. 내가 혹시 무슨 결정을 못하고 우유부단하게 오래 머뭇거리고 있으면 뒤에서 격려하고 앞으로 나아가도록 도와준다. 성격 차이가 있어서 그런지 결혼 초기에는 주로 아이들 교육 문제를 놓고 언쟁도 많이 했다. 어떤 때에는 아이들이 들을까봐 둘이 밖으로 나가서 언쟁을 하고 해결한 후에 집에 돌아오기도 했다. 물론 다툰 뒤에는 거의 대부분 같이 기도하며 풀었기 때문에 뒤끝이 없다. 과연 부부 싸움은 칼로 물베기라는 말이 맞는 것 같다.

요즘 사회에서는 이혼이 너무 쉽다. 의견이 맞지 않거나 성격이나 취미가 다르다고 갈등하다가 갈라서기도 하고 시집과 친정 문제, 고부간의 문제는 여전하고, 도무지 이해가 되지 않는 사소한 문제 때문에 가정이 무너지기도 한다. 이혼 사유 가운데 돈과 관련된 문제가 가장 많은 것으로 알려져 있지만 대부분의 문제는 서로 자기 주장을 앞세우는 것과 서로 참아주지 못하기 때문에 발생한다.

어떤 사람은 이렇게 묻는다. "도대체 얼마 동안 참으라는 것인가? 참는 것에도 한도가 있지 않은가?" 이런 질문에 대해서 "낚싯대를 걸고 물고기가 잡힐 때까지 기다리는 인내만 있다면 세상은 얼마나 아름다울까?"라고 말한 사람도 있다. 심지어 침 한 번 삼킬 정도만 참아도 많은 불화가 생기지 않을 것이라고 한다. 부부 사이에도 한마디만 참으면 되는데 그걸 참지 못한다. 한마디만 져주면 될 텐데 그걸 못하기 때문에 다툼이 그치지 않는다. 한 발자국만 양보하면 얼마나 많은 교통사고가 감소할까? 모두 남에게 양보와 인내를 요구하면서 막상 자신은 항상 급하게 서둔다면 그건 모순이다.

엄마가 막무가내 아이에 대해서 참는 것을 본다. 떼를 쓰고 심술을 부리지만 엄마는 여전히 아이를 달래면서 그것을 참아준다. 왜 이런 것이 가능한가? 일방적으로 사랑하기 때문이다. 제 자식은 누구보다도 귀하고 사랑스럽기 때문에 조건 없이 참는다. 모두 이렇게 할 수는 없지만 아주 조금만 더 참아보라. 어떤 선배 목사는 설교 중에 "정말 참기 어려운데 더 참아야 합니까?"라는 질문에 대해서 한 번만 더 참으면 된다고 답변했다고 한다. 누가 말할 때에는 참고 끝까지 들어주라. 그것이 백마디 말을 하는 것보다 더 좋은 호응을 받는다는 것을 기억하라.

{스물넷}

청년들을 귀하게

내가 청년 시절에 신앙을 갖게 되어서 그런지 나는 청년들에 대한 사랑과 관심이 많은 편이다. 20대 젊은 시절에 삶의 의미와 목적을 발견하고 흔들리지 않고 70세가 넘도록 지금까지 행복하게 살 수 있던 것은 얼마나 다행스런 일인지! 아직 인격적으로 온전히 형성되지 않고 방황하기 쉬운 때에 누군가 그의 손을 잡아주고 진정성을 가지고 가야 할 길을 조언해주는 것은 그의 운명을 결정하는 것과도 같다. 청년 시절은 어린아이와 달라서 이제 곧 인생의 방향이 결정되어야 하고 인격이 "굳어지는"(?) 시절이라고 말할 수 있다. 이 시절에 삶의 방향을 잘못 정하면 그 후에는 다시 고치기가 그리 쉽지 않기 때문이다. 마치 금방 작업을 끝낸 시멘트 바닥은 아직 굳어지지 않았기 때문에 잘못된 곳을 고칠 수 있지만 일단 딱딱하게 굳어진 시멘트는 깨뜨리기 전에는 고칠 수 없는 것과도 같다.

나 자신도 대학입학을 위해서 무진 고생(?)을 했고 입학한 후에도 삶의 방향을 제대로 잡지 못하고 조금씩 방황하기 시작했다. 대학에 입학만 하면 모든 것이 잘 풀릴 줄 알았는데 현실은 그렇지 않았다. "대학을 졸업하면 앞으로 어떤 일을 할까? 무슨 직장을 택해야 하는 것인가? 나는 어떤 사람이 될 것인가?" 질문은 끝이 없고 확실한 것은 아무것도 없었다. 그럴 즈음에 대학 선배가 내게 영어로 말하는 대학생 모임을 소개해줘서 영어를 익히겠다는 속셈으로 그가 속한 모임에 참석한 것이 내 일생에 귀한 계기가 되었다. 영어를 읽고 쓰는 것에는 별로 두려움이 없었지만 말하는 것에 자신감이 없던 내가 그 모임을 통해서 영어 말하기를 익숙하게 배웠고 또 좋은 선배와 친구들을 만난 것이다. 그것이 결국 나의 일생을 좌우하는 중요한 신앙의 결단을 하는 기회가 되었고 또 오늘날까지 크게 후회하지 않는 삶을 살게 한 것이다.

얼마 전에 어느 모임에 참석했다. 어느 봉사 단체의 고문 자격으로 참석한 것인데 어느 회원의 넓은 뜰에서 모임을 가졌다. 뒤뜰에는 여러 종류의 과일나무가 있고 수영장이 갖춰진 멋진 주택이었다. 예배 후에 식사를 위해서 모였는데 그 집의 여자 주인 낯이 많이 익었다. 나는 그를 어디서 본 것 같은데 생각이 나지 않았다. 그런데 식사 후에 그 부인이 내게 다가와서 작은 목소리로 이렇게 말하는 것이 아닌가? "나를 잘 기억하지 못하시는가 보군요. 내가 여대생이었던 40여 년 전에 목사님이 나를 신앙으로 인도하셨잖아요. 그 후로 평생 신앙인으로 살게 되었고 남편도 믿음이 좋은 사람이어서 평생 잊을 수 없지요. 이제 좀 기억이 나세요?" 그 말을 듣고 나니 그의 젊은 때의 모습이 희미하게나마 떠올랐다. 참으로 감동적인 순간이었다.

몇 년간 대학에서 학생을 지도하면서 미래를 위한 좋은 씨를 뿌렸다는 것이 그로부터 여러 해가 지난 후에 많이 드러났다. 당시에는 학생들과 중요한 이슈를 놓고 논쟁도 하고 또 어떤 문제에 대해서는 의견이 충돌하여 승강이도 하는 쉽지 않은 교수 생활을 했는데 그런 것이 모두 청년들에게 영향을 끼친 것이다. 어떤 학생은 신학 영어 과목이 많이 힘들어서 포기하려고 했는데 내가 해준 한마디 격려의 말 때문에 절망하지 않고 끝까지 공부를 마칠 수 있었다고 한다. 어떤 학생은 해외 선교에 관심이 많았다. 대학 공부 중에 다른 과목은 대충 공부했지만 내가 지도하던 과목에 대해서는 열심히 과제를 감당했다고 한다. 결국 그의 성적표에서 내가 지도하던 과목만 A학점이 나왔는데 그것이 계기가 되어 평생 선교사로 헌신했다는 것이다. 그는 지금도 공산권에 속한 나라에 가서 거의 30년이 되도록 훌륭한 선교 사역을 하고 있다. 이미 많은 현지인들을 좋은 지도자로 양성했고 지금은 더 많은 지도자를 교육할 수 있도록 사역의 규모를 확장하고 있다.

사람들은 쉽게 변하지 않는 것 같다. 어떤 충격적인 사건을 겪거나 특별한 계기로 생각이 변하고 삶의 방식이 상당히 달라질 수 있지만 그의 본성이나 성품 자체가 변하지는 않는 것 같다. 특히 나의 교육과 목회 경험을 통해서 볼 때 장년이 된 사람의 삶이나 습관을 바꾸려는 시도는 별로 효과가 없어 보인다. 생각과 관점에 대한 약간의 변화는 있을 수 있지만 이미 단단하게 굳어져서 그것이 다 부서지기 전까지 근본적인 변화는 거의 불가능하기 때문이다. 그래서 장년과 노년에 속한 이들에 대한 투자보다는 아직도 변화 가능성이 많은 젊은이들을 위하여 나의 시간과 노력을 더 쏟아야겠다는 생각을 하게 된다.

{스물다섯}

95세의 친구

우리 부모 세대만 해도 60세가 되면 이제 노인이 되었으니 환갑 잔치를 근사하게 차려드리는 예가 일반적이었다. 사실 1960년대와 1970년대만 해도 사람이 100세까지 산다는 것은 해외토픽 뉴스에 나오는 하나의 희귀한 사건이었다. 그런데 요즘엔 "100세 시대"라는 말이 빈번하게 들리고 실제로 우리 주변에서 90세가 넘는 사람들을 어렵지 않게 만난다. 100세와 97세 된 분들의 장례식도 치른 적이 있다.

나는 아침에 한 시간 정도 가벼운 운동을 한다. 동네에 있는 체육관은 연장자들에게 거의 회비를 받지 않기 때문에 부담없이 늘 그곳에 가서 고정된 자전거를 타고 근육 운동과 온몸 체조 같은 것을 한다. 그렇게 가벼운 운동을 한 지 어느새 거의 20년이 되는데 그래서 그런지 피곤하다거나 몸이 노곤한 적이 거의 없고 특히 외국 여행을 다녀온 후에도 시차를 거의 느끼지 않고 있다. 어떤 이들은 밤낮이 바뀌면 여러 날 밤잠을 설치는데 나는 하룻밤만 충분히 자고 나면 곧 일상으로 돌아간다. 밤잠이 꿀잠이고 새벽에 늘 상쾌하게 깨어나는 것도 다 운동 때문이라고 생각한다.

그런데 거의 매일 아침에 만나는 특별한 "친구"가 있다. 키가 작은 중국 태생의 미국인인데 그는 놀랍게도 95세가 되었다. 외모로 보면 그의 연령을 알아차리기가 정말 어렵다. 허리가 거의 구부러지지 않았고 매일 체육관에 와서 주로 수영을 하거나 물속에서 걷는다. 나와 대면하게 되면 항상 웃는 낯과 큰 목소리의 한국어로 “안녕하세요?” 인사를 한다. 내가 간단한 말을 가르쳐주면 곧 그것을 익힌다. 그래서 “감사합니다”도 자주 말한다. 특별한 약도 복용하지 않을 정도로 건강한데 청력이 약해져서 대화할 때에는 가까이서 큰 목소리로 말해야 한다. 그리고 북한에 대한 관심도 많아서 북한에서 미사일을 발사한 일이나 “꼬마” 같은 김정은이 누구를 처형했다는 것도 다 알고 있다. 자기와 가까이 있는 지도자들까지 처형하거나 교화교육을 시키는 것은 그의 통치력이 약하고 두려움이 있기 때문이라고 나름대로의 분석도 한다. 기억력도 매우 좋아서 영어만 아니라 스페인어, 아르메니아어 등의 여러 나라 말로 인사도 잘한다. 이렇게 건강관리를 꾸준히 잘하는 것을 보면 그는 아마 충분히 100세를 살 것 같다.

그런데 이런 장수 시대에 문제가 되는 것은 많은 이들이 아무런 계획도 없이 은퇴 후의 삶을 산다는 것이다. 예전에는 60세쯤 되어 은퇴하면 많은 사람들이 “노인”이 되어 노인정에 가거나 하는 일이 없이 세월을 보내는 경우가 많았지만 이 시대는 다르다. 은퇴 후에 대략 30년을 더 살 수 있기 때문에 결국 인생의 1/3 정도를 어떻게 지낼 것인지 고민해야 하는 것이다.

예전에는 오래 살기 위해서 각종 보약을 먹고 운동을 했지만 이제는 무조건 오래 사는 것보다 더 중요한 것이 어떻게 살 것인가 그리고 어떻게 삶을 마무리할 것인가 하는 문제다. 한동안은 “웰빙”이니 “웰다잉”이라는 말이 많았지만 근래에는 웰리빙(well-leaving)이라고 하여 “잘 떠나는 것”에 관한 관심이 많아졌다.

내가 결혼 전에 평신도 전도자로서 머물던 대전에서 그리 멀지 않은 곳에 계룡산이 있는데 산책길에서 본 배너 문구가 생각난다. "멋진 사람이 떠난 자리는 깨끗하고 멋집니다"라는 내용이었다. 등산객들이 쓰레기를 많이 버리고 가서 그런 문구를 써 붙인 것이다. 사실 우리가 세상을 떠난 후에 남겨진 자리 또한 깨끗하고 부끄러운 것이 없어야겠다는 생각을 한다.

어느 올림픽 마라톤에서 골인점이 가까운 지점에서 한 여자 선수가 실수로 자기 발에 자기가 걸려서 바닥에 넘어지고 말았다. 그가 다시 일어섰을 때에는 다른 선수들이 이미 골인점을 통과한 직후였다. 그 선수가 바닥에 앉아 하염없이 우는 모습이 텔레비전 화면에 비칠 때 안타까운 마음이 들었다. 마지막에 조금 더 조심해서 달렸으면 좋았을 것을! 결국 우리 인생도 남보다 더 오래 살기 위해서 수고하기보다는 남은 기간이 얼마가 되든지 보람과 가치 있고 후회가 없는 삶을 살도록 해야겠다.

{스물여섯}

자수성가(自手成家)가 가능한가?

부모나 타인의 도움을 받지 않고 스스로 많은 노력을 해서 성공했을 때 흔히 자수성가했다고 말한다. 예를 들어 재벌의 자녀로서 별로 노력하지 않고 재산이나 기업을 물려받은 경우에는 자수성가라는 말을 사용하지 않고 그 대신에 일종의 상속을 받았다거나 세습이라는 표현을 한다.

그런데 우리 주변에는 종종 자수성가했다고 알려진 이들이 있다. 부모를 일찍 여의었거나 가난해서 경제적인 도움을 전혀 받지 못했지만 혼자 노력해서 대기업가가 되었다거나 사회 지도층에 속하게 되었다는 것이다. 그래서 근래에는 "흙수저"가 노력해서 "금수저"가 되었다는 말도 한다.

최근 한국의 어느 국회의원은 지방 출신으로 별로 유명하지 않은 지방대학을 나왔기 때문에 자신을 흙수저라고 하고 노력해서 장관까지 되었다고 하는가 하면 또 어떤 사람은 자수성가해서 엄청난 재산을 갖게 되었다고 말했는데 그 사람은 주식 투자와 관련된 사기 혐의로 경찰 조사를 받았다.

나도 일종의 자수성가를 한 편이라고 생각하는 이들이 있는 것 같다. 나는 건강 때문에 고등학교를 다니지 못했지만 노력해서 소위 일류 대학에 들어갔고 또 유학하여 열심히 공부해서 학위를 취득하고 교수도 되었고 목회자도 되었으니 그렇게 말하는 것도 무리는 아닌 것처럼 보인다. 그렇지만 나는 결코 자수성가한 사람이 아니다. 노력을 많이 한 것은 사실이지만 내 힘으로만 된 것이 결코 아니다.

더 구체적으로 돌아보면 지금의 내가 되기까지는 참으로 많은 이들의 도움과 협력이 있었다는 것을 고백한다. 절대로 나 혼자 인생을 산 것이 아니다. 우선적으로 나의 부모를 생각한다. 비록 경제적으로 넉넉하지 못했지만 늘 행복한 웃음이 가득한 가정에서 성장하면서 결코 불행하다고 생각하지 않았다. 훈육에 강한 아버지와 너그러운 어머니의 양육을 받았고 늘 격려의 말을 많이 들었다. 그런 것이 지금의 나의 인격 형성에 얼마나 큰 영향을 주었겠는가? 잘못을 저지르면 아버지의 준엄한 회초리가 기다리고 있었고, 학교에서 좋은 성적을 받아오면 온 식구가 좋아하고 칭찬해주었다. 그리고 주변에서 나를 도와준 이들이 많았다. 우선 내가 고등학교를 진학하지 못했을 때에 나를 지도해준 중학교 3학년 때의 담임선생님을 비롯하여, 어렵게 대학입시를 공부하는 동안 자주 함께 많은 시간을 보내며 서로 격려하고 독려해준 친구, 대학 시절에 경제적인 이유로 2학년을 마친 후 휴학을 하고 군대에 입대하려고 할 때 내가 졸업할 때까지 총장 장학금을 받을 수 있도록 도와준 교수님, 대학 졸업 직후에 취업을 염려할 때 나를 특별한 연구기관에 추천해준 선배, 내가 전도자의 길에 들어서도록 격려하고 도와준 어느 외국인 선교사, 미국에 유학할 동안 충분한 재정적 지원을 받을 수 있도록 도와준 귀한 분들 등 나는 많은 이들의 도움을 받았다.

그 가운데 가장 큰 협력자는 나의 아내다. 별로 가진 것 없이 방 한 칸 전세로 결혼 생활을 시작했지만 아무런 불평이나 염려도 하지 않고 살림을 아끼고 알뜰하게 꾸려서 생활에 대한 염려를 하지 않고 사역할 수 있었다. 직장을 포기하고 신학을 공부할 때나 나 홀로 유학길에 올랐을 때도 나의 등을 밀며 담대하게 격려하고 도운 아내다. 여러 면에서 부족한 것이 많고 종종 우유부단한 모습이 드러날 때도 나를 크게 격려하여 일을 추진하도록 도운 것도 아내다. 내가 미국에서 여러 해 공부할 동안 두 아들을 훌륭하게 키워서 반듯한 사회인으로 세우고 지금까지 나의 최선을 위해서 자신의 최선을 희생한 것도 아내다.

이런 상황에서도 자수성가라고 말할 수 있는가? 이런 사실을 알면서도 스스로 일을 성취했다고 말할 수 있는가? 만일 누가 아무의 도움도 받지 않고 스스로 다 했다고 말한다면 나는 그가 교만한 사람이라고 생각한다. 그를 돕고 협력한 이들에게 감사할 줄 모르는 사람일 것이다. 그리고 나의 경우에는 하나님의 은혜가 넘치도록 고맙다. 어떤 경우에도 낙담하거나 포기하지 않고 믿음의 길을 가도록 한 것도 하나님께 대한 신앙이다. 우리는 아무도 혼자 인생을 살지 않는다. 외로운 섬처럼 아무와도 연결되지 않고 로빈슨 크루소처럼 살 수 없다. 사실 소설에 나온 로빈슨 크루소도 그가 무인도에 떨어지기 전에 이미 많은 이들의 도움을 받고 살았으며 그 이야기는 소설일 뿐이다. 모든 일에 감사하는 마음이 그를 더욱 풍성하게 한다.

{스물일곱}

세 개의 자명종

나는 원래 잠이 많은 것 같다. 군대 훈련소에서 훈련을 받을 때에는 항상 잠이 부족해서 심지어 구보를 할 동안에도 가끔 반쯤 눈을 감고 걸었던 것이 생각난다. 어린 시절에는 늘 아침에 어머니가 깨워야 학교에 늦지 않을 수 있었다. 나는 베개에 머리를 대면 어느새 잠에 빠지곤 했다. 훗날 대학에서 교수할 때에는 크게 문제가 되지 않았는데 교회의 담임목사로 부임하면서 한 가지 큰 걱정이 생겼다. 한국 교회에서는 거의 다 이른 새벽에 이른바 새벽기도회라는 것이 있어서 목사는 매일 새벽에 예배당에 가서 설교해야 한다. 대개 새벽 5시 반에 새벽기도회가 시작되는데 주로 목사가 설교를 하기 때문에 늦어도 4시 정도에는 일어나야 한다. 만일 내가 늦잠이라도 자면 아주 곤란한 일이 발생할 수 있다. 설교자가 늦어지면 그 시간을 기다리는 교인들을 대하기가 얼마나 민망하겠는가?

실제로 한번 사건이 있었다. 그날은 부활절이어서 온 교인들이 새벽에 교회에 나와서 예수님 부활에 관한 영화를 보고 예배를 드리도록 계획했다. 그런데 바로 그날 새벽에 우리 부부가 모두 늦잠을 잔 것이다. 깜짝 놀라서 깨어보니 이미 예배 시간이 다 된 것이 아닌가? 정신없이 일어나서 준비하는 동안 교회에 모인 성도들은 목사가 아직 교회에 안 온 것도 모르고 순서를 바꿔서 먼저 부활절 영화부터 보고 있었다. 담당 집사가 내게 전화를 걸어 상황을 파악하고 눈치껏 예배

순서를 바꾼 것이다. 한참 영화가 상영되는 어둔 예배당에 조용히 들어가 앉았다가 영화가 끝나면서 내가 앞으로 나가서 설교를 했다. 아마 교인들은 내가 일찍 나와서 영화를 보고 있었던 것으로 생각했을 것이다. 그 담당 집사만 제외하고 말이다. 그날 놀란 가슴은 오랫동안 가라앉지 않았다. 그래서 생각해 낸 것이 자명종을 머리맡에 두는 것이다. 그런데 새벽이 자명종이 울리면 나도 모르는 사이에 그것을 끄고 다시 잠이 드는 경우도 있어서 자명종 세 개를 준비했다. 한 개는 내 머리맡에 두고 다른 한 개는 조금 멀리 떨어진 곳에 두고 세 번째 자명종은 거실에 놓았다. 왜 세 개나 필요할까? 대개 새벽 4시에 알람을 맞춰두었는데 알람이 울리면 나도 모르는 사이에 그것을 꺼버리기도 하기 때문에 약 5분이 지나면 두 번째 자명종이 울린다. 만일 두 번째 것도 꺼버리면 잠시 후에는 세 번째 것이 거실에서 시끄럽게 울리기 때문에 온 식구가 잠에서 깨어날 우려가 있다. 그래서 두 번째 자명종을 끈 후에는 졸린 눈을 비비면서 거실로 가야 하는데 가는 동안에 잠이 다 깨고 만다.

상당한 기간이 지난 후에는 자명종을 두 개로 줄였다. 두 번째 자명종이 울리기 전에 깨어날 수 있었기 때문이다. 그리고 수년이 지나니 이제는 습관이 되어서 자명종이 한 개만 있어도 충분하다. 그래도 혹시 실수하지 않을까 하여 아직까지도 자명종 한 개를 늘 내 머리맡에 두고 잔다. 은퇴한 후에는 인근에 있는 미국인 교회에 출석하며 성가대에서 봉사하고 있어서 새벽기도회에 가지 않아도 되기 때문에 좀 더 느긋한 마음으로 새벽 시간을 보낸다.

나의 어느 친구 목사는 나만큼 잠이 많은지 잠자리에 들기 전에 그

다음 날 새벽에 일어날 준비를 미리 한다. 예를 들어서 양말을 신고 잔다거나 넥타이를 미리 동그랗게 매어서 아침에 일어나자마자 쉽게 넥타이를 맬 수 있게 하고 면도도 밤에 미리 하는 등 새벽 시간에 늦지 않으려고 한다. 어떤 설교자는 이른 새벽에 허둥거리며 새벽기도회에 나왔는데 발이 너무 차가워서 보니 맨발로 나왔다는 것이다. 심지어 윗도리는 입었는데 아래쪽은 잠옷 바람이었다고 한다.

언젠가 어느 친구로부터 흥미로운 책을 선물로 받았다. 책의 정확한 제목은 기억이 나지 않지만 "하루에 네 시간 자고 성공하는 법"으로 생각되는 책이다. 그 책을 읽은 후에 나도 네 시간만 자보려고 시도해봤지만 그다음 날 낮에 얼마나 졸립고 머리가 무거운지 곧장 포기했다.

사실 밤마다 잠을 푹 잘 수 있는 것은 큰 복이다. 미국에서 현대인들이 가장 많이 찾는 약 중의 하나가 수면제라고 하는 것을 보면 요즘 사람들이 밤에 잠을 제대로 자는 것 같지 않다. 그렇게 고민거리가 많은 것인지, 아니면 텔레비전과 인터넷을 너무 많이 봐서 두뇌에 이상이 생긴 것인지 모르겠다. 잠을 많이 자는 사람을 흔히 "잠꾸러기"라거나 게으름뱅이라고 하지만 잠을 많이 자는 어린 아기들의 피부와 얼굴을 보라. 얼마나 깨끗하고 맑은가! 반면에 밤새 뒤척이며 잠을 이루지 못한 사람의 얼굴은 푸석푸석하고 어둡다. 그리고 밤잠을 제대로 자지 못하는 사람은 건강도 해치고 또 수명도 단축된다니 잘 자는 것이 복이다. 그래서 내가 잠을 잘 자는 것은 게으르기 때문이 아니라 건강의 비결이라고 스스로 믿는다.

지금도 내 머리맡에는 40년이 넘은 작은 자명종이 있다. 돌아가신

부친이 내가 어릴 적에 사오신 것인데 어쩌다 보니 지금까지 지니고 있었다. 미국으로 이민 올 때에도 그 시계를 가져온 것이다.

나는 대개 새벽 4시부터 5시 사이에 알람을 맞춰놓는데 오늘 아침에도 자명종보다 내가 먼저 깨어나서 알람이 울리기 전에 스위치를 껐다. "오늘도 내가 이겼다. 하하!"

{스물여덟}

중환자실에서

목회자로 섬기다 보면 교인들이 입원해 있는 병원을 자주 방문하게 된다. 그 가운데 일반 병동에 입원한 이들보다 중환자실에서 생사를 오가는 사람들을 방문할 때마다 마음이 많이 아프다. 밖에는 많은 이들이 캘리포니아의 빛나는 태양을 즐기며 바캉스를 떠난다거나 캠핑을 하고 산타모니카 해변에서 서핑을 하며 즐기는데, 밝은 얼굴을 볼 수 없는 중환자실에는 세상과 동떨어진 것 같은 외로움과 슬픔이 가득하다. 내가 겪은 죽음의 현장을 돌이켜본다.

몇 년 전 한 교인의 어머니는 한국에서 위암 말기 진단을 받고 약 3개월 정도밖에 더 살 수 없다는 의사의 통첩을 받고 낙담한 중에 미국으로 왔다. 좀 더 나은 병원에서 치료를 받고자 한 것이다. 그런데 미국의 대형 병원에서 진찰한 결과도 좋지 않아서 온 가족이 슬퍼했고 온 교회가 그를 위해서 기도했다. 나는 그가 머물고 있는 딸의 집으로 거의 매일 방문하여 위로하고 기도하며 낫기를 바랐다. 참으로 놀라운 것은 환자가 스스로 포기하지 않고 용기를 가져서 그랬는지 그가 그로부터 약 3년간 생존했다는 것이다. 그 후에 결국 그는 대학병원 중환자실에 입원하게 되었다.

내가 그를 다시 방문했을 때에는 이미 인공호흡기를 끼고 여러 곳에 주삿바늘이 꽂혀 있었다. 자기 혼자는 호흡을 할 수 없는 상태인 것이다. 그렇게 몇 주간이 지났는데 내가 다시 병원을 방문하니 담당 의사가 나에게 넌지시 말하는 것이다. "저렇게 인공호흡기로 연명하는 것은 환자도 고생하고 또 가족들도 많이 힘듭니다. 그리고 병원비도 대단히 많아집니다." 그분의 남편은 한국에 사는 분이어서 의료보험이 없기 때문에 병원비가 굉장히 많았다. 의사의 그 말은 가족의 동의를 얻어서 인공호흡기를 제거하는 것이 좋겠다는 의미로 받아들였다. 그렇지만 그것은 가족이 할 것이지 목사가 할 일이 아니다. 남편 되는 분이 나에게 어떻게 하면 좋겠는지를 물어서 나는 자녀들과 함께 상의하여 결정하는 것이 좋겠다고 말했다. 얼마 후 남편과 딸들과 사위가 함께 있을 때에 모든 인공호흡기를 떼어냈다. 그때 마침 내가 방에 들어갔는데 환자 머리맡에 있던 모니터의 움직이던 곡선이 직선이 되면서 "삐이" 하는 기계음이 들렸다. 모든 식구가 슬퍼 통곡했지만 그분은 평안 중에 세상을 떠났다.

어느 날 한 친척 아주머니에게서 다급한 전화가 왔다. 조카가 지금 많이 아픈데 집으로 방문해주면 좋겠다는 요청이었다. 그는 캘리포니아에서 변호사로 일하고 있는 청년이었다. 개인적으로 자주 만난 적은 없지만 간접적으로 알고 있었는데 췌장암이 발병하여 이미 많이 진척되었다는 것이다. 내가 그를 집에서 만났을 때에는 이미 그의 눈에 황달이 왔고 많이 쇠약해진 상태였다. 그는 미국에서 태어나 성장하면서 건강하여 운동선수 생활도 하고 변호사로도 잘나가던 미혼 청년인데 갑자기 암이 발견되어 온 가족이 당황하고 있었다. 그는 한국어가 익숙하지 않아서 나는 영어로 대화를 나누면서 목사로서 할 수 있는 말을 해주었다. 즉 용기를 가지라는 것과 죽음을 준비하는 것도 필요하다는 말을 조심스럽게 전했다. 그리고 예수 그리스도의 복음도 전했다. 그는 내 말을 신중하게 경청한 후에 새로운 결단을 하고 예수님을 마음에 받아들였다. 듣기로는 그 후에 그는 병세가 악화되는 중에도 얼굴에 미소를 짓고 성경을 읽거나 찬송가를 들었다고 한다.

그로부터 약 3개월이 지난 후, 나는 그의 장례식을 거행해야 했다. 그리고 그는 몇 년 전에 그의 할머니가 묻힌 곳 바로 곁에 매장되었다. 그 할머니의 장례식도 내가 치렀는데 그의 손자가 바로 그 곁에 묻힌 것이다. 그리고 몇 년이 지난 후에 이번에는 그 청년의 아버지가 97세로 세상을 떠났다. 약간의 치매를 앓고 있었지만 말이 적고 얌전하여 부인 되는 아주머니가 잘 돌보고 계셨다. 미국에서 거의 90세가 되도록 국가 기관에서 일본어를 가르치는 교수였고 클래식 음악을 사랑하는 멋진 분이었는데 조용히 세상을 떠난 것이다.

중환자실에서 세상을 떠나기 며칠 전에 예수를 믿고 병상에서 세례를 받은 이도 있고, 내 품에서 마지막 숨을 거둔 이들도 있다. 나에게 성경을 배우던 한 사람이 갑자기 내게 전화를 걸어왔다. 아버지가 위독한데 아직 예수님을 모르니 와서 전도해달라는 요청이었다. 나는 즉시 그의 아버지를 찾아가니 이미 죽음이 임박하여 맥박이 잡히지 않고 그가 누워 있는 방안에서는 "이상한 냄새"가 났다. 그는 볼 수도 없고 물도 마실 수 없지만 들을 수 있다는 아들의 말을 듣고 조심스럽게 복음을 전하고 천국에 가야 할 것을 말했다. 약 한 시간 정도 힘겨운 대화를 나눈 뒤에 "이제 예수님을 마음에 믿으시겠습니까? 믿으시면 눈동자를 움직여서라도 대답하세요"라고 말했다. 그런데 놀랍게도 그분은 감은 눈으로 내게 응답하는 것이 아닌가? 그날 그분은 예수님을 받아들였다. 그다음 날 새벽에 그분이 편안히 운명했다고 하는 아들의 전화를 받았다.

사실 그동안 내가 치른 장례식 가운데 가장 가슴이 아픈 것은 두 살 반짜리 아기의 갑작스런 죽음이다. 내가 주례하여 좀 늦게 결혼한 교인 부부의 귀한 아들인데 무슨 이유인지 알 수 없으나 저녁 시간에 아기가 갑자기 의식을 잃었다는 것이다. 치과 의사인 아기 아빠와 젊은 엄마는 부리나케 아기를 인근 병원에 데리고 갔다. 병원에 가면 몇 가지 입원 수속을 해야 하는데 그것을 하는 사이에 아이가 숨을 거둔 것이다. 그 아기의 장례식을 집례하던 나는 무슨 말을 해야 할지 알 수가 없어서 한동안 아무 말도 하지 못했다. 흐르는 눈물을 막을 수가 없었다. 나이가 많은 노인으로 세상을 떠나는 것도 슬픈 일이지만 주일마다 내게 달려와 "목짜님!" 이렇게 부르면서 안기던 아기를 떠나보내는 것은 정말 어려웠다. 그런 상황에 무슨 설교를 할 수 있겠는가? 아주 어린 아이로서 세상을 마감하는 것을 보니 정말 슬펐다. "세상에 올 때에는 순서가 있어도 떠날 때에는 순서가 없다"고 하는 말이 정답이다.

{스물아홉}

어느 행복한(?) 장례식

세상에 행복한 장례식이 어디 있겠는가? 사랑하는 가족을 영원히 떠나보내는 자리이기에 모두 슬픈 모습이 아닌가? 우선 의복부터 검은색으로 하여 슬픔을 나타내고 장례식 참석자들도 조문객이라고 부르고 집례자도 무겁고 슬픈 음성으로 예식을 거행한다. 장례식장에는 고요한 찬송가가 울리고 참석자들은 모두 말없이 장례 순서를 기다린다. 그런 곳에는 아이들의 웃음소리도 없다.

그런데 나는 얼마 전에 별로 "슬프지 않은" 장례식을 집례했다. 교인 가운데 90세가 되어 쇠약한 중에도 정신이 또렷하여 대화를 많이 나누던 어떤 노인이 집에서 갑자기 쓰러져서 병원에 들어갔는데 이틀 후에 조용히 세상을 떠났다. 내가 마지막으로 병원을 찾아갔을 때 그는 이미 의식이 거의 없는 상태로서 인공호흡기를 끼고 있었지만 나는 아직 따뜻한 그의 손을 붙잡고 그의 영혼을 하나님께 맡겼다. 그런데 그의 장례식을 치를 때에는 자녀들 중에도 슬퍼하는 이들이 없었고 오히려 아프거나 병으로 앓지 않고 세상을 떠난 것을 감사하는 분위기였다. 정말 병원에 들어가고 이삼일 만에 세상을 떠난 것이다.

장례식을 거행하면서 나는 슬픈 이야기보다 처음으로 기쁨에 관한 설교를 했다. 많은 이들이 병에 걸리거나 노환으로 오래 앓다가 세상을 떠나는데 그분은 꼭 삼일 만에 평안한 중에 숨을 거둔 것이다. 그의 딸은 말했다. "우리 어머니는 참 행복하게 돌아가셨어요. 며칠 전까지만 해도 식사도 잘 하시고 말씀도 많이 나눴는데 갑자기 떠나신 겁니다." 그래서 장례식장에는 통곡하는 슬픔의 눈물이 거의 보이지 않았고 오히려 평생 교회를 사랑하고 목사를 사랑하던 분이 천국에 가셨다고 하는 대화가 이어졌다. 그의 손녀의 조사도 그러했다. "우리 할머니는 평생 기도를 많이 하신 분예요. 특히 우리들을 위해서 끊임없이 사랑하고 기도해주신 분인데 떠나셔서 섭섭하지만 한편 아프지 않고 떠나셔서 감사하지요."

몇 년 전에는 100세 노인의 장례식을 치른 적이 있다. 평생 정결하게 사시면서 신앙생활을 잘 하신 권사님인데 어느 날 조용히 돌아가신 것이다. 그의 장례식은 샌프란시스코 근교에 있는 어느 작은 마을의 장례식장에서 치러졌다. 자녀들과 참석자들이 미국에 이민 온 지 오래 되어서 대부분 영어가 익숙하기 때문에 나도 영어로 장례식을 준비했다. 예식 순서는 전통적인 한국식이기보다 오히려 미국식이었다. 입구에 고인과 관련된 사진들을 많이 소개해놓았고 순서에는 집례자의 설교는 비교적 짧고 자녀와 손주들의 조문사가 많았다. 자녀들은 모두 미국에서 공부하여 사회 중견들이 되었는데 신앙의 유산을 잘 남긴 것을 볼 수 있었다. 나는 순서 중 가장 마지막에 관을 덮기 전에 고인의 얼굴을 마지막으로 보는 뷰잉을 할 때 그분의 고요한 얼굴을 만져보았다. 사람의 숨이 끊어지면 며칠 사이에 온몸이 돌처럼 식어서 차가워지는데 놀랍게도 관 안에 누운 분은 얼굴이 아직도 맑고 정결하여 부드러움이 느껴졌다. 마치 살아 있는 분이 잠시 눈을 감은 것 같았다. 모든 순서를 마치고 참석자들과 함께 식사를 할 때에도 슬퍼하는 이는 보이지 않고 오히려 다만 아쉽다는 대화를 나누었다. 참으로 아름다운(?) 장례식이라고 해도 괜찮을 것이다.

이런 경험들을 하면서 나도 그렇게 세상을 떠났으면 좋겠다는 생각을 했다. 더 오래 살려고 각종 보약을 먹거나 죽지 않으려고 거액을 쓰기보다 가능한 한 인공호흡기에 의지하지 않고 스스로 세상을 떠나야겠다는 다짐을 한다. 잘 사는 것만큼 중요한 것이 잘 떠나는 것임을 다시 생각하게 했다.

{서론}

결혼 주례는 기쁨이다

목회생활을 하는 중에 얻는 기쁨 중의 하나는 젊은이들의 결혼을 주례하는 것이다. 교수 생활만 하다가 큰 교회의 담임목사로서 처음 주례할 때에는 신랑과 신부보다 주례자인 내가 더 긴장하고 땀을 많이 흘렸던 것을 기억한다. 혼자서 여러 번 연습하고 주례 자리에 섰지만 실수하지 않을까 하여 얼마나 긴장했던지. 그날 검고 두꺼운 가운을 입었는데 머리 위에는 여러 개의 스포트라이트가 직접 내리비쳐서 더 더웠다. 그것도 결혼식 시간의 제한이 있어서 약 20~30분 안에 마쳐야 했다.

나는 결혼식 주례 부탁을 받으면 먼저 두 사람과 몇 차례 만나서 여러 가지 준비를 한다. 우선 그들이 어떻게 만나게 되었는지, 부모의 허락을 받았는지, 앞으로 어떤 계획으로 어떻게 살 것인지, 그리고 교회생활에 관한 것도 꼼꼼하게 챙기고 함께 기도하는 것이다. 사실 결혼이라는 것은 일생에 한 번 하는 것이기 때문에 우선적으로 부모의 조언이 필요하고 또 그들을 진정으로 아끼는 선배나 스승의 조언도 필요하다. 그리고 주례를 맡은 목사의 정성스런 도움도 꼭 필요한 것이다. 그동안 수많은 결혼식을 주례했는데 아직도 기억에 남는 몇 건의 사례가 있다.

그 결혼식의 신랑은 교회의 전도사였다. 교회에서 열심히 학생들을 지도하던 성실한 전도사인데 결혼을 앞두고 많이 기도하는 중에 금식도 했다. 그런데 예식 중에 사고(?)가 난 것이다. 주례사를 하고 있는 중에 주례자 앞에 서 있던 신랑이 갑자기 눈이 감기면서 뒤로 넘어지기 시작한 것이다. 며칠간 음식을 먹지 않고 금식한데다 또 많이 긴장하여 잠깐 정신이 어찔했던 것이다. 마침 내가 그 순간을 보았기 때문에 신랑의 양복깃을 잡았고 바로 앞에 앉아 있던 축하객이 급하게 달려나와 그의 등을 받쳐주는 바람에 바닥에 넘어지지 않았다. 신랑은 곧 정신을 차렸고 예식을 잘 끝낼 수 있었다.

한번은 내가 아는 분의 소개로 미국인과 한국인 신부의 결혼 주례를 부탁받았는데 그것도 영어로 해야 하되 한국 전통식으로 해달라는 것이다. 그동안 결혼 주례를 여러 번 했지만 한국 전통식으로 한 적이 없는데 마침 신부 아버지가 그와 관련된 비디오테이프를 보내왔다. 그것을 미리 보고 연습해보라는 것이었다. 나는 한국의 어느 지방에서 거행된 전통식 결혼의 실황 녹화 장면을 몇 차례 유심히 보고 혼자 연습도 했다. 주례 내용도 일반적인 내용과 달라서 어쩐지 긴장이 되었다. 더욱이 나도 양복이나 가운 대신에 한복을 입고 주례해야 하는 것이 흥미롭기도 하지만 상당히 신경이 쓰였다. 그 비디오를 여러 번 자세히 보았던 기억이 난다.

그 집은 경제적으로 넉넉한 가정이어서 부유한 사람들이 사는 지역의 커다란 주택 뒷마당에서 결혼식을 거행했다. 한국인과 미국인들 축하객이 대략 200명이 되었던 것으로 기억된다. 한국의 전통적인 결혼식에는 색다른 순서들이 있었다. 아무튼 영어와 한국어를 섞어서 순조롭게 결혼식을 거행할 수 있어서 얼마나 다행이었는지 모른다. 마지막에 신랑과 신부가 웨딩 마치에 따라 출발하는 순서에는 신랑이 신부를 등에 업고 걸어나가게 했는데 그것이 축하객의 큰 박수를 받았다. 그런데 하객 가운데 지역 신문 기자가 있어서 다음 날 한국 신문 사회면에 관련 기사와 함께 그 장면이 커다랗게 실린 것을 보았다. 참으로 흥미로운 경험이었다.

그동안 주례를 받은 부부 가운데 한 사례는 마음에 씁쓸함을 남겼다. 교인 가운데 한 젊은 자매가 결혼을 하게 되었으니 주례를 부탁한다는 것이다. 그런데 그의 나이가 21세로 기억되고 신랑은 30대 중반인 것이다. 그리고 사귄 기간도 너무 짧은데 신랑측 부모가 결혼을 독촉하고 또 신랑 자신도 결혼 적령을 놓치지 않으려고 서둔 것이다. 신부에게 나는 좀 더 신중하게 생각하고 좀 더 교제하고 결정하기를 권했지만 그들의 결정을 바꿀 수는 없었다. 결혼식은 잘 치렀는데 내 생각에 신부가 너무 흥분한 것으로 보였고 예식장 분위기도 행복해 보이지 않았다. 그래도 그들이 행복하게 잘 살도록 진실한 마음으로 축복해주었는데 채 1년도 지나지 않아서 이혼했다는 말이 들려왔다. 나는 "아차!" 했다. 결혼에 관해서 좀 더 진지하게 권고하고 조언해주지 못한 것이 못내 아쉬웠다.

나는 결혼식 주례사 마지막에 꼭 권고하는 몇 마디 말이 있다. 결혼식 전에 이미 여러 차례 만나서 권고하고 축복해 줬기 때문에 긴 주례사는 하지 않지만 부부가 살다 보면 의견 충돌이 오거나 어떤 이유에서라도 갈등이 생길 것을 미리 말해준다. 그럴 때에 갈등을 줄이는 방법 가운데 하나가 다음 세 마디 말을 하는 것이다. 나는 신랑이 먼저 그 말을 따라 하게 하고 또 신부도 같은 말을 하게 한다. 그것은 "미안해요. 잘못했어요. 사랑해요(I'm sorry! I'm wrong! I love you!)"의 세 마디이다. 그 순간에는 새 신랑과 신부가 주례자 말을 따라 할 수밖에 없기 때문에 진지하게 따라 말하도록 한다. 함께 살면서 정말 이렇게 말할 수 있으면 대부분의 부부 문제가 해결될 것이다. 그런데 이 말을 하는 것은 결코 쉽지 않다. 누구나 자존심이 있기 때문에 그 말을 상대방이 먼저 해주기를 기대하게 된다. 그렇지만 부부가 정말 사랑한다면 자존심보다 상대방을 위하는 마음에 이런 말을 먼저 하기를 권한다. 그러면 실제로 부부 싸움이 훨씬 줄어들고 부부간의 긴장도 크게 해소된다. 이것은 나의 경험을 통해서도 확실히 알 수 있다. 나는 그렇게 나의 두 아들의 결혼식을 주례했고 세 명의 조카 결혼 주례도 했다. 주례는 언제나 행복하고 의미 있는 일이다.

{서른하나}

애견을 잃었다

미국에서는 개를 흔히 "최고의 친구"라고 부른다. 고양이와 달리 큰 개들은 집을 지켜주기도 하고 작은 강아지들은 주인과 함께 산책하고 또 어울려 지내면서 재롱을 피우기도 하기 때문이다. 홀로 사는 노인에게는 꼬리를 치며 안기는 강아지가 큰 위로가 되고 외로움을 달래주는 친구 역할을 한다. 그리고 맹인을 인도하는 인도견은 정말 듬직하고 조용하지만 책임감이 강하고, 경찰견은 훈련된 경찰도 할 수 없는 위험한 곳에 가거나 험한 일을 감당하기도 해서 실제로 미국에서는 계급장을 받은 경찰견도 있다.

내가 한국에 살 때 어느 동료 교수가 한 주먹 정도밖에 되지 않는 새끼 강아지를 선물로 준 일이 있다. 라면 봉지에 쏙 들어갈 만큼 작고 귀여워서 아파트에서도 키울 수 있었다. 강아지 이름을 '죠이'라고 불렀다. 하얗고 작은 그 강아지는 짖지도 않았기 때문에 아파트 안에서도 키울 수 있었던 것이다. 그런데 강아지가 점차 커가면서 시끄러워지기 시작하여 이웃에게 방해가 될까봐 염려되었다. 결국 고심하던 끝에 경기도 가평에 계신 장모님 댁에 맡기기로 했다. 그곳은 사방이 탁 트인 곳이어서 개들이 놀기에 좋았다. 그리고 얼마 지나지 않아 우리가 미국으로 이민을 떠나게 되었다.

미국에 정착한 지 약 1년이 넘어서 잠시 한국을 방문하고 그 시골집을 찾아갔다. 그런데 놀라운 일이 벌어졌다. 내가 운전하는 자동차가 그 집 문 앞에 도착하자마자 개가 달려나오면서 반색을 하는 것이 아닌가! 낯선 사람을 대하듯이 경계하는 것이 아니라 반겨주는 것이다. 그를 떠난 지 일 년이나 지났는데 전 주인을 기억하고 있는 것이다. 주인의 목소리와 냄새를 기억하고 있었던 것인가? 정말 놀라웠다. 그곳에 며칠 머물고 떠나오는데 개가 따라나선다. 우리 차가 멀리 사라질 때까지 얼마나 한참을 좇아오는지 정말 안쓰러웠다. 개가 정말 좋은 친구인 것이 맞다.

지난 몇 년간 나의 교회 서재에는 작은 말티즈 강아지 두 마리가 있었다. 어느 교인이 아이를 임신하게 되어 집에서 키우던 강아지를 맡아달라고 한 것이다. 개들은 참으로 영특해서 주인을 잘 알아볼 뿐 아니라 주인의 감정도 눈치 채는 것 같다. 주인 목소리가 부드러우면 꼬리를 치면서 달려들지만 종종 주인 목소리가 크거나 엄하면 눈치를 채고 자기 보금자리로 슬쩍 들어가서 눈치를 살핀다. 더 흥미로운 것은 한국어로 말하거나 영어로 말하거나 다 말귀를 알아듣는 것이다. 한국어로 "앉아!" 하면 앉고, 또 영어로 "Go out!" 하면 눈치를 보면서 밖으로 나갔다. 그래서 나는 우리 개가 이중 언어를 한다고 농담을 했다.

그런데 두 강아지가 뜰이 있는 나의 서재 주변에서 지낸 지 어느새 10년이 넘었다. 개로서는 년수가 다한 것이다. 그래서 어미 개는 눈이 잘 안 보이고 귀로 듣는 것도 어려워졌다. 그래도 암놈 새끼가 한 마리 있어서 둘이 늘 붙어다니며 다정하게 지냈다. 그러던 어느 날 아침에 서재에 가보니 새끼가 아직도 자고 있는 것이다. 이상한 느낌이 들어 만져보니 이미 숨이 끊어져 있었다. 이유는 잘 모르겠지만 간밤에 죽은 것 같았다. 무척 서운한 마음으로 강아지를 동산에 묻어줬다. 두 마리가 늘 붙어 지내다가 갑자기 새끼를 잃은 어미는 영문을 모르고 정신이 나간 듯이 멍청하게 이리저리 돌아다니기도 했다. 왜 갑자기 자기 혼자만 남겨졌는지 알 수 없다는 표정이 역력했다. 음식도 잘 먹지 않고 자꾸 주변을 맴돌면서 새끼를 찾아다녔다.

그러던 어느 날 어미 개까지 사라졌다. 내 서재 주변이 숲이어서 종종 개 냄새를 맡은 코요테가 가까이 나타나는데 내가 밖으로 나가면서 깜빡 잊고 서재 뒷문을 닫지 않아서 그리로 나가서 놀다가 혹 짐승에게 잡혀간 것은 아닌지 모르겠다. 너무 불쌍했다. 그 후로 다시 강아지를 키울 마음이 생기지 않는다. 개도 수명이 다하면 죽는 것이 당연하지만 마음이 쓸쓸하고 아픈 것은 어쩔 수 없다.

어느 교인도 다시는 집에서 개를 키우지 않겠다고 했다. 개를 좋아한다던 그분이 왜 그런 말을 할까? 어느 날 일터에 나가려고 차고에서 차를 뒤로 빼다가 그 뒤에 개가 있는 것을 미처 알아채지 못해 개가 치인 것이다. 주인을 배웅하려고 개가 달려나왔다가 주인 차에 사고를 당했다. 급하게 병원에 데려갔지만 살릴 수 없었고 그 안타까운 생각 때문에 다시는 개를 키우지 않겠다고 한 것이다.

개는 참으로 충성심이 강하다. 실제로 개를 키워보니 한번 주인을 신뢰하게 되면 배신하지 않고 끝까지 따르는 것이다. 개를 학대하지 않는 이상 개는 아마 평생 주인을 잊지 않는 것 같다. 특히 한국의 토종 진돗개는 처음에 만난 주인을 평생 기억하기 때문에 다른 사람들이 데려다가 키우기가 어렵다고 한다. 그래서 군견으로 진돗개를 훈련하면 자기를 돌보고 훈련시킨 병사의 말에는 절대 복종하지만 그

병사가 제대한 후에 다른 병사가 키우려고 하면 말을 잘 듣지 않는다고 한다. 개에게서 굳은 신뢰와 변질하지 않는 충성심을 배운다.

{서른둘}

소통이 숨통

현대는 소통의 시대다. 인간은 결코 고독한 외딴 섬이 아니라 이웃과 더불어 살아가는 사회적인 존재다. 즉 혼자 살면서 모든 것을 혼자 생각하고, 결정하고 판단하는 것은 정상적인 인간의 삶이 못 된다는 것이다. 그런데 최근에 혼자 사는 이들이 많아져서 그런지 한국에서는 혼자 밥을 먹는 혼밥, 혼자 여행하는 혼행, 혼자 술을 마시는 혼술과 같은 이상한 단어가 새로 생겼다. 물론 결혼하지 않고 평생 독신으로 사는 이들이 많다. 그렇다고 해서 그 사람이 가족이나 이웃과 전혀 관계도 없는 로빈슨 크루소와 같은 존재는 아니다. 어떤 형태로든지 타인과의 소통이 있게 마련이다.

소통이 제대로 되지 않는 가족과 직장과 사회에는 갈등과 냉가슴과 아픔이 있게 마련이다. 특히 이민자의 가정에서 부모와 자녀와의 대화 부족은 심각한 가정문제를 야기하고 있다. 대체로 이민은 부모의 결정이며 자녀들은 자기 의사와 관계없이 부모를 따라 외국에 나온 것이다. 낯선 언어와 문화에 대한 충격이 심하고 외국인과 친구를 맺는 일은 그렇게 쉽고 간단한 일이 아니다. 더욱이 이민 와서 몇 년만 지나면 아이들은 그가 사는 나라의 외국어에 능하게 된다. 학교에서 배우고 친구들과 지내면서 자연스럽게 현지 언어에 익숙해지는 것이다. 그렇지만 대부분의 부모는 외국어를 별도로 배우지 않는 이상 자기가 태어난 곳의 모국어에 익숙하기 때문에 점차 자녀들과의 대화가 점점 더 어려워진다.

미국에 사는 한인 이민 가정의 경우에 이 언어소통 문제는 대단히 심각하다. 나이가 어릴수록 언어 습득이 쉬운데 유치원에서부터 영어로 말하고 듣는다. 일부 부모는 아이들이 미국 생활과 문화에 속히 익숙해지는 것이 필요하다고 하여 가능한 한 한국어를 적게 사용하는 것을 본다. 한편 부모가 영어를 배우기 위해서 이른바 "콩글리시"를 하면서 부모와 자녀 간의 소통은 많은 장애를 만난다. 부모가 인식하지 못하는 사이에 아이들은 미국화되어 생활과 습관이 미국인과 같아지는데 여전히 집에서는 한국의 풍습과 습관을 요구하기 때문에 소리 없이 갈등이 고조되기도 한다.

한 교인은 미국에 이민을 와서 세 아이를 가졌다. 그 가운데 큰아들은 이제 중학생이 되었는데 그의 아빠의 고민이 많다. 물론 가정에서는 한국어를 사용하지만 사고방식에 이미 많은 차이가 있기 때문에 아들이 도무지 대화를 하려고 하지 않는다는 것이다. 어릴 적에는 아빠를 졸졸 따라다니는 착한 어린이였지만 이즈음에는 그동안 다니던 교회에도 마음을 붙이지 못하고 마치 외로운 섬처럼 혼자 지낸다는 것이다. 무슨 말을 걸면 귀찮다는 표정으로 간단히 예스와 노를 대답하고 금방 자기 방으로 들어가버린다. 아들이 어떤 친구와 사귀는지 무슨 고민이 있는지 앞으로 어떻게 공부하고 무슨 소원이 있는지 알고 싶지만 좀처럼 입을 열지 않아서 마음이 답답하다고 한다. 소통이 막히니 숨통이 막히는 것과 같다는 것이다.

대화를 막는 장애물에는 어떤 것이 있을까? 몇 가지만 생각해보자. 예를 들어서 어릴 적부터 인간관계에 상처를 입은 아이는 커서도 좀

처럼 열린 대화에 나서지 못한다. 또다시 상처를 받을까봐 두려운 생각이 마음 깊은 곳에 잔존해 있는 것이다. 그리고 유아적으로 이기적인 사람은 소통에 어려움을 겪는다. 부모의 사랑을 받고 자라는 것은 꼭 필요한 일이지만 그 아이에게 일방적이고 집중적으로 쏟아부은 사랑이 아이를 자기중심적인 인물로 키울 우려도 있다는 것을 알아야 한다. 예를 들어서 독자로 자란 아이들 중에는 모든 것을 자기중심적으로 생각하고 요구하는 경향이 생길 우려가 많은 것이다. 그렇게 자라면 자기 말대로 해주지 않는 사회와 현실 속에서 갈등하게 되고 더욱 자기 속으로 웅크려들게 된다.

그러면 어떻게 해야 보다 원활한 대화를 할 수 있을까? 무슨 뾰족한 수는 없겠지만 몇 가지 고려해볼 것이 있다. 자꾸 내 말을 많이 하려고 하기보다 남의 말을 먼저 들으려고 하는 것이다. 남이 말할 때에 다음에 나는 무엇을 말해야 할까를 생각하면서 상대방의 말을 헛듣다가는 대화가 끊어지기도 한다. 열등감이나 우월감도 극복해야 한다. 자신을 사실보다 비참하고 낮게 평가하거나 반대로 자신을 너무 과대평가하는 것은 인간관계에 큰 장애가 되기 때문이다. 그리고 지난날에 받은 상처가 있으면 그것들을 속히 떨쳐버려야 한다. 어릴 적이나 청소년 시절에 겪은 아픈 경험이 오늘까지 발목을 잡고 있지 않게 해야 한다. 지나간 것은 이미 지나간 것이다. 어제의 경험이 내일의 발걸음을 막도록 두지 말라. 그리고 대우받고 존경받으려고 하기보다 남을 대우하고 존경해주려고 하면 놀랍게도 의사소통이 윤활유를 바른 것처럼 원만해진다.

그리고 또 한 가지 중요한 요점은 말을 골라서 하는 것이다. 아무리 사실과 진실을 말한다고 해도 그것이 종종 상대방에게 상처를 줄 수 있기 때문에 조심해야 한다. 예를 들어서 비만으로 고생하는 친구에게 "자네는 그 산만한 배만 들어가면 훨씬 멋질 텐데 그게 문제구만!" 이렇게 말했다고 하면 그 내용은 사실인지 모르지만 상대방은 가뜩이나 불쑥 나온 배 때문에 늘 고민하고 신경을 쓰는데 그런 말을 들으니 다시 한 번 상처를 받는다. 지혜로운 언어는 사실을 말할 때 특히 주의해야 한다. 그보다는 그 상대방의 장점을 발견하고 격려하고 칭찬하는 말을 더 많이 하라. 신체적으로나 정서적으로 무슨 약점을 가진 사람은 그 약점 때문에 늘 고민하고 불안해한다. 그런데 거기에 마치 불난 집에 기름을 붓듯이 할 필요가 무언가?

나는 초등학교 시절에 키가 작았다. 학교에서 아침에 조회를 하면 전교생이 운동장에 줄을 서서 교장 선생의 훈시를 듣는데 나는 거의 언제나 줄 맨 앞에 섰다. 키대로 줄을 세웠기 때문이다. 그래서 내겐 "왜 우리 부모는 나를 이렇게 작게 낳으셨지?"라는 원망이 있었다. 그런데 만일 누가 나를 보고 키가 작다고 말하면 그건 사실이지만 기분이 많이 상한다. 키가 크는 방법이 있다면 팔과 다리를 묶고 잡아당겨서라도 키를 키우고 싶을 정도였다. 중학교를 졸업할 즈음에 나의 키는 자라서 정상(?)이 되었지만 그래도 키가 큰 사람 곁에는 서고 싶지 않다.

나의 결혼식 사진을 보면 눈에 띄는 부분이 있다. 축하객과 함께 사진을 찍은 것인데 바로 내 곁에 키가 거의 190센티미터나 되는 미국인 선교사가 서 있다. 그가 결혼식에서 축가를 불러줬는데 어쩌다 내 옆에 서서 가족 사진을 찍는 바람에 내 키가 더 작아 보였다. 그런데 어떤 사람이 "신랑은 마치 고목나무에 매미가 붙은 것 같네"라고 하는 말을 듣고 기분이 언짢았던 기억이 있다.

우리는 보다 훌륭한 의사소통을 위해서 노력해야 한다. 그 가운데 자신과의 소통도 중요하다. 어떤 사람은 자주 "에이씨!" "짜증나네!" "아이! 신경질 나!" "죽고 싶다!" "모든 게 귀찮아!" 등의 별로 달갑지 않은 말을 자주 하는 것을 본다. 특히 짜증난다고 자주 말하면 말할수록 실제로 짜증나는 일이 생긴다. 우리의 행동과 삶은 말한 대로 되는 경우가 적지 않기 때문이다. 우리의 두뇌가 그것을 사실로 그냥 받아들인다는 것이다. 그런 것은 자신을 무시하는 부적합한 자기 대화의 일종이다. 오히려 자신을 격려하고 힘을 주는 말을 해보라.

아내와 대화하다가 가끔 아내는 "당신은 내 말을 듣는 거예요?"라고 물을 때가 있다. 내가 딴생각을 하고 건성으로 듣고 있던 것이다. 그러니 대화가 제대로 될 리가 없다. 좋은 의사소통을 하고 좋은 대화를 할 수 있는 사람에게는 친구가 부족하지 않다. 그를 만나면 격려를 받고 살맛이 난다고 생각해보라. 성공적인 소통은 성공적인 삶이 한 중요한 요소가 된다. 숨통이 막히지 않게 해야겠다.

{서른셋}

아카시아 향기 속에서

내가 목회할 때에 나의 서재가 있는 교회 울타리 언덕 주변에는 다양한 과일나무가 있어서 계절에 따라 맛있는 과일을 맛볼 수 있었다. 과수원도 아닌데 약 50여 년 전에 이 집을 건축한 독일인이 주변에 과일나무를 많이 심은 것이다. 현관문을 열고 나서면 금붕어 20여 마리가 한가롭게 사는 작은 연못이 있고 그 곁에 비파나무가 있다. 처음에는 이 나무가 어떤 종류의 것인지 잘 몰랐는데 여름만 되면 호두만한 노란 열매를 맺어서 알아보니 비파나무란다. 마치 잘 익은 작은 복숭아처럼 달콤한 꿀물이 톡 터져나온다. 한약재로도 좋다고 하는데 아무런 관리를 하지 않는데도 매년 풍성한 열매가 달린다. 제철이 되면 비닐 봉투에 하나 가득 열매를 딴다.

가을마다 주먹만한 크기의 단감과 홍시를 맺는 감나무도 있다. 공기도 맑고 해충제가 필요하지 않기 때문에 100% 무공해 유기농으로 자란다. 종종 계란껍질 같은 것을 비료로 나무 밑에 묻어주는데 작년에는 그 냄새를 맡은 코요테가 자기 먹이인 줄 알고 땅을 모두 파 헤쳐놓았다. 그래서 올해에는 계란껍질을 땅에 파묻고 그 위에 커다란 바위를 올려놓았다. 감나무는 어떻게 그렇게도 달고 맛있는 주먹 만한 감을 주렁주렁 매다는지 참으로 신기하다.

속살이 붉은 오렌지나무도 한 그루 있다. 그것을 흔히 프렌치 오렌지라 부른다는데 아이 주먹만한 노란 오렌지 열매를 쪼개면 진붉은

색의 단물이 흘러나온다. 일년 내내 날씨가 따뜻한 이곳 캘리포니아에는 오렌지가 아주 흔하기 때문에 아무도 그런 나무에 관심을 갖지 않아서 매년 나 혼자 그 맛있는 프렌치 오렌지 열매를 즐기는 편이다.

이 땅에는 유일하게 한국에서 들여온 나무가 있는데, 한국 대추나무다. 미국 대추는 크기가 밤톨 정도로 큰 것이 대부분인데 한국의 작은 대추만큼 달지는 않다. 몇 년 전에 어느 교인이 두 그루의 한국 대추나무를 기증해서 뜰 끝에 심었는데 매년 엄지 손가락만한 달콤한 열매가 다닥다닥 열린다. 물을 자주 주지 않아서 열매가 크지는 않지만 비가 많이 오는 해에는 먹을 만한 대추가 많이 열렸다. 그곳도 관리의 손길이 닿지 않지만 저 혼자 매년 열매를 맺어주는 것이 참으로 고맙다. 그 밖에도 서재 주변에는 여러 그루의 올리브나무가 있어서 매년 많은 올리브 열매를 맺는다. 철이 지나면 모두 바닥에 떨어져 이곳을 드나드는 자동차 바퀴에 깔리지만 아무도 아까워하지 않는 실정이다. 해마다 넉넉한 올리브 열매를 맺는 나무들이 여러 그루 있지만 마켓에서 올리브 기름을 사다 쓰고 있으니 흥미롭다. 무화과나무도 성실하게 제 역할을 잘한다. 한쪽 비탈에서 한 그루가 자라는데 어느 해에는 아주 맛있는 무화과를 열기도 하지만 또 어느 해에는 아무 열매도 볼 수가 없다. 호두나무도 있는데 다람쥐가 먼저 까먹고 껍질만 잔뜩 남겨놓기도 한다.

나의 서재 창가 밖으로 아카시아 꽃이 많이 피었다. 나 외에는 보는 이가 없는 낮은 언덕받이에 금년에는 전보다 훨씬 더 많은 꽃들을 내보였다. 그리고 나무에 가득한 아카시아 꽃은 주변에 향기를 뿜는다. 하얗게 핀 아카시아를 볼 때마다 옛날 어릴 적 생각이 난다. 내가 어릴 적 간식거리가 거의 없을 때에는 동네에 돌아다니면서 도로 주변에 열린 까마중 열매와 아카시아 꽃을 따서 그 달콤한 맛을 즐겼던 기억이 난다. 까마중을 먹으면 입 주변이 시커멓게 되어서 엄마가 볼까봐 늘 입을 닦아야 했지만 아카시아는 먹은 흔적이 남지 않아서 더 좋았다. 그리고 친구들과 같이 아카시아 잎을 따서 그 이파리를 하나씩 떼면서 재미있는 놀이도 했다. 내가 살던 서울 서대문 언덕배기에 있던 커다란 아카시아나무는 동네 아이들이 기어올라가 꽃을 따먹으며 놀던 곳이다. 그런데 그 아카시아가 나의 창가 밖에서 말없이 향기를 내뿜고 있는 것이다. 아무도 바라보지 않는데도 불구하고 아카시아는 매년 넉넉한 꽃을 피우고 그 향기를 아깝지 않게 사방으로 풍기고 있다.

{서른넷}

거북이가 어디로 갔나?

나의 서재가 있는 교회 동산에는 작은 못이 있었다. 원래 주인인 독일인이 개인 주택을 짓고 작은 못을 만들어 거기서 붕어들을 키웠던 것 같다. 시멘트로 동그란 벽을 만들고 그 안에 물을 담아서 적어도 60센티미터 정도의 깊이가 되는 멋진 못이다. 그리고 어떤 봉사자의 수고로 거기에 물을 순환하는 장치를 해놓았기 때문에 산소 공급이 비교적 잘 되도록 했다. 나도 그곳에 서재와 사무실을 차린 후에 손가락만한 금붕어들을 여러 마리 넣고 키우게 되었다. 그런데 어느 교인이 손바닥만한 거북이 두 마리를 보내와서 함께 길렀다. 아침마다 붕어 먹이를 주면 사방에서 몰려와 경쟁적으로 먹이를 먹는 것을 보면서 살아 움직이는 것들 때문에 새삼 생명력을 느끼곤 한다.

그 거북이들은 종종 물 밖으로 몸을 내어놓고 햇볕을 쬐기 때문에 블록을 몇 개 쌓아서 물 밖으로 나오게 하여 거북이들이 그 위에서 따뜻한 햇볕을 즐기게 했다. 어느 때에는 거의 반나절 동안 꼼짝도 하지 않고 물 밖에서 "선탠"을 하는 것처럼 보였다. 거북이들은 천천히 움직이지만 얼마나 예민한지 내가 근처에 가기만 하면 어느 틈에 발자국 소리와 그림자를 느끼고 물속으로 쏙 들어가 숨는다. 거북이가 느린 것 같지만 자세히 보니 행동이 아주 잽싸다.

그런데 이 못에는 종종 "못된" 짐승이 침입한다. 어느 때에는 족제비가 와서 물고기를 해치는가 하면 또 어느 때에는 매가 날아와서 물고기들을 공격한다. 그 주변에 나무가 울창한 숲이 있기 때문에 여러 종류의 짐승이 함께 사는데 코요테와 까마귀, 매와 다람쥐가 아주 많고 종종 살쾡이도 나온다.

어느 날 아침 일찍 서재에 와서 못을 보다가 깜짝 놀랐다. 거북이 한 마리가 사라진 것이다. 돌 밑이나 물 속 어디에 있을 것으로 생각하고 한참을 기다리며 찾았는데도 보이지 않았다. 염려가 되어 못 주변을 둘러보면서 거북이를 찾기 시작했다. 그런데 약 30미터쯤 떨어진 곳에 거북이가 뒤집힌 채로 죽어 있는 것이었다. 거북이가 스스로 물 밖으로 나오지 못할 정도로 수면과 벽 높이에 차이가 있기 때문에 그것은 어떤 짐승이 공격한 것이 분명했다. 사실 그 며칠 전 새벽에 일찍 서재로 가는데 한 마리 족제비가 후다닥 달아나는 것을 목격했기 때문에 짐승의 짓인 것을 알 수 있었다.

그 후 며칠쯤 지났는데 이번에도 또 사고가 발생했다. 남아 있던 다른 한 마리 거북이가 또 사라진 것이다. 이번에도 심상치 않은 일로 예상하고 주변을 살폈는데 이번에는 작은 거북이의 머리가 잘린 채 죽어 있는 것이 아닌가? 이것은 주변을 자주 맴돌던 매의 짓인 것이다. 작은 동물의 죽음이지만 마음이 많이 아팠다. 그래서 한쪽에 잘 묻어주기는 했지만 며칠 동안 마음이 쓸쓸했다. 좀 큰 짐승들이 작은 짐승을 잡아먹는 것은 피할 수 없는 자연의 먹이사슬이다. 그래서 매들은 동산에서 많은 다람쥐들을 잡으려고 거의 하루 종일 한 나무 위에서 땅 쪽을 쏘아보며 기다리기도 한다. 그것을 잡지 못하면 자기도 배가 고프기 때문에 어쩔 수 없는 일이라는 것을 인정한다.

그런데 내가 좋아하는 거북이를 잃은 것은 마음을 아프게 했다. 작은 돌멩이 위에서 한가롭게 햇볕을 즐기던 거북이인데 갑자기 사라지니 안타까운 마음이 들었다. 작은 금붕어들은 원래 움직임이 빠르기 때문에 살쾡이나 족제비도 그것들을 잡기 어렵지만 비교적 움직임이 느린 거북이는 공연히 밤 시간에 물 밖으로 나왔다가 희생이 된 것이다. 그래서 다시는 물에 사는 거북이를 기르지 않게 되었다.

텔레비전 방송에서는 "동물의 왕국" 같은 프로그램을 통하여 야생 동물의 삶과 죽음을 종종 보여준다. 예를 들어 사자는 강하기 때문에 자기가 살기 위해서 임팔라 같은 초식 동물을 공격하여 잡아먹는다. 우리가 그걸 막을 수는 없다. 그렇게 하지 않으면 이 지구상에서 모든 야생 동물이 사라질 수도 있기 때문이다. 그렇지만 사자나 치타같이 빠른 동물을 피하여 목숨을 걸고 도망치던 사슴이나 임팔라 같은 동물이 죽어가는 모습을 보는 것은 결코 즐겁지 않다.

우리는 세계 각처에서 벌어지는 자살 폭탄과 테러로 인하여 수많은 사람들이 죽어가는 소식을 보고 듣는다. 이제는 그런 일들이 너무 자주 일어나기 때문에 그런 소식을 접해도 우리가 받는 충격이 많지 않아 보인다. 혹시 우리 마음이 그런 것에 익숙해진 것인가? 아니면 마음이 강퍅해지는 것은 아닌가? 손바닥만한 거북이의 죽음을 통해서 삶과 죽음을 다시 생각하게 된다.

{서른다섯}

색소폰을 사랑하여

나는 어릴 적부터 노래 부르기를 좋아했다. 초등학교 시절에는 물론 동요를 좋아했고 조금 크면서 당시에 유행하던 "흘러간 노래"들을 많이 불렀다. 집에서 아버지가 자주 유행가를 부르셨고 또 그런 것들을 라디오로 들으면서 자랐기 때문에 유행가의 가사 내용도 잘 모르면서 당시에 유명한 황금심, 고복수, 남인수, 이난영, 백년설 같은 가수들의 노래를 자주 불렀다.

그런데 청년 시절에 적극적으로 교회 생활을 시작하면서 찬송가를 배우고 또 자주 부르게 되었다. 교회 성가대에도 참여하여 열심히 연습했고 또 혼자서도 많이 불렀다. 그리고 어릴 적부터 집에서 장난감으로 가지고 놀면서 불었던 하모니카로 처음엔 동요와 아리랑같이 쉬운 곡을 불었고 나중에는 찬송가만 아니라 가곡도 부를 수 있게 되었다.

유학 시절에도 하모니카를 품에 가지고 가서 가족이 보고 싶고 외로울 때에는 자주 불었다. 그리고 어느 중고품 가게에서 멋지게 생긴 아코디언을 값싸게 사서 혼자 연습도 해봤다. 멋진 장식품이 있는 이탈리아 제품인데 당장이라도 아름다운 음악이 나올 것 같아 보였지만 그건 나의 상상일 뿐이었다. 공부하느라 시간에 쫓기기도 했지만 아코디언을 혼자서 배우는 것은 여간 어려운 일이 아니었다. 방 한구석에 조용히 쉬고 있는 아코디언을 가끔 꺼내서 연주해보려고 하지만 생각처럼 되지 않았다. 그래도 언젠가는 개인교습이라도 받으려고 했는데 기회가 주어지지 않았다. 이제는 손주가 배우겠다고 가져갔는데 할아버지 대신 잘 배우기를 기대해본다.

수년 전에 어느 교인이 내게 알토 색소폰을 선물해줬다. 색소폰을 늘 갖고 싶었는데 악기 크기도 알맞고 또 배우기도 비교적 쉽다고 하여 새로운 도전을 시작한 것이다. 사실 나의 주치의 선생이 능숙한 색소폰 연주자이기 때문에 그렇게 되고 싶은 마음도 있었다. 그에겐 테너, 소프라노, 알토 등 각종 음의 색소폰이 있는데 지난 5년 이상 쉬지 않고 개인 교습을 받는다면서 하루라도 쉬면 음을 제대로 내지 못한다고 했다. 나는 뜻밖의 선물을 받고 흥분이 되어서 즉시 지도할 분을 찾았다. 마침 어느 교회의 집사 한 분이 군악대에서 색소폰을 불었고 지금도 강습을 한다는 말을 듣고 찾아가서 그다음 주간부터 일주일에 한 번씩 개인 교습을 받기 시작했다. 악기를 조립하는 것에서 비롯하여 처음엔 소리 내는 것부터 시작하여 가장 기본적인 것을 익혔다. 서너 달이 지나니 제법 내가 무슨 노래를 연주하는 것인지 알아차릴 수 있을 정도가 되었다.

약 6개월쯤 지났을 무렵 연 말에 교회에서 주일 예배 중 특별 연주를 시도했다. 그때는 무슨 배짱으로 그렇게 했는지 지금도 모르겠다. 쉬운 찬송가였지만 연주 도중에 가끔 "삑!" 하는 이상한 음이 나기도 했지만 용기 있게 한 곡을 다 불었다. 목사가 색소폰을 부는 것을 본 교인들이 즐거워하면서 크게 박수쳐 줬다. 내가 연주를 잘해서 교인들이 박수를 친 것이 아니라 "왕초급" 실력이지만 용감하게 색소폰을 불었다는 사실에 박수를 친 것을 눈치챘다.

언어와 악기는 계속해서 연습하지 않으면 잊어버린다는 것을 알면서도 그 후로 색소폰 불기를 연습하지 않았더니 거의 다 잊어버린 것 같다. 최근에는 인도네시아를 방문했을 때 거리에서 산 팬플루트를을 가끔 연습해본다. 유튜브에서 팬플루트 연주를 들었는데 참으로 아름다웠다. 나도 한번 불고 싶다는 마음에 책상 밑에 넣어두었던 팬플루트를 꺼내 몇 번 시도해보았다. 역시 제대로 배우지 않으면 안 되는 것이 악기다. 그렇지만 포기하지는 않았다. 언젠가 팬플루트로 볼리비아에서 유명한 곡들을 불어보고 싶다. 나에게는 꾸준히 연습하는 끈기가 더 필요한데….

{서른여섯}

메테오라의 수도원

2012년에 우리 부부를 포함해서 여섯 쌍의 동료 목회자 부부가 멋진 여행에 나섰다. 거의 1년 이상 매달 조금씩 돈을 모아 여행비를 준비했고 귀한 교제와 성경에 나오는 지역들의 현장 공부를 위하여 마음 준비도 단단히 했다. 이번 여행은 스페인과 그리스를 향한 것인데 아내가 여행사를 잘 설득하여 우리 12명을 한 팀으로 구성할 수 있어서 더욱 좋았다. 목사 부부들로만 구성된 그룹이어서 보다 자유롭고 또 함께 찬송하고 기도하는 것과 함께 교제하는 것도 편했다.

스페인에는 정말 볼거리가 많았다. 바르셀로나에 있는 사그라다 파밀리아 대성당은 1882년에 공사를 시작하여 아직도 공사가 진행 중인 거대한 성당이다. 유명한 건축가인 안토니오 가우디가 설계한 것인데 얼마나 섬세하고 탁월한지 보는 이로 하여금 감탄하게 한다. 그리고 우리가 기타 음악으로 알던 알람브라 궁전은 원래 아랍 군주의 저택이었는데 지금은 이슬람 박물관으로 사용되고 있다지만 흡사 아름다운 공원 같았다. 또한 화려한 구엘 공원은 가우디의 작품으로 찬란한 색상과 동화 같은 건축물이 우리의 눈을 현혹하는 것 같았다. 스페인 광장은 타일로 장식하여 유명하고, 몬주이크 언덕은 한국의 마라톤 선수인 황영조가 달렸던 곳이어서 더 인상적이었다. 근처에는 피카소 미술관이 있는데 그곳에 크리스토퍼 콜럼버스의 관이 있다고 한다. 또 거대한 세비아 성당도 화려하고 메스키타 바실리카, 알카사

르, 마요르 광장도 볼 만했다. 미겔 세르반테스가 지은 소설인《돈키호테》의 거만한 동상이 서 있는 곳도 보고 그가 무모하게 돌진했다고 하는 풍차의 언덕에도 올라가보았다. 돌산 위에 세워진 몬세라트 수도원은 교황이 방문할 정도로 유명한 곳인데 그 바위 위에 어떻게 그렇게 훌륭한 건축물을 세울 수 있었는지 신기했다. 톨레도도 유명한데 특히 기타를 생산해내는 세고비야의 어느 장인의 집을 들렀을 때에 한 기술자가 자기가 만든 기타로 멋진 음악을 들려줘서 잠시 작은 음악회 시간을 가졌다. 도시의 골목마다 곱게 칠을 한 이층집 창가에는 아름다운 꽃들을 놓았기 때문에 더욱 정겹게 보여서 가는 곳마다 함께 사진을 찍기도 했다.

스페인을 돌아본 후에 우리는 그리스로 갔다. 성경에 언급되고 있는 헬라가 그리스를 의미하기 때문에 관심이 더 많았다. 공항에서 버스로 아테네에 있는 숙소로 가는데 길에 사람들이 많이 모여 있었다. 그리스 정부 정책에 반대하는 군중들의 시위 현장이었다. 경제가 크게 파탄나서 생활이 어렵게 되자 사람들이 거리로 나선 것이다. 우리는 버스를 돌려 다른 곳을 통해서 숙소로 갔다.

다음 날에는 최초로 올림픽이 열렸던 아테네 올림픽 경기장을 둘러보았다. 현재 여러 나라에 건축된 올림픽 경기장에 비하면 빈약해 보이지만 1896년 당시에는 대단히 웅장하고 큰 스타디움이었을 것이다. 그리스에 가면 무엇보다도 꼭 찾아가는 곳이 아크로폴리스 언덕 위에 있는 파르테논 신전이다. 산 위에 돌로 되어 웅장하게 서 있는 사진을 많이 봤는데 현장에 와서 보니 과연 규모가 대단했다. 그런데 지금도 계속해서 수리 중이다. 그 주변에도 많은 신전이 있는데 정말 그 당시 사람들이 하나님 외에 많은 신들을 숭배했던 것을 실감할 수 있었다. 아테네 시내에서 멀지 않은 곳에 사도 바울이 복음을 외쳤던 언덕이 있다. 모든 사람은 세상에 왔다가 세월이 지나면 다 떠나지만 그 바위 강단은 여전하였고 거기서 멀리 시민 광장인 아고라를 볼 수 있었다. 지금도 배가 지나는 고린도 운하 위에서 잠시 쉼을 가졌고 주변에 가득한 신전터들을 보았다. 파르테논 신전으로 올라가는 길에는 철학자 소크라테스의 돌무덤이 있다. 굴처럼 생긴 곳인데 소크라테스가 악법도 법이라는 유명한 말을 남기고 독배를 마시고 죽은 곳이어서 지금도 관광객의 발걸음이 잦은 곳이다.

그리스 여행 중에 나에게 가장 깊은 느낌을 준 백미는 위험해 보일 정도로 높고 기둥같이 솟아 있는 바위산 위에 세운 수도원들이다. 메테오라 지역의 수도원은 자연사암 위에 세웠는데 속세로부터 떨어져 고요한 시간을 갖길 원한 수도사들이 위험을 무릅쓰고 밧줄을 타고 오르내리던 곳이다. 지금은 수도원으로 통하는 좁은 통로가 생겼지만 아직도 물건을 광주리에 담아 도르래로 올리기도 하고 작은 케이블카로 이동하기도 한다. 위험천만해 보이는 현장이다. 그중 한 수도원 안에 들어가보니 돌벽에 성화들이 가득하고 아직도 소수의 수도사들이 그곳에서 생활하는 모습을 볼 수 있었다. 복잡한 세상에서 멀리 떨어져 살려는 의도는 이해하지만 마음속의 소음은 어떻게 다스릴까 생각했다.

스페인과 그리스 여행은 여러모로 나에게 유익한 것이었다. 무엇보다도 마음에 큰 부담 없이 여유 있게 다닐 수 있었고 세계를 향한 나의 눈이 조금 더 넓게 열린 것이다. 그리스의 아테네 언덕에서는 아직도 사도 바울이 우상을 섬기지 말라고 외치는 음성이 들리는 것 같았다. 이에 아직도 각종 현대적인 우상을 섬기는 세상을 향한 나의 외침도 쉬지 않아야겠다는 생각도 해본다.

{서른일곱}

오로라를 보았다

알래스카는 여러 번 다녀왔다. 어느 교회의 집회를 하러 갔을 때는 싱싱하고 커다란 연어로 요리한 음식을 많이 먹었고 또 다른 교회에서 부흥회를 인도했을 때는 한 교인과 함께 몇 시간 동안 운전하여 거대한 빙산을 보기도 했다. 바로 눈앞에서 빙산 일부가 무너져 내리는 것을 보는 것은 장관이었다.

그런데 내가 알래스카를 방문한 것은 대개 겨울철이 아니어서 추운 줄 몰랐는데 이번 방문은 12월 중의 깊은 겨울에 가게 되었다. 일기 예보를 보니 날씨가 매우 춥다고 한다. 알래스카에서 목회하는 한인 목사들이 목회자 세미나를 열고 나를 강사로 청한 것이다. 그곳이 많이 춥다는 말을 들었기 때문에 두툼한 옷들을 껴입고 갔다.

공항에서 안내하는 목사를 만나 세미나 장소까지 가는데 꽤 멀었다. 아마 쉬지 않고 다섯 시간쯤 걸린 것 같다. 가는 도중에 보이는 것이라고는 하얀 눈이 덮인 허허벌판뿐이다. 시내를 벗어나니 정말 집 한 채도 보이지 않았다. 나는 속으로 길을 잘못 든 것은 아닌지 조금 염려했다. 그래도 운전하는 이는 전에 그곳에 가봤으니 길을 잘 안다면서 나를 안심시켰다.

그렇게 한참을 달려서 해가 거의 질 때쯤 되었는데 저 멀리 흰 눈밭 가운데 덩그러니 집 한 채가 보였다. 내가 도착했을 때 그곳에는 한인 목회자 10여 명이 이미 와 있었다. 그곳은 미국인과 결혼해서 사는 한국인 부인의 개인 집인데 방이 여러 개 있어서 종종 한인 교회나 목회자들이 수련회와 세미나 같은 모임 장소로 활용하는 곳이란다. 마침 미군에 복무 중인 아들이 휴가를 받고 나와서 어머니를 돕고 있었다. 밖은 살을 에이는 듯 매서운 날씨지만 집 안은 훈훈하고 아늑했다.

세미나는 소규모였기 때문에 강의도 하고 토론도 하며 좋은 교제의 시간들을 가졌다. 마침 그 중에는 내가 한국에서부터 알고 있던 한 목사가 있어서 반갑게 인사를 나눴다. 음식은 그 집 부인이 만들어냈는데 한식과 양식을 퓨전으로 만들어서 맛이 좋았다. 그런데 그날 저녁에 한쪽 방에서 소동이 났다. 바깥이 너무 추운데 안은 더워서 그러했는지 수도관이 터져서 물줄기가 방에 쏟아져내린 것이다. 수도관을 막아야 하는데 어디에 잠그는 손잡이가 있는지 몰라서 한바탕 소동을 피우다가 간신히 찾아내어 물을 막았다.

둘째 날이 되었지만 밖이 너무 추워서 하루 종일 실내에서만 세미나를 진행하고 교제를 나눴다.

그런데 그날 밤 우리는 멋진 경험을 했다. 자정이 가까운 밤에 갑자기 모두 잠자리에서 일어나라는 소리가 들렸다. 그 집 아들이 큰 소리로 우리 모두를 깨웠다. 그날 밤 자정쯤에 하늘에 오로라가 나타난다는 것이다. "그걸 어떻게 알았을까?" 오로라는 겨울 밤마다 나타나는 것이 아니라 가끔 보이는데 오로라가 보이는 밤이 되면 지역 방송국에서 라디오를 통해 광고를 보낸다는 것이다. 그런데 바로 그날 저녁에 라디오에서 오로라 광고가 나왔다는 것이다. 우리는 자다 말고 모두 벌떡 일어나 담요를 뒤집어쓰고 밖으로 달려나갔다.

정말 깜깜한 밤 하늘에는 마치 레이저 광선으로 홀로그램을 그리듯이 초록색의 오로라가 황홀하게 율동하고 있는 것이다. 병풍 같기도 하고 큰 무대의 커튼이 펄럭이는 것 같기도 한데 하늘 전체를 이리저리 움직이며 멋진 광경을 연출하고 있었다. 사진과 영화에서나 보던 오로라를 내가 눈으로 직접 보니 참으로 좋았다. 이것도 여행을 다니다 보면 뜻밖에 만나는 선물일 것이다.

{서른여덟}

단잠이 꿀잠

예전에 어르신들은 "나이가 들면 밤잠이 없다"는 말을 했다. 그래서 그런지 나의 할머니는 거의 매일 꼭두새벽에 일어나서 무엇인가 부스럭부스럭 움직이시는 바람에 잠을 설친 적이 많았던 기억이 난다. 그런데 나는 나이가 조금씩 더 들어가면서도 여전히 잠이 많다. 거의 매일 밤에 단잠을 잔다. 잠자리에 눕기만 하면 어느새 꿈나라로 스며들어간다. 거의 매일 밤 "개꿈"도 꾸지 않고 푹 잘도 자는 것이다. 그리고 자다가 밤에 깨어나지 않고 단번에 아침까지 잔다. 어떤 이들은 하룻 밤에도 두세 번 깨어서 다시 뒤척거리다가 잠이 든다고 하니 단잠을 자는 것은 큰 행복이 아니겠는가!

어떻게 하면 매일 단잠을 잘 수 있을까? 왜 아침에 일찍 일어나지 못하는가? 대답은 간단하다! 별로 중요하지도 않은 것들 때문에 밤에 늦게 잠자리에 들기 때문이다. 어떤 사람은 늦도록 일하기 때문에 일찍 잠자리에 들 수 없다. 그리고 어떤 사람들은 어린 애들이 잠을 자지 않기 때문에 애들을 재울 때까지 버텨야 하고, 어떤 사람은 늦도록 공부하기 때문에 그리고 또 어떤 사람은 늦도록 텔레비전을 보거나 인터넷을 사용하기 때문에 늦게 잠들게 된다. 그런데 그런 것은 일종의 습관이 된다. 할 일이 너무 많은데 어떻게 일찍 잘 수 있느냐고 반문할 사람도 적지 않을 것이지만 그래도 잠을 제대로 자야 건강을 유지한다.

그런데 생각해보라! 하나님이 각 사람에게 분배해주신 하루의 시간은 아무도 예외가 없이 24시간이다. 부자나 가난한 사람이나, 권력자나 노숙자나, 또한 어른이나 아이나 모두 같은 분량의 시간을 할당받았다. 문제는 그 정해진 분량의 시간을 어떻게 지혜롭게 그리고 효율적으로 사용하는가 하는 것이다. 자신의 생활을 자세히 들여다보면 허비하는 시간이 적지 않다. 혼잡한 도로에서 운전하면서 길에서 보내는 시간, 스마트폰에서 별로 중요하지도 않은 프로그램을 보면서 보내는 시간, 삶의 염려 때문에 고민하고 걱정하면서 불편하게 보내는 시간, 또는 아무것도 하지 않고 멍청하게(?) 낭비하는 시간 등 우리 중에는 시간을 지혜롭지 못하게 쓰거나 어쩔 수 없이 시간을 빼앗기고 또 허둥대면서도 별로 성취한 것이 없는 사람이 있다.

잠자기 전에 인터넷이나 스마트폰을 오래 보는 것은 단잠을 방해한다. 눈으로 본 영상들이 뇌 깊은 곳에 잔재로 남아서 깊은 잠을 훼방한다는 것이다. 언젠가 후배 교수가 말하기를 자기는 잠들기 전에 좋은 책을 읽는다고 했다. 긴장을 가져오는 것이나 두려움을 주는 내용이 아니라 마음을 편안하게 하는 수상집이나 또는 경건한 신앙서적을 읽는데 그것이 잠을 자는 데 분명히 도움이 된다는 것이다.

아침 조용한 시간을 잠으로 보내는 것은 정말 "버리는 시간"이라는 생각이 든다. 주변이 시끄럽고 마음이 분주한 낮 시간이나 피곤이 몰려오는 저녁과 밤 시간보다 몸의 모든 기능이 다시 깨어나서 새 힘이 솟기 시작하는 이른 아침 시간에는 무엇을 하든지 그 효과가 높다고 한다. 예를 들어서 책을 읽거나 운동을 하거나 어떤 것을 해도 하루 중의 다른 시간보다 더 잘할 수 있다는 것이다.

나는 오래전부터 일찍 자고 일찍 일어나는 습관을 길들였다. 가능하면 늦은 시간에 외부 약속을 잡지 않고 또 할 수만 있으면 낮 시간에 열심히 몸을 움직이고 정한 시간에 잠자리에 드는 것이다. 어떤 중요한 약속과 행사가 있어도 그것이 밤늦은 시각에 열리는 것이면 조심스럽게 사양한다. 나는 대략 밤 10시 정도가 되면 하던 일들을 멈추고 침상에 든다. 마음을 평안하게 하는 책을 30분 정도 읽고 기도하고 잠을 청한다. 습관은 그렇게 조금씩 익숙해지는 것이다. 성경에 나오는 다윗왕의 말처럼 새벽을 깨우는 부지런한 사람이 하루를 보다 상쾌하고 활기차게 살 것이다.

{서른아홉}

장(長) 자리는 없어도

몇 년 전에 아프리카를 방문할 때였는데 현장에 가기 위해서 하루 머물던 곳에서 뜻밖에도 낯선 한인과 마주하게 되었다. 나는 어느 치과의사와 함께 치료도 하고 설교도 하기 위해서 여러 개의 지원 보따리를 가지고 마치 전쟁터에 가는 것처럼 작업복을 입고 갔는데 그 한국인은 동행자와 함께 정장을 차려입고 있어서 어느 회의에 참석하러 그곳에 온 것으로 보였다. 나는 전에 그를 만난 적이 없기에 목례를 했는데 그는 나에게 명함을 주었고 그와 동행하던 사람이 그를 나에게 간단히 소개해주었다. 한마디로 해서 한국에서 잘나가는 "대단한"(?) 사람이라는 것이다.

마치 나만 그 사람을 모르는 것처럼 생각할 정도였다. 그런데 나를 더 놀라게 한 것은 그가 내게 내민 명함이 네 페이지였다는 것이다. 일반적으로 명함은 한 장으로 되어서 앞면에 직책과 이름이 있고 간혹 뒷면에는 영어로 써 있기도 한데, 그때 내가 받은 명함은 네 페이지가 모두 한글로 되어 있었고 약 20가지 정도의 많은 직책이 작은 글씨로 빼곡하게 적혀 있었다.

그 명함에는 모모 단체의 고문이 여럿이었고, 여러 기관의 위원이 가장 많았으며, 또 어느 단체의 지도위원 같은 것들이 있었다. 그리고 맨 밑에 어느 교회 당회장이라고 쓰여 있었다. 그것을 보고야 그분이 목사라는 것을 알 수 있었다. "매일 전심을 다해도 힘든 것이 목회인데 교회 담임목사이면서 거의 20가지가 넘는 직책을 어떻게 감당하지?" 나 혼자 속으로 생각한 것이다. 중요한 단체에서 책임자가 되는 것은 그만큼 짐이 무거운 것이지만 솔직히 말해서 그 많은 직책 가운데 별로 눈에 띄는 것은 없었던 것으로 기억된다. 그분은 장(長) 자리를 무척 좋아하는 것 같았다.

사람들은 너나 할 것 없이 기왕이면 높은 자리 곧 장 자리를 원한다. 아무리 작은 단체에서라도 장이 되어야 목에 힘을 줄 수 있고 또 규모가 큰 단체의 장이 되면 여로모로 각종 혜택도 오기 때문일 것이다. 주변 사람들에게 조금이라도 인정을 받으려면 명함을 내밀 수 있는 "장 자리"가 필요해서 그럴 것이다. 특히 이민 사회는 본국보다 활동 범위가 많이 좁은데 그 안에 수 많은 단체가 난무하고 있다. 심지어 애매모호한 단체도 많은데 그곳에서도 장이 되려고 갈등하는 것을 많이 보았다. 그래서 어느 노인 목사는 "장 자리 욕심"을 힐난하면서 결국 모두 "송장"이 된다고 하여 웃은 적이 있다.

내 이력서에는 그런 "장" 자리가 눈에 띄지 않는다. 실제로 초등학교 때부터 한두 번 학급의 반장으로 뽑힐 수도 있었는데 내가 자원해서 "총무"나 "서기"를 원했다. 아마 난 칠판에 분필로 글씨 쓰기를 좋아하기 때문에 그랬던 것 같다. 중학교 때에도 성적은 우수했지만 반장을 사양했는데 다만 대학 시절에 내가 원하지도 않았는데 어느 학생 단체의 회장으로 뽑혀서 고생한 적(?)이 있었다.

사람은 누구나 남으로부터 섬김을 받기를 원한다. 그래서 직장에서나 단체에서 조금이라도 남보다 더 높은 자리를 원한다. 실제로 우리 사회에서는 남보다 조금 더 가진 사람의 목소리가 더 크고 좀 더 배운 사람과 좀 더 강한 사람이 비교적 더 나은 대우를 받는다. 그래서 요즘 사회에서 자주 문제가 되고 있는 이른바 "갑질"이 심각한 것이리라. 남들보다 직위가 높아지거나 더 많이 배우는 것 자체는 귀하고 필요한 것이다. 그렇지만 이 사회는 서로 경쟁적으로 더 많은 섬김을 받으려고 하기 때문에 늘 갈등이 그치지 않는다. 남의 발을 씻겨주는 것보다 자기 발을 내밀면서 "내 발을 씻기시오"라고 말하기 때문에 다툼이 생기는 것이다.

이 세상에서는 자기 밑에서 섬겨주는 사람들이 많을수록 힘을 많이 가진다. 그래서 만일 누군가 남을 섬기는 사람이라면 사회 계층에서 낮은 곳에 처해 있을 것이라고 단정하게 된다. 그런데 성경은 현실과 전혀 다르게 교훈하고 있다. 남을 섬기는 것이 섬김을 받는 것보다 더 귀하고 더 아름답다는 것이다. 예를 들어 약한 노인을 위해서 계단에서 손을 잡아주거나 차를 탈 때 도와주는 사람은 그 사람보다 젊거나 건강한 사람일 것이다. 그런 작은 섬김은 대수롭지 않게 보이지만 그런 섬김을 받는 이는 마음에 감사가 생기고 또 섬기는 사람도 기쁘게 된다. 우리 사회와 가정과 교회에서도 사람들이 서로 섬기려고 한다면 얼마나 더 아름다울까!

{마흔}

평생 배우는 기쁨

우리 일생은 나는 무엇인가를 배우면서 지낸다. 우선 가장 어릴 적에는 가정에서 말과 생활을 배운다. 부모가 경상도 출신으로 그곳 지방 사투리를 자주 쓰면 아이도 자연스럽게 그 말을 배우고 전라도 출신이면 전라도 사투리를 배운다. 나의 막내 여동생은 서울에서 태어나서 성장했지만 충청도 신랑을 만나 지금은 대전에 산다. 이미 손주를 가진 나이가 되었는데 어느새 대화 중에 충청도 사투리가 섞여 나오는 것을 보았다. 주변 사람들이 그 지방 말을 사용하니 자신도 모르게 배운 것이다.

또한 부모의 출신 지방 음식을 먹으며 자라는데 아이들에게는 선택의 여지가 없다. 청소년이 되면서부터 배움의 상대가 다양해진다. 친구들과 어울리면서 그들의 문화와 언어를 익히고 또한 인터넷과 SNS를 통해서 각종 지식을 습득한다. 그리고 청년과 중년이 되면 사회와 직장에서 자연스럽게 배우기도 하지만 장년이 지나면서부터는 배우는 것이 감소한다. 대체로 직장일로 시간에 쫓기고 가정과 사회에서의 책임감 때문에 무엇을 배운다는 것은 엄두도 내지 못한다. 또 비용도 만만치 않기 때문에 배울 생각을 하지 못하기도 한다.

그러다가 노년의 시기에 이르면 아예 배우는 것을 그치는 이들이 많다. 이제는 남들이 하는 것을 멀리서 구경하거나 옛날을 회상하면서 지내는 것이 일반적이다. 그러나 배우기를 그치면 쉬 늙고 약해진다는 사실은 이미 여러 연구를 통해서 입증된 결과다. 새로운 언어를 배우거나 취미 생활과 관련된 것을 꾸준히 배워도 치매 예방에 크게 도움이 된다고 하지 않는가? 이미 80세가 된 어느 노학자는 은퇴한 후에도 무엇인가 열심히 배우더니 젊어서부터 배우고 싶었던 것을 근래에는 방송통신대학 과정을 통해서 즐겁게 배웠다고 한다. 그것을 배워서 경쟁적으로 취업에 뛰어들 것도 아니어서 쫓기지 않는 여유를 가지고 행복하게 배웠다고 했다. 그렇게 배우기를 좋아하는 사람은 "누추하게" 늙지 않을 가능성이 많다.

요즘엔 지역마다 이른바 "노인대학" 같은 클래스들이 많아서 노년층에 속한 이들이 많이 참석한다. 예를 들어 그림반, 수예반, 악기 배우기, 가벼운 댄스 교실, 수공예반, 영어반, 그 외에도 다양한 과목이 제공되기 때문에 배우고자 하는 마음만 있으면 기회는 상당히 많다. 가까운 곳에 YMCA가 있는데 그곳에서는 수영반, 탁구교실, 컴퓨터반을 비롯한 많은 클래스가 제공되고 있다.

나는 배우기를 좋아하는 편이다. 청년 시절부터 교회와 관련된 일에 몰두하였고 결국 신학대학 교수와 목사로 대부분의 시간을 보내다가 수년 전에 은퇴했다. 그렇지만 배우기를 그친 것은 아니다. 우선 언어를 배우는 것에 관심이 많아서 인근에 있는 학교에 등록하여 스페인어를 수강했다. 그리고 아침에 운동할 때는 귀에 리시버를 꽂고 중국어 회화를 반복해서 따라 했다. 한 가지 표현을 50번 또는 100번쯤 반복하면 익숙해진다는 말에 열심히 해봤다. 언어는 반복적인 연습이 가장 중요한데 근래에 와서 복습을 게을리하니 외웠던 것들을 많이 잊어버렸지만 그래도 스페인어와 중국어가 조금씩 귀에 들린다. 몇 년 전 중국을 방문했을 때도 몇 마디 중국어를 할 수 있었던 것이 신기했다. 요즘엔 유튜브로 언어 강의를 들을 수 있어서 다시 스페인어를 공부하고 있다. 영어와 비슷하여 배우기가 비교적 쉽다. 그리고 지난 2년 동안에는 일주일에 하루씩 히브리어를 공부했다. 이스라엘에서 태어났고 가르치는 일에 경험이 많은 유대인 노인이 지도하는데 배우는 것이 재미있다. 전에 학교에서 배우다가 중단한 성경의 히브리어를 배우는 것은 학생 시절에 시험에 눌려서 하는 것과 달리 조금씩 배우고 익혀가기 때문에 흥미롭다. 그동안 공부에 상당한 진전이 있어 보여서 꾸준히 공부하여 어느 날부터 구약 성경의 히브리어 원전을 시원시원하게 읽고자 하는 "야무진" 열망이 있다. 그림 그리는 것도 즐기기 때문에 수채화 교실에 참석할 것을 고려 중이고, 그 대학에서 제공하는 컴퓨터 웹디자인도 배우고 싶다. 아무것도 안 배워도 세월은 가는데 그렇게 하면 남는 것이 없을 것이지만 무엇을 배우면서 세월을 보내면 그만큼 소득이 있지 않겠는가? 그리고 배운 만큼 남을 가르치거나 재능기부를 할 수 있으면 더 보람될 것이다.

{마혼하나}

좋은 만남들

우리 인생은 갖가지 만남으로 이뤄져 있다. 자칫 잘못된 만남으로 인생이 어둡고 힘들게 되는가 하면 좋은 만남으로 밝고 힘찬 삶을 살기도 한다. 마치 밝은 빛을 만나면 마음까지 밝아지는데 눅눅하고 축축한 동굴에 들어가면 두려움과 어둠이 마음까지 덮는 것과 같다. 그런데 누구에게든 이 두 종류의 만남은 있게 마련인데 불행한 만남은 잊어버리고 행복한 만남들을 기억하는 것이 좋겠다.

누구나 일생에 가장 먼저 만나는 것이 부모다. 부모가 기대하던 아기의 출생을 기뻐하고 축하할 때 우리의 인생은 행복하게 시작된다. 아기는 자기 자신에 대해서 아무것도 염려할 것이 없다. 먹고 입고 잘 곳이 마련되어 있고 부모의 사랑으로 보살핌을 받으며 자란다는 것은 얼마나 행복한 일인가! 사실 현실 세상에는 원치 않는 고아와 난민이 되어 정처 없이 이곳저곳을 떠돌며 배고픔과 불안과 공포에 떠는 부모를 잃은 아이들이 얼마나 많은가! 테러와 전쟁이 그치지 않는 곳에서 매일 포탄 터지는 소리를 듣고 주검을 보면서 산다는 것은 너무도 끔찍한 일이다. 전쟁이 없는 평화 가운데 사는 것 자체가 큰 복이다.

나는 한국전쟁 직전에 태어나 서너 살 될 때 부모를 따라 피난살이를 했다. 밤이 되면 머리 위로 불덩이 같은 폭탄이 날아가고 멀리서 평평 대포 소리가 들렸다. 생생하게 기억하지는 못하지만 나는 엄마 등에 업혀서 피난길에 올랐고 부산 지역에서 얼마간 아주 불편한 생활을 했던 것 같다. 움막같이 지붕이 내려앉은 좁은 집에서도 잠시 지냈고 일본식 가옥의 한쪽 방에서 온 식구가 살기도 했다. 전쟁이 끝나서 서울 집으로 다시 올라왔을 때 우리집은 많이 망가져서 아버지가 한동안 집을 수리해야 했다. 아버지는 형과 함께 마루 밑을 파서 방공호를 만들었는데 나는 거기서 파낸 흙을 퍼 날랐던 기억이 난다. 가난한 가정이었지만 그래도 부모와 형제와 할머니와 함께 웃으며 지냈던 소년 시절이었다.

그다음에 나의 삶의 방향을 이끌어준 만남은 중학교 시절의 선생님이었다. 기하를 가르치는 예민하고 지혜로운 선생님이었는데 내가 가장 힘들 때에 큰 힘이 되고 인도자가 되셨기 때문에 평생 잊지 못하는 것이다. 그리고 대학 시절에도 내가 많이 실망하고 있을 때 계속 공부할 수 있도록 격려하고 길을 열어주신 교수님이 있다. 후에 알고 보니 그분은 서울의 어느 유명한 교회의 장로님이셨는데 한국에서는 명강사로 소문나 있었다. 강의 시간에 한번도 졸거나 지루하다는 생각을 하지 않을 정도로 흥미롭게 강의하셨던 것을 기억한다.

많은 갈등을 갖고 있던 대학 초기에 나를 신앙의 길로 인도한 선배들이 있다. 그들도 한때는 나와 같이 삶과 신앙에 대한 갈등과 질문이 많았다고 하는데 신앙이 확고해진 후부터는 후배들을 위해서 많은 것을 헌신해주었다. 성경에 대한 나의 끝없는 질문에 대해서도 잘 답변해주었고 개인적인 고민도 경청해주었다. 아무도 완벽한 사람은 없었지만 그래도 그들의 삶이 나에게는 좋은 본보기가 되기도 했다. 또한 내가 목회자의 길을 가도록 격려하고 도운 선배 목사님도 기억난다. 앞으로 어떤 직업을 갖고 어떻게 살까를 심사숙고하는 때에 그 분들을 통해서 목회자가 되는 길에 들어섰고, 전도자로 사는 것이 얼마나 큰 복인지를 알았으며 바르게 바로 사는 길이 어떤 것인지를 많이 배웠다.

가장 귀하고 복된 만남 중의 하나는 아내를 만난 것이다. 같은 대학교에 다니면서 청년 성경 공부 모임에 참석하면서 알게 되었는데 한 번도 데이트나 연애를 해본 적이 없던 나로서는 여자를 사귀는 것이 여간 어렵지 않았다. 그렇지만 언젠가 선배의 도움으로 용기를 내어 프로포즈를 했고 놀랍게도 그것이 받아들여진 것이다. 그것이 내 생애에 처음이자 마지막 데이트 신청이고 또 연애였다. 아내는 나에게 부족한 부분을 많이 갖고 있어서 내가 무슨 일에 망설이거나 결정하지 못하고 고민할 때에 지혜롭게 도와주는 일이 많았다. 이미 결혼한 지 40여 년이 훨씬 지났지만 나는 여전히 많은 면에서 아내를 의지하는 것 같다. 내 마음에 정직한 고백 가운데 하나는 "내가 참 결혼을 잘했다"는 것이다. 성격이 서로 많이 달라서 종종 티격태격하지만 서로 보완하면서 살 수 있어서 참으로 감사하다.

이 모든 만남보다 내 생애에 가장 위대한 만남은 청년 시절에 예수님을 만난 것이다. 예를 들어서 이광수의 소설을 읽고 작가를 만나는 것이나 가곡을 들으면서 작곡가와 만나는 것처럼 나는 성경을 읽으면서 예수님을 만나게 되었다. 그런데 그 만남은 소설가나 시인들과 책으로 만나는 것과는 전혀 다른 인격적인 만남인 것이다. 그리고 그 만남은 잠시 스쳐 지나가는 것이 아니라 한평생 나의 삶을 이끌고 가는 원동력이 되고 있다. 유명한 전도자 빌리 그레이엄 박사는 "당신은 하나님이 살아 있다는 것을 어떻게 압니까?"라는 어느 기자의 질문을 받고 이렇게 답변했다고 한다. "나는 오늘 아침에도 그분과 대화하고 나왔습니다."

우리는 모두 좋은 만남으로 행복한 삶의 길을 찾아갈 수 있다. 그런데 누구를 만나는가 하는 것보다 더 중요한 것은 내가 어떤 사람이 되는 것이다. 완벽한 사람을 만나려고 기대하기보다는 내가 보다 나은 사람이 되는 것이 더 중요할 것이다. 즉 나를 만나는 사람이 그 만남을 통해서 삶의 길을 발견하거나 인생의 목적과 의미를 찾게 된다면 얼마나 좋은가!

{마흔둘}

중국인 며느리

두 아들은 모두 미국에서 중고등학교와 대학을 다녔다. 그 가운데 큰아들은 대학 시절 만난 여학생과 졸업한 후에도 상당한 기간에 걸쳐 데이트를 했다. 어느 날 아들이 우리 부부의 의사를 물었다. 외국인 며느리가 들어와도 괜찮은가 하는 것이다. 상대는 미국에서 태어난 이른바 중국계 자매이다. 그 말을 듣고 나도 처음에는 속으로 놀랄 수밖에 없었지만 아들이 평생 미국에 살 것이니 외국인 며느리가 생겨도 잘못된 것은 아닐 것이라는 생각이 들기도 했다. 비록 그 여자 아이가 대학에서 한국어 강의를 들었다고 하지만 아주 짧은 표현밖에는 할 수 없는 수준이어서 우선 언어가 자유롭게 통하지 않을 것이고, 성장하면서 익힌 생활 습관이 많이 달라서 생활이 불편할 것을 아내는 걱정하였다. 다행스럽게도 교회 생활도 착실하게 하는 기독교인이고 또 마음도 착해서 성실하게 살 수 있지만 시어머니와 며느리가 다정한 대화를 나눌 수 없을 것이 뻔했다.

눈치를 살피던 아들은 만일 엄마가 반대하면 교제를 다시 생각해 보겠지만 그래도 원하기는 결혼을 허락해달라는 속셈이다. 우리 부부는 얼마 동안 심사숙고하였다. 결론은 결혼 생활은 부모가 하는 것이 아니라 아들과 며느리의 삶이기 때문에 끝까지 반대하는 것도 지혜롭지 못하다는 것이였다. 그래서 아들은 나의 주례로 은혜로운 결혼예식을 하고 부부가 되었다.

큰아들에게는 아이가 셋인데 학교와 집에서는 영어로 말하고 우리와 만날 때에는 몇 마디 한국어를 하는 정도이다. 그리고 아이들은 엄마와의 대화 중에는 중국어도 섞어 쓴다. 그래서 큰손자는 나에게 "할아버지, 나는 세 나라 말을 할 수 있어요"라고 자랑하기도 한다. 한 가지 아쉬운 것은 큰아들의 아이들과 더 다정다감한 말을 나누기 어렵다는 점이다. 그래도 손주들은 할머니와 할아버지가 자기들을 사랑하는 것을 알기 때문에 만나기만 하면 달려와 가슴에 안긴다. 그런데 음식 차이도 컸다. 중국 음식은 대개 볶고 끓이는 것이 많은데 아들은 김치를 비롯한 한국 음식을 더 좋아하여 아내는 종종 한국식 반찬을 만들어 보내기도 한다. 또 중국인 남편들은 살림살이를 많이 맡아 하고 또 음식도 잘 요리하는 것으로 이미 알려져 있는데 아들이 그 부분을 어떻게 처리하는지 궁금하기도 하다. 한편 작은아들은 한국인과 결혼해서 집에서도 한국어로 말한다. 그래서 작은아들의 손주들과는 상당히 친밀하고 대화가 잘 통하니 다행스런 일이다.

내가 어렸을 적만 해도 한국에서는 "단일민족"이라는 것을 자랑하고 또 강조했다. 흰옷을 좋아하고 단군의 핏줄을 이어받은 혈통이라고 늘 들었지만 오늘과 같이 전 세계가 한 지붕처럼 된 시대에는 한국도 다민족 사회가 되었고 또 유대인들처럼 자기 핏줄만 고집하는 것이 꼭 필요하지도 않다. 이제는 나도 전 세계를 여행하면서 다양한 문화와 음식과 언어를 경험할 뿐 아니라 실제로 우리가 사는 동네에도 집집마다 다른 종족이 살기 때문에 중국인 며느리에 대한 "아쉬운" 감정은 없다. 다정한 대화는 별로 없어도 모두 사랑하고 또 부모를 존중하는 며느리가 사랑스럽다. 이런 세계화 시대에 미국에 살면서 단일

민족을 강조하는 것은 별로 의미가 없어 보인다.

{마흔셋}

결혼 40주년을 기념하여

지난 20여 년 동안 세계 각처의 선교지를 방문했다. 어떤 나라는 기독교 활동이 엄격하게 금지되어 있어서 마치 비밀요원처럼 소리 없이 이곳저곳을 다녔고, 신분이 드러나지 않기 위해서 긴장하며 숨어서 성경을 지도하기도 했다. 인도와 네팔과 부탄 국경이 맞닿은 히말라야 지역 산속에서 그곳 전도자들을 대상으로 성경 교육을 할 때에는 낮 기온이 거의 섭씨 45도가 넘을 정도로 뜨거웠다. 땀을 비 오듯 흘리면서 강의를 하는데 100여 명의 참석자들은 덥지도 않은지 꿈쩍도 하지 않고 열심히 경청하는 것이다. 그들 중의 다수는 예수를 믿으라는 하나님의 음성을 듣고 교회에 찾아왔으며, 꿈에 환상을 보거나 중병에서 예수의 이름으로 고침을 받고 신앙을 갖게 되었다는 사람도 있었다. 기적은 아직도 우리 주변에서 종종 일어나고 있는 것을 보았다. 기독교에 대해 비교적 호의적인 지역에서는 마음 편하게 전도하고 교육도 할 수 있어서 좋지만 공산권에 속한 나라에서 근래에 신앙을 갖게 된 사람들에게 일반 주택에 숨어서 세례를 줄 때에는 긴장감과 흥분이 섞이기도 했다.

그동안 내가 방문한 선교지역들은 거의 다 가난한 사람들이 많고 환경도 그다지 좋지 않은 곳들이었다. 세계의 빈국 중 하나인 방글라데시아의 형편도 아주 어려웠고, 인도의 어느 지역에서는 흙탕물로 보이는 강물에 정성스럽게 몸을 씻느라 분주한 이들을 보았는데 바로 그 곁에서 금방 시체의 화장을 끝낸 재를 물에 뿌리는 것도 보았다. 그 물에 어떤 신통한 효력이 있는지 알 수 없지만 그들의 신앙심만은 아무도 따라가기 어려워 보일 정도였다. 어느 집 대문에는 불교, 유교, 힌두교, 기독교, 천주교, 시크교, 옴교, 이슬람교 등 각종 종교 표시를 한꺼번에 그려놓아서 모든 종교를 포용한다는 뜻을 보이기도 했다.

그런데 평생 처음으로 결혼 40주년을 맞아 선교의 부담이 없는 북유럽 여행을 다녀오는 기회가 있었다. 이번 여행은 아내와 함께하는 결혼 기념여행이었다. 전문 여행사에서 세운 일정에 따라 나섰는데 비행기와 배와 버스를 갈아타면서 유럽의 몇 나라를 돌아볼 수 있었다. 네덜란드와 덴마크 그리고 핀란드와 스웨덴은 단 하루 동안씩 시내를 돌며 중요한 곳들을 돌아보았는데 그 가운데 노르웨이에서는 며칠 동안 여러 군데를 볼 수 있었다. 그 가운데 엄청난 계곡으로 형성된 바닷길인 표르드(Fjord)는 정말 장관이었다. 바닥이 보일 정도로 맑은 물이 풍성하고 높은 산으로부터 떨어지는 그 많은 폭포도 웅장했다. 노르웨이는 지구 북반부에 속하기 때문에 겨울에는 매우 춥고 눈이 많이 오는데, 한편 비가 많이 오는 곳이어서 물이 풍부하여 숲이 무성하고 온 땅이 진한 초록이었다.

노르웨이에서는 아이가 태어나면서부터 죽을 때까지 거의 돈을 내지 않는다고 한다. 예를 들어 아이가 태어나면 정부로부터 상당한 액수의 보조금이 나오고 유아원과 유치원을 비롯하여 대학교를 졸업할 때까지 무료라는 것이다. 도대체 어떻게 이런 제도가 가능한가? 그것을 충당하기 위해서 국민의 세금이 아주 높다고 한다. 그곳에 사는 어느 한인의 말에 따르면 소득의 반 이상을 세금으로 내기도 한다는데 아무도 불평하지 않는다는 것이다. 특히 그곳 정치인들은 부정과 부패가 거의 없고 국민의 신뢰를 받으며 세금이 낭비되지 않는다는 것을 알기 때문에 세금을 떼어먹는 경우가 거의 없고 정치적으로 안정되고 경제적으로도 튼튼해 보였다. 일 년간 국민 개인의 소득이 평균 7만 달러를 넘는다고 하니 정말 놀랄 일이다.

비가 오지 않아 메마른 사막이 확장되고 있는 아프리카의 여러 나라와 비교하게 된다. 척박한 땅에서 마실 물을 찾아 뙤약볕에서 몇 킬로미터를 반나절에 걸쳐 걸어야 하고 일용할 양식을 위해서 사투하는 사람들이 많은 지역을 생각하는 것이다. 그런 가운데 내란이 그치지 않아서 생명의 위협을 받아 태어나고 자란 조국을 떠나야 하는 난민들도 있다. 일부 국가에서는 종교 전쟁으로 인한 극심한 갈등도 여전하다.

그러면 어느 곳에 사는 사람이 더 행복할까를 생각해본다. 모든 것이 부족함이 없고 전쟁도 없는 유럽의 부유한 나라에 사는 사람들이 가난한 아프리카와 아시아 사람들보다 더 행복할까? 물론 노르웨이와 덴마크, 스위스와 네덜란드같이 경제적으로 부유하고 안정된 나라에 사는 사람들이 다른 나라 사람들보다 행복할 것은 사실이지만 어느 조사에 따르면 국민의 97%가 행복하다고 답변한 나라는 "부탄"이라고 한다. 이런 답변이 어떻게 가능할까? 사실 부유하기 때문에 반드시 행복한 것은 아니다. 비록 가난하지만 부탄에는 노숙자와 고아원과 양로원 등의 빈곤시설이 없고, 교육과 의료 시설이 무료이며, 패스트푸드, 오염물질, 신호등이 없다. 그래서 부탄 사람들이 행복하다고 답변한 것은 일면 납득이 간다. 부탄의 농산물 90% 이상이 유기농이라고 하니 안심하고 먹어도 되겠다.

세계에서 급속한 경제성장을 이룬 한국의 행복지수는 얼마나 될까? 조사할 때마다 다르지만 결코 스스로 행복하다고 답변하는 사람이 많지 않다. 초등학교 어린이를 대상으로 조사한 바에 따르면 세계에서 자기가 행복하다고 답변한 어린이가 가장 적은 나라가 한국이라고 한다. 슬픈 일이다. 행복은 소유한 것으로 따질 것이 아니라 그들의 마음으로 행복을 느껴야 할 것이다. 부유하면서도 행복할 수 있으면 더 좋겠지만 그것은 욕심이 아닐까 생각한다.

{마흔넷}

미국을 횡단하고

지난 2017년 여름에 우리 부부는 조금은 무모하게 보이는 모험적인 계획을 세웠다. 미국에 20여 년이 넘게 살면서 넓은 미국 땅을 한번쯤은 돌아봐야 하지 않겠는가라는 생각이었다. 이제 은퇴하여 아침부터 하루 종일 늘 쫓기던 분주한 일상도 없으니 편한 마음으로 미국을 한번 횡단해보겠다는 마음이었다. 여행에 익숙한 분의 조언도 듣고 미국 지도를 펴놓고 벌판을 달리는 꿈을 꾼 것이다. 모르면 용감하다더니 그 말이 꼭 맞는 것 같다. 우리는 대략 한 달 정도를 계획하고 집을 나섰다.

출발하기 전에 내가 할 첫 번째 일은 자동차를 점검하는 것이다. 인근 자동차 수리점에 갔더니 한국인 기술자가 내 자동차의 타이어를 보면서 곧 교체해야 안전하다고 했다. 군데군데 상처가 나서 먼 길을 달리다가는 터질 수도 있다는 것이다. 나는 두 번 생각할 것도 없이 인근 타이어 판매점에 가서 낡은 것을 버리고 모두 새 타이어로 갈고 엔진 오일을 교체하고 브레이크 상태도 확인했다. 브레이크를 점검해준 기술자는 자신감 있는 얼굴로 이제 5만 마일 정도는 안전하게 달릴 수 있다고 했다. 새 자동차가 된 것 같아서 마음이 든든했다.

아내는 내 SUV 자동차 뒷좌석에 밑반찬을 잔뜩 준비하고 또 간식과 함께 작은 전기밥솥도 갖췄다. 그렇게 하여 우리 부부는 8월 어느 날 캘리포니아를 출발했다. 동쪽을 향하여 네 시간쯤 달리니 유명한 네바다주의 라스베이거스를 지났다. 여전히 카지노 불빛이 화려한 곳을 지나서 아리조나와 뉴멕시코를 통과하고 텍사스로 들어섰다. 텍사스주는 도대체 얼마나 넓은지 사방에 지평선이 없어 보였다. 오클라호마를 지날 때에는 끝없는 옥수수 밭을 보았고 인디애나주에서는 호텔이 만원이어서 좀 비싼 곳에 숙박했다. 그런데 아침에 호텔에서 나와보니 내 자동차가 시동이 걸리지 않는 것이다. 나는 즉시 자동차 보험이 되어 있는 AAA 기사를 불렀고 그는 자동차 주변에 하얗게 낀 찌꺼기를 말끔하게 닦아주었다. 그런 서비스는 모두 무료이고 미국 어느 곳을 가도 연락이 되기 때문에 안심이다. 오하이오와 펜실베이니아, 뉴욕을 지나 처형이 사는 뉴저지에서 3일간 편하게 쉬며 주변을 다니면서 가족과 좋은 시간을 보냈다. 이제 다시 서부 쪽으로 방향을 돌렸다. 일리노이주를 지나 위스콘신과 미네소타를 지나 사우스다코다에 왔는데 인근 호텔이 모두 만원이란다. 무슨 일이 있는가 알아 보니 바로 그날 개기일식이 있는데 그 지역에서 개기일식 장면이 잘 보이기 때문에 주변에 사는 사람들이 그곳으로 모여서 호텔이 만원이라는 것이다. 나도 검은색 유리종이로 된 안경을 끼고 개기일식 장면을 보았는데 그렇게 흥분할 정도로 대단해 보이지는 않았다. 거기서 멀지 않은 곳에 유명한 미국 대통령 조각상이 바위산에 새겨져 있다는 것을 알고 러시모어 산을 방문했다. 그곳에는 조지 워싱턴, 토머스 제퍼슨, 에이브러햄 링컨 그리고 시어도어 루스벨트 대통령 등 네 명의 대통령 얼굴이 높은 바위산에 멋지게 새겨져 있었다. 미국은 여러 명의 자랑스런 대통령들을 갖고 있다는 것이 부럽기도 했다.

우리는 숙소를 미리 예약하지 않고 자동차를 운전하는 중에 아내가 "Yelp"라고 하는 프로그램을 이용해 인근 호텔을 찾아 들어가는 식이었다. 어느 때에는 거의 10군데 이상의 호텔에 전화하여 가격이 저렴한 곳을 찾는 것도 용이한 일이 아니었다. 사우스다코다에 오기 전에도 한곳에서 밤이 늦도록 숙소를 찾지 못하다가 시애틀에 있는 친구에게 부탁하여 간신히 작은 모텔에 들어간 적이 있었다. 최근 그 지역에 큰 산불이 나서 주민들이 자기 집을 버리고 호텔로 온 사람들이 많아서 호텔에 숙소가 없다는 것이다.

거기서 와이오밍주의 옐로스톤 국립공원에 들러 유명한 간헐천인 올드 페이스풀에서 뜨거운 수증기가 하늘 높이 솟는 것을 보고 공원 내부를 돌아보았다. 다시 북쪽으로 방향을 돌려 미국 대륙 가운데 가장 북쪽에 위치한 몬태나주의 글레이셔 국립공원을 둘러보았다. 만년설이 가득한 곳이 캐나다와 가까운 곳이어서 캐나다 관광차가 여러 대 와 있었다. 그리고 계속해서 서쪽으로 진행하여 워싱턴주로 들어섰다. 시애틀에는 가까운 친구가 살고 있기 때문에 그 가정에 들러 따뜻한 차와 맛있는 음식을 대접받고 좋은 교제의 시간을 가졌다. 목회도 잘하고 제자 훈련도 잘 시키는 친구 목사는 자동차에도 일가견이 있어서 이상이 생기면 금방 고치기도 한다. 이제 아름다운 오레건주를 지나서 서부 해안을 달려오던 길에 멋진 게음식을 하는 곳이 있어서 맛있는 게를 먹었다. 그리고 친척분이 계신 몬트레이 지역에서 하룻밤을 지내고 카멜 비치에서 맑은 물에 발을 담갔다. 그리고 버클리 지역에도 처가의 친척이 계셔서 조용하고 멋진 댁에서 또 하루를 지내면서 늦도록 대화를 나눴다.

캘리포니아 서부 해안을 따라 내려오는 길은 언제나 아름답고 환상적이다. 보다 익숙한 길이어서 오는 길에 해변이 보이면 잠시 쉬기도 하고 맛있는 음식을 먹기도 했다. 한번은 어느 식당에서 주문한 스테이크가 질겨서 먹지 않고 남겼더니 그 음식 값을 받지 않았다. 멋진 식당이다. 하루에 500마일 정도를 계획하고 7시간이나 혹 8~9시간도 운전했는데 무리하지 않고 저녁 시간이 되면 늘 숙소에 들어갔기 때문에 고단하지 않았다.

그렇게 돌아오니 21일이 걸렸고 우리가 달린 거리는 약 8,400마일(약 13,400킬로미터)이 되었다. 그 거리는 서울에서 부산까지(325킬로미터) 거리를 왕복 20회 정도 한 먼 거리이다. 그래도 식당에서 음식을 먹은 것은 단 세 번밖에 없었고 모두 가져간 것으로 숙소에서 따끈한 밥을 해서 먹으며 여유를 누릴 수 있었다. 그리고 도중에 사진을 찍어서 두 아들에게 보내니 자기들도 어느 날에는 그렇게 여행을 하고 싶다는 것이다. 미국은 정말 광활하고 볼 것이 많은 큰 나라이다. 끝없이 넓은 벌판과 밭, 울창한 숲과 높은 산들, 시원하게 쏟아지는 폭포들, 그리고 어디를 가든지 편의시설이 많아서 즐거운 여행이었다. 혹시 운전 중에 벌판에서 연료가 떨어질까 염려하여 나는 주유소가 보이면 미리미리 가솔린 탱크를 채웠다.

그런데 딱 한 번 경찰에게 정지를 당했다. 어느 시골 길을 달리고 있었는데 갑자기 시속 25마일의 학교 구간이 나오는 것이었다. 나는 급히 속도를 줄였는데 그래도 시속 약 40마일이었다. 골목에 있던 경찰이 그것을 발견하고 나를 세운 것이다. 나에게 다가오는 경찰은 인상이 순해 보이는 젊은이였다. 나는 제한속도를 지키지 못해서 미안하다고 먼저 말했다. 경찰은 내 자동차 번호판을 보고 멀리 캘리포니아에서 온 것을 알더니 조심해서 운전하라고 말하고 그냥 떠났다. 마침 그때는 학교가 방학 기간이어서 길에 사람들이 거의 없었기 때문에 다행이었다. 이렇게 하여 우리는 많은 미국인들의 버킷 리스트 중 하나인 미국 횡단을 겁도 없이 해낸 것이다. 귀가했을 때 아들이 물었다. "엄마와 아버지, 혹시 여행 중에 다투지 않으셨어요?" 그런데 거의 한 달 동안 하루 24시간을 같이 있으면서 한번도 다투지 않은 것이 놀랍다. 정말 좋은 추억이 되는 행복한 여행이었다.

{마흔다섯}

깊은 가을에

얼마 전 수년 만에 한국을 다녀왔다. 이미 미국에서 25년 이상을 살다 보니 내 조국을 방문하는 것이 마치 잠시 외국을 가는 것 같은 착각을 한다. 약 13시간의 "고단한" 비행기 여행을 하고 서울에 도착하니 우선 입국장에서부터 놀랄 일들이 있었다. 나는 미국 시민권자이기 때문에 외국인들이 선 곳에 함께 섰다. 그런데 내국인보다 외국 여권을 소지한 방문객이 서 있는 줄이 아주 길었다. 어떤 사람들인가 하고 조용히 돌아보니 한국을 찾는 중국인 여행객들이다. 내 앞뒤에서 대화하는 말이 모두 중국어인 것이다. 멀리서 뉴스에서만 보던 일을 공항 세관 앞에서 보게 되는구나 생각하면서 거의 한 시간 이상을 기다려서 세관을 통과할 수 있었다.

방문 목적지인 인천의 한 곳으로 가서 요청받은 강의를 마치고 서울의 어느 교회에서 설교 책임도 마친 후에 오랜만에 가을을 느끼고 싶어서 경기도 가평으로 나갔다. 그곳은 내가 미국으로 이민을 오기 전에 자주 가던 곳이고 장모님이 소천하시기 전까지 사시던 정든 곳이다. 가평은 좋은 품질의 잣으로도 잘 알려져 있어서 인근 식당에서 잣으로 만든 각종 음식을 맛볼 수 있었다. 잣을 넣고 전을 부친 것을 비롯하여 많은 반찬에 잣이 들어가니 잣 향기가 마음을 따뜻하게 했다.

우리 부부를 안내해주는 분의 친절과 사랑의 접대로 노랗고 붉게 물든 가을산으로 들어가게 되었다. 십여 년 전에 왔을 때와는 전혀 다르게 길이 넓어지고 주택들이 많이 들어서서 길을 찾기가 쉽지 않았지만 결국 낯익은 곳을 만났는데 내가 알고 있던 집들이 거의 다 헐리고 아주 새로운 형태의 집들이 들어서 있었다. 그리고 여러 곳에 식당이 생겼다. 그렇지만 도시에서 맛볼 수 없는 정결하고 신선한 가을바람을 맘껏 들이켰다.

계곡을 따라 산속으로 들어가니 가을 빛깔이 더욱 진해지고 가물 때에도 물이 그치지 않는 계곡의 작은 폭포들이 정겹게 드러났다. 그곳에는 별로 크지 않은 폭포들이 있는데 용의 모습을 닮았다고 하여 용추 폭포라고 부른다. 한여름 향락철이 아니어서 우리 외에는 지나는 사람들이 보이지 않아서 더욱 고요하여 귓가를 스치는 바람 소리와 바위들 사이를 뚫고 흐르는 물소리가 더욱 가을을 느끼게 했다. 노란색 은행 나뭇잎이 가득 내려앉은 길도 있고, 가지 끝 새빨간 색의 단풍잎은 정말 핏빛처럼 붉었다. 아름다운 가을잎들이 바람에 하늘거리는 것이 마치 우리를 환영하는 아이들의 고운 고사리 손들처럼 보였다. 온 산이 울긋불긋하고 아름다운 가을의 신비로움이 내 가슴에 소리 없이 스며들었다.

일 년에 네 계절이 있다는 것은 참으로 신비한 일이다. 봄이 되면 사방에서 우리 눈을 어지럽게 할 정도로 아름다운 꽃들이 경쟁적으로 피어나서 상춘객을 부른다. 제일 먼저 샛노란 개나리가 도로와 산책길을 온통 노랗게 덮고 이어서 진달래와 철쭉이 풍성하게 핀다. 여름철에는 우리의 눈과 마음을 시원하게 해주는 진초록의 울창한 숲이 우리 발길을 끈다. 짧은 가을이 지나면 춥기로 잘 알려진 겨울에는 새하얀 눈 속에서 정신을 잃을 때도 있다. 내가 어릴 적에는 눈이 아주 깨끗했기 때문에 땀이 날 정도로 신나게 뛰어논 후에는 눈을 한 주먹 쥐어서 먹기도 했다. 요즘에는 공기가 많이 오염되었고 또 미세먼지 때문에 눈을 먹는다는 것은 말도 되지 않는다.

생각해보면 천지를 이렇게 아름답게 창조한 하나님은 정말 위대한 예술가가 아닐까? 철 따라 그렇게 변화무쌍한 색깔의 물감을 잔뜩 부어서 천지를 아름다운 수채화로 만드시니 정말 탁월한 미술가가 분명하다.

서울로 돌아오는 길에 강변의 어느 한적한 카페에서 잠시 쉬면서 따뜻한 차를 즐겼다. 이곳 주인은 프랑스를 방문했을 때에 힌트를 얻어 잔잔한 음악이 흐르는 고전적이면서도 서양풍이 있는 카페를 시작했다고 하는데 인터넷을 통해서 이곳에 이런 카페가 있는지를 아는 이들의 방문이 그치지 않아 보인다. 멀리 보이는 두 개의 앞산이 여인의 가슴처럼 봉긋한데 그 앞으로 조용히 흐르는 북한강이 겨울을 재촉하는 손짓과도 같았다. 온 세상은 내가 도무지 이해할 수 없는 많은 문제로 소용돌이를 치고 있는데 그 말없이 고요하게 흐르는 강물처럼 나의 마음도 소용돌이 없이 늘 고요하면 좋겠다는 생각을 한다. 한나절의 여유가 나의 마음을 다시 풍요하게 만들었다.

{마흔여섯}

실망은 많아도 절망은 없다

요즘 세상에는 우리를 실망시키는 일들이 아주 많다. 이곳저곳에서 불협화음이 들리고 즐거운 노랫 소리보다 한숨 소리가 더 많이 들리는 것 같다. 우선 조국 대한민국의 상황을 보자. 한국 역사 가운데 이렇게 부끄러운 일들이 또 있었는가? 우리가 들어보거나 알지도 못했던 한 여자의 욕심 때문에 대통령을 비롯하여 그 많은 권력가들이 휘청거리고 허리를 굽실거렸다고 하니 정말 듣기에 민망하고 가슴이 답답하다. 아무리 권력이 좋은 것이라고 하지만 이렇게 온 나라를 쑥대밭으로 뒤집어놓을 정도로 속속들이 부패한 것이 마치 양파껍질을 벗기듯이 계속 드러나고 있으니 도무지 이 나라가 어디로 가고 있단 말인가? 대학 입학을 위해서 수년간 재수와 삼수 그리고 사수를 하면서 애쓰는 입시생들이 수도 없이 많은데 그 부정직한 돈과 권력을 마구 휘둘러서 자녀를 부정 입학시킨 부패만 봐도 정치권만 아니라 교육계와 재계도 모두 "제정신"이 아닌 것같이 보인다. 그 가운데서도 나라와 국민을 사랑하여 권력을 잡게 해달라고 외치던 정치인들을 보면 국민의 한 사람으로서 정말 실망하지 않을 수 없다. 위정자들이 국민을 위하기보다 자기 자신의 자리에 연연하면서 차기 선거에서 재선하려고 갖은 낯뜨거운 일들을 저지른다. 국제적으로 여러 면에서 위험한 처지에 놓인 한국인데 나라 안에서 이렇게 뒤끓고 갈등을 빚고 있다는 것은 자기 얼굴에 침을 뱉는 격이 아닌가?

그리고 지난번 대통령 선거를 마친 미국을 생각하면 왠지 모르게 또 가슴이 답답해진다. 국민의 의견은 언제나 하나가 아니라 다양하기 때문에 공화당이건 민주당이건 갈리게 마련이다. 그리고 공정한 선거가 끝나면 상대방의 승리를 축하해주는 것이 미국의 대통령 선거의 성숙한 모습 가운데 하나다. 이번에도 평화 중에 선거가 치러졌고 새 대통령이 선출되었다. 그런데 문제는 대표적인 후보들에 대한 국민의 생각이 너무 어둡고 미심쩍다는 사실이다. 3억 명이 넘는 미국의 인구, 그리고 수많은 지혜자와 유력한 사람들이 많은데 아무도 대통령이 될 만한 인물을 찾을 수 없단 말인가? 어떤 미국인 친구는 "정치가 너무 썩어서 똑똑한 사람들은 아예 그런 곳에 발을 들여놓지 않으려고 하기 때문에 미국은 인물난을 겪는 것"이라고 말했다. 후보자들에 대한 비호감이 너무 심해서 나온 것이 "누가 더 나은가가 아니라 누가 덜 악한가를 보고 투표한다"는 자조적인 말이다. 그렇지만 일단 선거는 끝났고 미국의 역사는 계속 쓰여져야 한다. 선거유세 중에는 이기기 위해서 별의별 말을 다 쏟아내고 또 가능해 보이지도 않는 공약을 많이 말했지만 이제는 현실 정치 속에서 그런 말들을 어떻게 처리할 것인지가 우리의 염려요 숙제가 되었다.

이제 우리에게 주어진 책임 가운데 하나는 이 나라를 위해서 보다 더 진지하게 기도하는 것이다. 새로 선출된 대통령을 내가 좋아하든 좋아하지 않든 이제 우리 그리스도인이 할 일 중의 하나는 그가 성공하는 대통령이 되게 하는 것이다. 그것이 우리나라의 성공이요 미국의 성공이기 때문이다. 실제로 하나님은 유능하고 정직하고 탁월한 사람만 쓰신 것이 아니다. 필요하시면 누구든지 불러서 그를 변화시켜서 하나님의 일을 하게 하신다. 그래서 학문이 없는 갈릴리의 어부들을 불러 변화시켜서 위대한 하나님의 일을 하게 하셨고, 악한 세리로 알려진 마태와 삭개오를 부르셔서 선한 일을 하셨다. 사실 당시 유대 사회에서 세리는 대표적인 죄인으로 취급되어 그의 말은 법정에서 증인의 가치도 없었지 않았는가? 그래도 하나님은 바리새인 중의 바리새인인 바울 같은 사람들을 불러 새롭게 하셔서 그를 통해서 거룩한 주의 일을 하게 하셨다.

오늘날의 현실은 우리를 많이 실망시킨다. 정치만 아니라 교육계도 부패하여 우리 다음 세대에 대한 깊은 성찰 없이 근시안적인 정책을 세우고 있다. 미국에서는 초등학교 때부터 성교육을 하겠다면서 낯뜨거운 내용을 책에 싣기도 해서 의식 있는 부모들이 아이들을 학교에 등교시키지 않고 거리에 나와 시위를 한다. 어떤 엄마가 나에게 이메일을 보내서 자기 자녀를 학교에 계속해서 보내야 할지를 물었다. 나는 그 분에게 학교를 직접 찾아가서 교장과 솔직한 대화를 나눠보라고 제안했다. 그 엄마는 직장을 잠시 쉬고 학교를 찾아가서 교장과 마주앉아 자신이 염려하는 것을 말했다. 다행스럽게도 그 학교 교장은 부모가 염려하는 것을 이해하고 부모가 원치 않는 어린이에게는 성교육을 하지 않겠다는 다짐을 받았다고 한다.

이렇게 세상이 점점 더 혼탁해지고 어둡지만 하나님이 변하지 않고 살아 계시고 지금도 역사하고 계시다는 사실을 믿는 이들에게 결코 절망은 없다. 지금도 하나님은 변함없이 통치하고 계시기 때문이다. 당장 우리가 보기에 모든 것이 비뚤어지는 것처럼 생각될 때에도 우리는 하나님을 신뢰해야 한다. 우리가 절망하지 않고 하나님의 권

능과 섭리를 믿고 더욱 강력한 믿음을 가지면 이런 뒤죽박죽된 것 같이 보이는 상황에서도 하나님은 아름다운 꽃을 피우실 수 있다고 생각하지 않는가?

{마흔일곱}

말리부 해변을 따라

우리 부부는 1976년도에 결혼하여 하나님의 은혜 가운데 산다. 나는 가진 것이 많지 않은 평신도 전도자로 지내면서 대학 시절 대학생 모임에서 만난 아내를 맞았는데 아내는 비교적 부유한 집안의 여섯 자녀 가운데 막내딸이어서 별다른 어려움 없이 성장했다. 그러나 나는 서울 변두리의 가난한 소시민 가정에 태어나 청소년 시절에 용돈을 가져본 적이 거의 없지만 항상 명랑한 소년으로 자랐다. 그래서 아버지 말씀대로 내가 어릴 적에 우리 가정에는 없는 것은 돈이고 있는 것은 웃음이었다. 아버지는 무서우면서도 재미있는 분이어서 집안에는 늘 아이들의 웃음소리가 떠나지 않았다. 학교에 가면 친구들과 뛰노느라 정신없이 하루를 보내고 학교가 파하는 오후 시간에는 우리집이 동네 아이들의 놀이터가 되었다. 정말 행복하고 꾸밈도 욕심도 없는 어린 시절이었다.

결혼 직후에 서울 화곡동 언덕바지에 방 한 칸 전셋방을 얻었는데 방이 좁아서 장모님이 마련해주신 옷장을 놓으니 방이 반으로 줄었다. 부엌은 더 좁아서 아내가 부뚜막 앞에 쪼그리고 앉으면 엉덩이가 뒤쪽에 닿을 정도였다. 변변한 식탁이나 찬장도 없고 더운 여름에도 선풍기 없이 살았지만 우리 두 사람은 늘 행복했다. 당시에는 6개월마다 전셋집을 옮겨야 했기 때문에 참으로 여러 번 이곳저곳으로 이사했다. 어떤 경우에는 다음에 이사할 준비를 위해서 짐꾸러미를 다 풀지 않고 베란다 한켠에 그대로 두기도 했다.

그런 가운데 두 아들을 얻었고 늘 밑바닥이 보이는 경제생활 가운데서도 아내는 불평 한마디 하지 않았다. 지금 다시 생각해도 참으로 놀랄 일이 아닐 수 없다. 물값을 아끼기 위해서 수도꼭지를 조금 열어서 물방울이 밤새도록 떨어지게 하는가 하면 전깃값을 아끼려고 웬만하면 전깃불을 환하게 밝히지 않았다. 연탄을 아끼기 위해서 바람 구멍을 작게 해두기도 하는 등 절약이 몸에 배었다.

그런데 어느덧 결혼한 지 40여 년을 넘긴 것이다. 그 사이에 두 아들은 미국에서 중고등학교와 대학교를 마치고 각기 가정을 갖게 되었고 손자 손녀가 여섯이다. 다 각자의 일터에서 열심히 일하며 우리 부부는 이제 은퇴자의 삶을 산다. 그전까지는 늘 시간에 쫓기고 사람들 사이에서 이리저리 치이기도 했는데 이제는 몸과 마음이 홀가분해졌다. 이제는 아무의 눈치도 보지 않고 내가 원하는 때에 원하는 곳에 갈 수도 있고 하고 싶은 것을 마음대로 할 수 있게 되었다.

그래서 지난 결혼기념일에는 캘리포니아에서 유명한 말리부 해변가에 있는 멋진 식당을 찾아갔다. 실은 그전에 한두 번 가본 적이 있지만 이날 간 것은 특별한 의미가 있었다. 넓은 창문 밖으로 태평양 바다가 보이는데 해변으로 밀려오는 하얀 파도가 보는 이의 마음을 시원하게 했다. 맛있는 점심을 먹고 지난날을 돌이켜보며 대화를 나누던 중 갑자기 아내의 눈에 물기가 보였다. 그가 두 아들과 남편을 위해서 많은 것을 포기하고 희생한 것에 감사하다고 내가 말을 했는데 아마 마음에 숨겨진 어떤 작은 아픔이 새삼 흘러나온 것 같다. 고맙기도 하고 미안하기도 했다.

식사 후에 해변을 따라 운전하면서 아름다운 5월을 만끽했다. 내가 유학생으로 지내던 때에 처음으로 가봤던 어느 비치도 가보고 가지 않던 길을 따라 구경삼아 운전했다. 오는 길에 교통체증으로 많은 시간을 길에서 보냈지만 그날은 우리 부부에게 삶을 돌아보는 아주 귀한 시간이었다. 아들들은 카톡을 통해서 자기들을 잘 키워준 것에 감사한다는 말을 보내왔고 나는 아내에게 사랑을 다시 고백하는 작은 축복의 카드를 썼다. 이런 것이 바로 행복이구나 하는 생각이 들었다. 내가 앞으로 몇 년을 더 살지 모르지만 사는 날까지 아내를 더 사랑하고 함께 살고픈 마음이 새로워졌다. 그래서 얼마 전 하루 여행을 하고 돌아오는 길에 차 안에서 우리 부부는 비슷한 때에 같이 죽었으면 좋겠다는 말을 하기도 했다. 이 땅에 혼자만 남겨지면 너무 슬플 것이기 때문이리라.

{마흔여덟}

자율 자동차

최근 개발되어 이제 거의 상용 단계에 가까워진 "운전자 없는 차"(Driverless Cars)가 우리의 관심을 끈다. "무인 자동차" 또는 "로봇 자동차"라고도 부르는 것으로, 도로에서 차가 이동하는데 컴퓨터로 목적지를 지정해주면 운전자 없이 자동차 혼자서 가고자 하는 목적지로 자유자재로 방향을 틀면서 가는 것이다. 자동차가 움직이는데 운전하는 사람 없이 과연 차가 가야 할 목적지로 갈 수 있을까? 요즘 컴퓨터 기술의 발달은 이런 것을 가능하게 한다. 즉 자동차에 섬세한 레이더, GPS, 기타 장치를 하여 차가 움직이는 곳의 주변 환경을 정확하게 분석하여 다른 차량과의 충돌을 막는가 하면 장애물이 있거나 이동하는 사람이 차 앞에 나타나면 섬세한 센서에 의해서 자동차가 곧 정지하는 것이다. 이것은 멀리 연구실에서 모니터를 보면서 시행할 수도 있지만 차체에 모든 필요한 컴퓨터 카메라와 음성장치를 하여 어떤 상황에서나 대처할 수 있도록 하고 있다.

이미 이에 관련된 법규가 주법을 통과한 곳이 여럿이다. 그 가운데 네바다주 경우에는 구글사의 로비가 성공적이어서 이미 2011년에 자율 자동차가 도로에서 주행할 수 있도록 법을 통과시켰고 플로리다와 캘리포니아와 미시간주도 관련법규가 제정되어서 운전기사 없는 자동차들이 도로에 나올 수 있다. 그런데 이론적으로는 전혀 사고가 나지 않을 것이라고 말하지만 최근에는 한 무인 자동차가 접촉 사고를 일으켜서 더 확실한 보완장치를 요구하게 되었다.

그런데 필자는 왜 이런 자동차가 필요한지 그 이유가 궁금하다. 혹 운전하는데 피곤해서 목적지를 설정해놓고 뒷좌석에서 쉬려고 하는 것인지 아니면 연로한 운전자나 몸이 불편한 사람이 사고를 낼 가능성을 줄이기 위해서 이런 것이 필요한지 모르겠으나 세상은 참으로 놀랍기도 하고 "이상하기도" 한 방향으로 가는 것 같다.

근간에는 인공지능(AI)이라는 것이 많이 개발되어 로봇이 사람을 대신하여 하는 일들이 많아졌다. 예를 들어 사람이 가기 어렵거나 위험한 곳에 로봇이 접근하여 현장 사진을 찍거나 현장 상황을 문자나 말로 전달하게 하고, 또 요즘 상당히 유행하고 있는 드론으로 이제는 우편물도 전달해주고 있다. 진화된 의료 로봇이 질병을 정확하게 진단하고 수술도 하며 심지어 간호까지 담당한다. 얼마 전 영국인이 개발한 알파고(Alpha Go)라는 인공지능은 세계 최고의 바둑 기사와 바둑 대결을 하여 세 판을 이겼다. 똑똑한 사람의 두뇌보다 기계에 입력한 많은 사람의 지능이 합쳐진 것이 더 똑똑하다는 결론이다. 그러나 로봇과 인공지능이 못하는 부분이 있다. 어떤 로봇은 웃고 울기도 하고 감정을 드러내기도 한다지만 그런 기계에는 영혼이 없다. 그 기계의 제작자는 인간이다. 창조주가 사람을 만드실 때에 그 속에 하나님의 호흡을 불어넣어서 살아 있는 영 즉 생령(生靈)이 되었다. 그래서 인간은 육체와 정신과 영혼이 있는 것이다. 오직 인간만 조물주 하나님과 영적인 교통이 가능한 것이다. 아무리 인공지능이 많이 발달한다고 해도 그 속에 하나님의 생명이 들어갈 수 없기 때문에 그것은 여전히 사람 손에 의해서 움직이는 기계일 뿐이다. 기계는 하나님을 믿거나 예배하지 못하며 영생과는 무관한 것이다. 기계는 스스로 범죄할 수 없지만 인간은 의지를 가지고 하나님을 거역하고 죄를 범하므로 죄의 삯을 받게 되었다. 반면에 죄를 버리고 새 사람으로 살 수 있는 것도 인간뿐이다.

인간은 하나님의 아들이신 예수 그리스도를 믿음으로 죄를 버리고 새 생명을 얻을 수 있다. 나의 삶의 주인이 내가 아니라 예수 그리스도를 나의 구주와 주인으로 영접하고 섬기는 것이 우리의 신앙이다. 곧 인간은 주인이 없으면 바르게 살 수 없다. "운전자 없는 인생"(Driverless Life)은 대단히 위험하고 허무하다. 예수 그리스도가 당신 삶의 "운전자"가 되시게 하라. 그러면 가장 안전한 삶을 운행할 수 있게 될 것이다.

{마흔아홉}

어! 이마가 넓어졌네!

얼마 전 오랜 친구가 나를 방문하여 함께 맛있는 점심 식사를 하고 헤어지기 전에 얼굴을 나란히 하고 셀프 사진을 찍었다. 대학 시절에 친하게 지내다가 다시 만난 것이 거의 40년이 지난 것이다. 그런데 셀프 사진을 어떻게 찍었는지 두 사람 모두 머리카락이 별로 보이지 않았다. 내 친구는 거의 대머리가 되었지만 나는 아직 검은 머리가 많은데 카메라의 각도를 수평보다 약간 아래쪽으로 잘못 조정한 탓으로 얼굴만 크고 훤하게 나온 것이다. 그래서 많은 이들이 셀프를 찍을 때에 약간 위쪽 각도에서 찍는 것 같다. 나는 내 사진 얼굴을 보고 사실 좀 놀랐다. “내가 언제부터 이렇게 늙었지?” 사진은 거짓말을 하지 않기 때문에 할 말이 없다.

우리 가족은 부모로부터 검은 머리를 타고났다. 모친이 80세가 넘어서 소천하실 때까지 한번도 머리카락 염색을 하지 않으셔도 검은 색이었는데 나도 흰 머리카락이 많지 않은 편이다. 그런데 유감스럽게도(?) 대머리셨던 아버지를 닮아서 그런지 머리카락이 자꾸 빠지는 것이 아닌가! 아침에 머리를 감을 때마다 조금씩 빠지더니 언제부터인지 이마가 조금 넓어진 것을 느낄 수 있었다. 샴푸를 사용하면 머리카락이 잘 빠진다는 말을 듣고 샴푸를 사용하지 않고 비누로만 머리를 감기도 했다. 그런데 비누에도 화학성분이 들어 있기 때문에 그것도 별로 좋지 않다는 말을 듣고 아예 얼마 동안은 물로만 머리를 감았다.

아버지는 중년부터 머리카락이 거의 다 빠지셨다고 한다. 아버지 혈통을 받아서 그런지 형과 동생도 대머리다. 다섯 살 위인 형은 거의 완전한 대머리가 되었고 동생도 정수리가 훤하게 보인다. 나도 인사하려고 고개를 숙이거나 위에서 사진을 찍으면 머리 정수리가 둥그렇게 흰 부분이 보인다. 그래서 "속알머리가 없고 다만 주변머리만 남았군"이라고 하는 재미있는 말의 의미를 알겠다.

한 동료가 나에게 좋은 아이디어를 제공해주었다. 사막에서 성장하는 알로에 내용물을 알코올 성분이 많은 소주에 담가두고 두세 주간 후에 그것을 머리에 바르면 효과가 있을 것이라는 제안이다. 한번 시도해보는 것도 나쁠 것이 없겠다고 생각했는데 알코올이 많이 들어 있는 소주를 사는 것이 쉽지 않았다. 나는 이미 주변에 많이 알려진 목사인데 소주를 사는 것을 보면 혹시 오해하지 않을까 생각하여 다른 이에게 부탁하여 소주를 사서 그것을 한동안 사용했다. 그러자 머리를 감을 때 머리카락이 덜 빠진다는 느낌을 갖기도 했지만 내 이마는 여전히 조금씩 더 넓어지고 있다. 그래도 요즘에도 마켓에서 판매하는 다양한 헤어 스프레이 대신에 소주와 알로에즙으로 만든 스프레이를 사용한다. 눈에 띄는 효과는 별로 없는 것 같은데 그래도 머리카락이 덜 빠지기를 기대하면서….

아침 운동할 때에 거의 매일 만나는 중동 출신 친구가 있다. 그는 젊어서부터 머리카락이 빠져서 거의 대머리가 되었는데 얼마 전에 거액을 주고 머리카락을 심었다고 한다. 자기 머리 뒤쪽에서 머리카락을 뽑아서 앞쪽 이마 위에 심는 것인데 약 9,000불을 지불했다고 한다. 머리카락 하나에 약 3불씩 지불한 것이다. 그는 돈을 더 모아서 더 많은 머리카락을 심겠다고 한다. 내가 그 말을 들은 지 약 1년이 지났는데 요즘에 그의 머리카락이 상당히 자란 것을 볼 수 있었다. 자기 머리카락을 옮겨서 깊이 심었기 때문에 정상 머리카락처럼 자란다는 것이다.

또 다른 한 이웃은 최근 눈에 띄게 머리카락이 빠지고 있었다. 그런데 "머리카락이 자꾸 빠져서 걱정이겠네"라는 나의 말에 그의 대답이 과연 걸작이다. "나는 생긴 대로 살기로 작정했습니다. 세상에 걱정할 것도 많은데 머리카락 때문에 스트레스 받지 않으려고 합니다." 그렇다. 머리카락이 빠지는 것이 큰 문제가 아니라 그 머릿 속에 무슨 생각이 들어 있고 무슨 생각이 빠져나가는지가 더 중요한 것이리라.

{쉼}

작은 것이 큰일을 한다

어느 책에서 읽은 짧은 이야기인데 참으로 흥미롭고 수긍이 가는 것이다. 언젠가 어느 깊은 골짜기를 연결하는 다리를 놓기로 했다. 그런데 아직 요즘처럼 헬리콥터나 특수 장비가 없던 시대여서 굵은 쇠사슬을 골짜기 건너편에 연결할 길이 없었다. 이에 건축 기사들은 여로모로 궁리를 하다가 한 방법을 시도하기로 했다. 즉 연을 날려서 골짜기 건너편에 있는 사람에게 떨어지도록 하는 것이다. 골짜기 건너편에서 연을 받은 사람에게 이번에는 조금 굵은 끈을 이어서 보냈다. 그리고 이어서 밧줄을 매달아 보냈고 이렇게 하기를 여러 번 하여 나중에는 굵은 쇠줄까지 연결할 수 있었다고 한다. 아주 가느다란 실로 시작된 것이 나중에는 쇠줄을 연결할 수 있는 상태가 되어 깊은 골짜기에 튼튼한 다리가 완공된 것이다.

사실 우리 삶의 대부분은 아주 작은 것에서 시작된다. 어린아이가 말을 배우는 것을 보면 입에서 자연스럽게 나올 수 있는 "엄마"나 "마마"라는 단어부터 시작하고, 글을 배우는 것이나 운동을 배우는 것도 아주 쉽고 간단한 것부터 시작한다. 초등학교 시절에 더하기, 빼기를 먼저 배우고 그 후에야 곱하기와 나누기를 배우는 것과 같고, 악기 연주를 배울 때에도 처음엔 악기 소리를 내는 것부터 시작해서 아주 간단한 악보를 익히고 점점 더 어려운 곡으로 옮겨가는 것이 일반적이다. 얼마 전 작은 손자가 주판을 가져와 내게 가르쳐달라고 해서 1부터 10까지 보태는 것부터 시작했다. 아직 배울 것이 많지만 그렇게 시작하는 것이 당연하다. 그런데 처음에 잘못 배우면 나중에 고치려고 해도 쉽게 고쳐지지 않기 때문에 처음부터 바르게 배워야 한다.

인간관계도 이와 비슷하다. 처음부터 깊은 우정이 생기는 일이 없고 많은 세월이 지나야 서로를 더 깊이 알고 또 서로를 신뢰하면서 우정이 쌓이는 것이 당연하다. 그런 면에서 "첫눈에 반했다"는 말은 어떤 매력 같은 것이 있어 보이지만 실상은 상당히 위험한 것이 아닐까? 첫눈에는 곱고 멋지게 보이지만 막상 사귀면서 보니 그동안 알지 못했던 습관과 언어와 성격이 드러나면서 관계에 금이 갈 수 있기 때문이다.

그런데 요즘엔 대부분의 것들을 즉석에서 후딱 해치우는 것으로 보인다. 사람들이 예전처럼 듬직하게 기다리거나 참아주지 못하고 불끈 화를 낸다. 종종 도로에서 운전자들이 다투는 것을 본다. 서로 앞질러 가려고 하다가 불끈 화를 내고 승강이를 벌이는 것이다. 성질이 급한 어떤 사람은 자기 분에 못 이겨서 자신의 고급차를 몽둥이로 부수고 발로 차서 박살을 내는 것을 뉴스에서 보았다. 침 한 번 삼킬 정도만 참으면 그런 일이 없을 텐데 너무 급하다. 무엇이든지 즉각즉각 해치우고 즉시 해결하려고 한다. 인스턴트 식품이 건강에 좋지 않다는 것을 누구나 다 알면서도 그 소비량이 전혀 줄지 않는다는 것만 봐도 우리가 얼마나 급하게 사는지 알 수 있다.

신앙생활도 마찬가지이다. 어느 산이나 집회에 참석하여 "신령한 불"을 받았다고 하면서 하루 아침에 갑자기 목소리를 높이는 설교자가 되거나 모든 질병을 고친다고 광고하는 사람이 아직도 있다. 며칠 전까지만 해도 다 알려진 깡패요 마약 사범이었는데 며칠 사이에 새 사람이 되었다는 것이다. 물론 그런 것도 불가능한 일은 아닐 것이다. 어떤 이는 사도 바울도 예수님의 음성을 듣고 갑자기 변하지 않았느냐고 반문하기도 하지만 바울은 원래 유대교에서 많은 교육과 훈련을 받은 사람이며 그의 변화와 불량배의 갑작스런 변화는 차원이 다르다. 영적인 지도자가 되려면 누구에게나 기본적인 교육과 훈련이 필요하다.

우리 삶에서도 모든 것은 시간이 걸린다. 아이가 자라는 것은 물론이거니와 바른 인격을 갖춘 인물이 되는 것은 하룻밤 사이에 되는 것이 아니다. 많은 시간만 아니라 많은 굴곡을 거쳐야 한다. 작고 사소해 보이는 것부터 최선을 다하고 충실해야 시간이 지나면서 내실이 영글고 성숙해지는 법이다.

{쉰하나}

그리운 모국어

모국어는 그 말 뜻대로 어머니에게서 배운 언어이다. 한국에 살 동안에는 외국어에 관한 관심이 많았지만 미국에 살다 보니 모국어라는 말의 의미가 새롭다. 아무리 영어에 익숙해졌어도 여전히 영어는 나에게 제2외국어임에 틀림없기 때문이다. 1980년대에 미국에 유학생으로 있을 때의 경험을 보면 적지 않은 교인들이 자유롭게 한국어를 말하고 한국어로 떠들고 한국 음식을 먹는 한인 교회를 찾을 수밖에 없었다. 2000년대에 들어선 후로는 여기저기에 한인 마켓이 생기고 또 한국에서 이민 온 이들이 많아졌기 때문에 한인들이 많이 거주하는 지역에 살면 영어를 잘 몰라도 그다지 불편하지 않게 되었다. 특히 한인들이 많은 뉴욕이나 엘에이 경우에는 영어를 한마디 할 줄 몰라도 생활에 큰 지장이 없을 정도이다.

온 가족이 함께 교회 초청을 받고 이민자가 된 것은 1993년도였다. 나는 그전에 유학을 마치고 귀국하여 대학에서 가르쳤고 또 목회를 했기 때문에 미국 생활에 많이 적응된 상태였지만 두 아들의 경우는 달랐다. 그 가운데서도 중학교 1학년 초기에 한국에서 기초적인 영어 알파벳을 배우다가 온 작은아들은 영어 때문에 한동안 고생을 했다. 어느 날 학교에서 돌아온 아들이 배가 많이 아프다고 하는 것이다. 곧 소화제를 먹였는데 별로 나아진 것 없이 그다음 날에도 여전히 배가 아프다고 했다. 음식을 잘못 먹어서 생긴 식중독인지 아니면 소화

불량인지 몰라서 그냥 약만 먹이고 돌봐주었다. 그 증세가 한동안 지속되어 병원을 찾기 직전에 무엇인가 그 이유를 알게 되었다. 영어를 한마디도 알아듣지 못하는 아이가 하루 종일 영어로만 수업하는 교실에 앉아 있으려니 얼마나 심각한 스트레스를 받았겠는가! 그런데 어느 날에는 학교에서 돌아온 아이의 얼굴이 어둡지 않았다. 무슨 일이 있었는지 궁금했다. "오늘 너무 답답해서 아이들에게 한국말로 소리를 질러봤어요. 너희들은 한국어를 할 줄 아냐?" 갑자기 한국어를 듣는 아이들은 어안이 벙벙했겠지만 작은아들은 속이 시원했다는 것이다. 그동안 배가 아팠던 것은 아마 언어 장벽 때문에 일시적으로 생긴 정신적인 눌림 때문이었을 것이다.

지금 그 아들은 미국에서 중고등학교와 대학을 다니고 졸업해서 직장을 갖고 결혼하여 세 아이를 키우는 가장이 되었다. 대형 미국 회사 중견 간부가 되어 열심히 일하고 있는데 이중 언어를 할 수 있어서 장점도 많다. 그의 아이들이 유치원에 가면 당연히 영어로 말하고 지내지만 집에서는 의도적으로 늘 한국어로 대화를 한다. 그래서 열 한 살인 손자는 영어와 한국어를 불편함 없이 잘해서 학교에서도 이중 언어에 능숙한 아이로 소문이 났다고 한다.

나는 청년 시절부터 영어에 관심이 많고 또 외교관이 되겠다는 꿈이 있어서 영어 공부에 열심을 냈고, 또 대학을 졸업한 후에는 좋은 기회들이 생겨서 외국에서 오는 유명한 영어 설교자들의 통역 설교자로 많은 경험을 쌓았다. 유명한 전도자 빌리 그레이엄이 네덜란드나 필리핀, 독일, 홍콩과 마닐라, 그리고 로스앤젤레스 집회에서 전도대회를 열면 내가 한국어 동시통역자로 가서 다른 나라 통역자들과 함께 주 강사인 빌리 그레이엄과 그의 동역자들의 설교를 통역하는 일도 했다. 물론 그것은 위성을 통해서 한국의 기독교 방송으로 전달되었다.

또한 4년간 거의 매일 영어로 강의를 듣고 영어로 레포트를 써내고 발표를 해야 하는 유학 생활을 했기 때문에 영어에 대한 두려움은 거의 없는 편이다. 20여 권 이상의 영문 서적을 한국어로 번역하여 출간했고 외국 선교사들과 많은 시간을 보낸 것이 나에게는 일종의 자산이 되었다. 아프리카나 아시아 지역을 방문하여 현지 지도자들을 위해 강의하게 되면 대개 영어로 원고를 준비하고 현지인이 현지어로 통역하는 경우가 많기 때문에 이제는 상당히 익숙해진 편이다. 그럼에도 불구하고 아직도 영어는 나에게 제2외국어이기 때문에 원어민처럼 말하기가 어렵다. 전에는 한 마디를 하려면 머릿속에서 문장을 만들어야 했지만 지금은 그렇게 하지 않아도 내가 하고 싶은 말을 할 수 있지만 그래도…그래도 여전히 영어는 나에게 외국어일 뿐이다.

이민자로 산다는 것은 불편한 점이 많은데 그 가운데 대부분의 사람들이 가장 힘들어하는 것이 언어 장벽이다. 우선 사고방식이 다르고 문화가 다르기 때문에 아무리 한인들이 많고 또 세계가 한 지붕이라고는 해도 여전히 현지인들과의 사이에 잘 보이지 않는 장벽 같은 불편함을 느끼게 된다. 여러 나라를 방문하면서 자주 느끼는 것으로 언어가 다르다는 것이 너무 불편하기도 하지만, 한편 그 다양한 언어와 문화 속에서 각자 독특한 모국어를 사랑하는 것을 보았다.

성공적인 선교사들의 특징 가운데 하나는 그들이 현지어에 익숙하다는 것이다. 단순히 문장을 만들어 소통하는 것이 아니라 마음과 마음이 통하는 그들의 언어를 잘 구사할 수 있을 때에 비로소 효과적인 사역이 가능하기 때문이다. 아프리카에서 30여 년을 선교사로 지내고 있는 한 선교사는 현지에 산 지 20년쯤 지나니 그제야 현지인들의 소위 "마음의 언어"를 이해할 수 있게 되었다고 한다. 유엔 사무총장을 지낸 반기문씨는 다섯 가지 언어를 구사할 수 있다는 말을 들었다. 내가 체육관에서 자주 만나는 한 아르메니아 출신 친구는 7개 국어를 불편 없이 사용한다. 참 부러운 일이다. 요즘에는 이렇게 서너 가지 언어를 말하는 이들도 적지 않지만 여전히 나의 모국어는 아름답고 그립다.

{쉰둘}

자꾸 잊어버려서

근래에 와서 나는 물건을 어디에 놓고 깜빡 잊어서 이리저리 찾아 다니기도 한다. 누가 알면 창피할 것 같아서 조심하는데도 불구하고 내 물건을 어디엔가 놔두고 두리번거릴 때가 있다. 가장 흔한 것이 자동차 열쇠다. 어떤 때에는 자동차 좌석 틈바구니에 열쇠가 빠졌는데 그것을 모르고 내 서재와 방과 주변을 몇 번씩이나 왔다갔다 하면서 찾기도 한다. 어떻게 하면 이런 실수를 줄일 수 있을까 궁리하다가 한 아이디어를 얻었다. 내가 들며 나는 현관에 열쇠를 걸어두는 곳을 정해놓고 들어오자마자 열쇠를 거기에 걸어둔 것이다. 그랬더니 더 이상 열쇠에 대해서는 잊지 않게 되었다. 열쇠는 언제나 문 앞에 있는 고리에 매달려 있기 때문이다. 그리고 자주 찾아 해매는 것이 휴대폰이다. 아무 곳에나 놓고 다니다가 막상 필요해서 찾으니 없는 것이다. 당연히 내 책상 위나 자동차 안에 있을 줄 알았는데 없으면 정말 난감하다. 얼마 전 아내와 함께 파사데나의 어느 영화관에 간 적이 있다. 좋은 영화라고 누군가 추천해서 오랜만에 가서 영화를 감상했다. 그리고 집으로 돌아오다가 자동차 안에서 갑자기 휴대폰이 어디 있는지 생각이 나지 않는 것이다. 도로 한편에 차를 세우고 구석구석을 찾아봤지만 보이지 않았다. 요즘엔 휴대폰 안에 모든 연락처와 대화 내용은 물론이고 내가 선교지를 방문하면서 찍은 각종 사진들 및 가족사진도 많이 들어 있기 때문에 휴대폰을 분실하면 정말 문제가 심각하다. 가족과 친구와 동료들의 전화번호도 외우지 않고 휴대폰에 기록해두기 때문에 휴대폰이 없으면 이건 큰일이다.

그래서 아내의 휴대폰으로 내 휴대폰에 전화를 해봤다. 그러자 상대방 쪽에서 전화벨 소리가 울리고 누군가가 내 전화를 받는 것이다. 나의 전화번호를 말하고 색깔과 모형을 말하니 놀랍게도 영화관의 한 여직원이 영화 상영 후에 장내를 정리하다가 좌석 사이에 떨어진 내 휴대폰을 발견해서 보관하고 있던 것이다. 즉시 차를 돌려서 영화관으로 가니 그 여직원이 빙그레 웃으면서 내 휴대폰을 내어줬다. 천만다행이었다. 그래서 아예 휴대폰에 구멍을 뚫어서 내 몸에 끈으로 붙잡아 매어 두는 것이 더 안전하지 않을까 하는 엉뚱한 생각도 해봤다.

사람은 누구나 다소간의 건망증을 갖고 있다고 한다. 아이들도 종종 깜빡 잊을 수 있지만 나이가 많이 들면 그 정도가 심해진다. 그것이 너무 심해지면 이른바 치매 현상이 되는 것이다. 물론 건망증과 치매는 다르다. 내가 알기로 건망증은 어떤 물건을 어디에 두었는지 몰라서 찾는 것이라면 치매는 그 물건이 무엇에 쓰는 것인지를 잊어버린 것이라고 한다. 즉 휴대폰을 어디에 놓고 그것이 생각이 나지 않는 것은 건망증이지만 휴대폰이 무엇에 쓰는 것인지 기억하지 못해서 냉장고에 넣거나 쓰레기통에 버리는 행위는 치매다. 아직도 종종 어떤 물건을 너무 "잘"(?) 둬서 찾지 못할 때도 있지만 아직 그 상태가 아닌 것이 얼마나 다행인가!

사실 과거에 일어난 모든 사건을 상세하게 기억하고 있다면 그것도 고통스런 일이 아닐 수 없다. 예를 들어서 나에게 상처를 입히거나 큰 손해를 보게 한 사건이 있었다고 가정하자. 그 일 때문에 많이 고생하고 마음이 아팠다고 해도 세월이 지나면 잊어버리기 때문에 계속해서 삶을 이어갈 수 있지만, 만일 그 일을 조금도 잊지 않고 상세하게 기억하면서 지금까지도 마음이 아프다면 그것이 더 큰 일이 아닌가!

한국 민족에게는 가장 쓰라린 사건 중 하나인 한국동란의 아픔도 많은 세월이 지나면서 대부분 잊어버렸기 때문에 지금은 내일을 소망하면서 사는 것이다. 그렇다고 해서 역사의 사건을 모조리 잊어버리는 것이 좋다는 의미는 결코 아니다. 역사를 잊은 백성은 미래가 없다고 하는 말이 있듯이 역사 속에서 교훈을 배우기 때문이다. 그런데 여자들은 남자들에 비해서 옛날 사건을 더 잘 기억하는 것 같다. 마치 컴퓨터에 저장했다가 필요할 때마다 꺼내 보는 것같이 아주 상세하게 기억하는 경우도 있다. 그런데 나는 인간에게는 지난날을 기억하는 것도 필요하지만 잊어버리는 것도 필요하다고 생각한다. 우리의 두뇌는 용량이 제한적인 것이기 때문이 아닐까?

{쉰셋}

땅만 보고 사는가?

로스앤젤레스에서 5번 프리웨이(고속도로)를 타고 한참을 북쪽으로 올라가다 보면 아주 넓은 곳에 수십 만 마리 소를 키우는 곳이 나온다. 이 거대한 소농장은 잭 해리스가 1937년도에 시작한 것인데 미서부 지역에서 가장 큰 규모의 소농장이다. 약 800에이커(320만 제곱미터. 약 97만 평)에 달하는 그곳에서는 한 해에 대략 1억 5,000만 파운드의 소고기를 생산하고 있다. 근처를 운전하고 지나가다 보면 소 배설물의 악취가 많이 나지만 그런 곳이 있어서 캘리포니아를 비롯한 미국 전역에 소고기 유통이 원활할 것이다. 또한 샌프란시스코로 이어지는 이 프리웨이를 계속 가다 보면 넓은 초원에 소와 말들이 한가롭게 풀을 뜯고 있는 모습이 자주 보인다. 원래 땅이 넓은 미국이어서 광활한 벌판이 많다. 그런 곳에는 가축들이 집단으로 모여 있지는 않지만 아무런 제한도 받지 않는 방목으로 자라는 소와 말들과 푸른 초원이 아름답다.

그런데 이런 곳을 지나면서 유심히 보면 거의 모든 소와 말들이 한결같이 머리를 땅 쪽으로 향하고 풀을 뜯고 있다. 몇 마리는 앞을 보고서 있기도 하지만 고개를 들고 하늘을 쳐다보는 소나 말을 보기가 어렵다. 원래 네 발 달린 짐승이어서 두 발로 일어설 수 없기에 다만 풀을 충분히 먹은 소들은 그늘에 누워서 되새김질을 하거나 자고 있는 것으로 보인다. 사실 그 가축들의 모든 관심사와 요구는 신선한 풀을 먹는 것이기에 결국 땅만 보면서 살 수밖에 없다.

우리 인생도 땅과 이 세상만 바라보면서 사는 경우가 있다. 예전 가난한 시절에는 눈만 뜨면 무엇을 먹을까 무엇을 마실까 염려했다. 아직 경제개발이 제대로 되지 않았던 1960년대와 70년대에 살던 사람들에게 한가로운 해외 여행이나 웰빙 같은 말은 너무도 사치스런 것이었다. 물론 그 시절에도 부유층에 속한 일부 사람들은 흥청거리며 살았지만 그것은 일반 대중 생활과는 아주 멀리 동떨어진 이야기였다. 그러나 세계가 놀랄 만큼 신속한 경제개발과 산업발전으로 일반인의 생활이 급속히 향상되면서 그동안 "하루 벌어 하루 먹기 위해" 땅만 보고 살던 사람들이 고개를 들고 세상을 두리번거리기 시작했다. 주말을 즐기기 시작하고 문화생활에 눈이 뜨인 것이다. 전에는 꿈에도 생각할 수 없던 "비행기를 타고 가는 해외여행"의 길이 열리고, 해외에는 100불 이상 가지고 나갈 수 없던 것이 크게 완화되면서 활동범위가 크게 확장되었다. 그럼에도 불구하고 아직도 "땅에만 고개를 박고" 사는 이들이 많다. 영적인 의미에서 그렇다는 것이다. 즉 현실적이고 세속적인 것에 집착하여 영적이며 영원한 것에는 무관심하거나 무지한 현대인들이 지극히 많다는 것이다. 비록 주머니에 현금이 생기고 전보다 훨씬 편안한 주거생활을 하고 기름진 음식을 먹기는 하지만 정작 영혼의 배고픔과 갈증에 대해서는 무관심한 이들이 너무 많다. 그러다 보니 "내일이라는 것은 없다. 오늘을 맘껏 즐기자"는 무리가 확산되는 것으로 보인다.

내가 어렸을 적에는 하루에 세 끼를 먹는 것만으로도 감사했고 간식이 따로 없어서 간혹 어머니가 해주는 개떡이나 감자나 고구마를 즐겨 먹었다. 장난감을 가져본 적이 거의 없어서 나무나 종이로 스스로 장난감을 만들어 흙바닥에서 놀았지만 행복한 시절을 보냈다. 그런데 오늘날처럼 산더미같이 많은 음식과 헤아릴 수 없을 정도로 많은 장난감과 많은 놀이터가 있는 이때가 그전보다 훨씬 더 행복하다고 말할 수 있을까? 크레용을 아껴 쓰고 몽당연필이 가득한 필통, 종이 한 장도 아껴 쓰던 시절과 모든 것이 풍부한 오늘의 아이들의 행복지수를 비교해보면 어떨까?

조물주는 인간이 땅에만 속해서 살도록 지으신 것이 아니다. 인간도 흙에서 왔고 또 흙으로 갈 것이기 때문에 흙을 떠날 수가 없지만 이제는 마음의 눈을 들어서 하늘에 속한 영적인 것을 보다 더 심각하게 생각해야 할 것이 아닌가? 질병이 많던 때에 어린아이들은 돌이 되면 일 년 동안 탈없이 잘 컸다는 의미에서 돌잔치를 했고, 수명이 아주 짧았던 때에는 환갑 나이만 되어도 큰 잔치를 벌였다. 이제는 70세가 되어도 노인이라는 소리를 듣기 불편해하여 "어르신"이라는 말로 대치했다. 중년과 노년의 개념도 크게 바뀌고 있다. 이제는 죽음 너머에서 창조주 하나님과 만나야 한다는 것을 무시하지 않아야 한다.

{쉰넷}

노래에 삶을 싣고

나는 어려서부터 노래 부르기를 즐겼다. 초등학교 시절에는 선생님의 풍금에 박자와 속도를 맞춰서 부르지 못해서 몇 차례 꾸중을 듣기도 했고, 중학교 시절에는 라디오 퀴즈 프로그램에 나가서 독창을 하게 되었는데 "죽을 쑤는 바람에"(?) 망신을 당한 적도 있지만 그래도 노래 부르기를 좋아한다. 어렸을 적 집에서는 종종 당시의 유행가가 자주 들렸기 때문에 그런 것을 따라 불렀고, 교회에 다니면서부터는 찬송가를 배워서 흥얼거렸다. 아직 참된 신앙이 무엇인지도 모르면서 학생부 성가대에 참여하여 매주일 찬송가를 열심히 불렀고, 대학 시절에는 작은 중창 그룹에 합류하여 일주일에 한 번씩 이른 아침에 서울 서대문 너머에 있는 결핵 요양소를 방문하여 위로의 찬송가를 불렀다. 그곳에는 중환자도 많아서 거의 매일 시신이 나가는데 새벽 시간에 근처에 있는 공동묘지 주변에 대여섯 명이 모여서 찬송가를 연습할 때가 많았다. 그런데 조금도 무섭지 않았던 생각이 난다.

나는 독창에는 자신이 없지만 여러 명이 함께 부르는 합창단에 합세하여 베이스 파트를 부르는 것은 언제나 즐거웠다. 한때는 한국의 유명한 성악가로부터 약 6개월간 그룹 레슨을 받았고 또 유행가 가수를 지도하는 선생으로부터 개인 교습을 몇 개월간 받으면서 복식호흡을 익히기도 했다.

교회 성가대에서 연주하는 헨델의 메시아 전곡을 외워서 부른 때가 있다. 악보를 다 외워야 하는데 보통 어려운 것이 아니었다. 그래도 베이스 파트는 비교적 덜 어렵기 때문에 그날 연주를 잘 해낸 것을 지금도 혼자 대견하게 생각한다. 그리고 목회를 하다 보니 주일마다 찬송가를 많이 불렀다. 어느 주일에는 찬양 인도자가 아파서 예배에 올 수 없어서 내가 직접 찬양을 인도하기도 했다. 전에는 고전적인 찬송가를 주로 불렀지만 근간에는 복음송가를 많이 부르는데 어떤 찬양곡은 정말 가슴이 메이도록 아름다운 신앙고백들이다. 그래서 나는 찬송가를 부를 때마다 행복함을 느꼈다.

미국에 살면서 정년이 가까운 때에는 한 미국인 합창단에 합류했다. 나의 집에서 멀지 않은 곳에서 월요일마다 리허설을 하는 "Towne Singers"라는 합창단인데 창립된 지 30년이 넘었고 거의 다 백인 중년과 노년층으로 구성되었으며 일 년에 두 번씩 대규모 콘서트를 열었다. 멤버 중의 한인이 나 외에 또 한 명이 있었는데 어느 때부터인가 보이지 않았다. 이 합창단은 인근 예배당에 모여서 콘서트 준비를 하고 콘서트가 있을 때에는 집중적으로 리허설을 했다. 그리고 당일에 남자 대원들은 모두 나비 넥타이와 연미복을 입고 여성 단원들도 복장을 통일하여 아주 멋지게 음악회를 열었다. 그런 때에는 가족들을 초청하기도 하였다.

은퇴한 후에는 파사데나 지역에 있는 레이크 에비뉴 교회에 출석하기 시작했는데 나는 새 신자반 교육을 받고 성가대에 참여했다. 대원은 늘 100여 명인데 연령이 비교적 높은 이들이 많지만 찬송 소리는 아주 좋다. 어떤 이는 그 교회에 50년을 출석하면서 성가대원으로 섬긴다며 자랑한다. 나는 그 교회의 담임목사가 매주일 성경적이고 복음적인 설교를 잘할 뿐 아니라 아주 겸손한 분이고 교회 분위기도 좋아서 그 교회의 교인이 된 것이다. 또한 복음송가만 아니라 전통적인 찬송가도 적절히 섞어서 부르기 때문에 더욱 편안하다. 나는 해외 선교를 위하여 출국하지 않으면 주일마다 오전 9시 예배에서 찬송을 부른다. 대원 중에는 중국인도 여럿 있는데 한인은 아마 나 혼자인 것 같다.

늘 어떤 노래를 많이 부르는가에 따라 인생의 길도 많이 달라진다고 본다. 우리 민족은 뼈아픈 전쟁을 겪으면서 슬픈 노래를 많이 불렀다. 고향을 떠난 실향민들은 "고향이 그리워도 못 가는 신세" 등의 슬픈 노래를 많이 불렀고 일제 억압 밑에 살면서 "울 밑에 선 봉선화야, 네 모양이 처량하다" 등의 눈물과 이별과 비통의 노래를 많이 불렀다. 해방이 되면서 잠시 흥겨운 노래를 불렀지만 독재 밑에서 다시 가슴 아픈 노래들을 불렀다. 어떤 음악 평론가의 조사에 따르면 죽음과 슬픔에 관한 노래를 많이 부른 가수들은 대개 젊은 시절에 요절했다고 하며, 애절한 노래를 많이 부른 가수들도 슬픈 인생을 살았다고 한다.

실제로 요즘에 유행하는 노래들을 자세히 분석해보면 그 시대의 풍속도를 상당히 들여다볼 수 있다. 가사 내용이 부패한 경우도 있고 반면에 부패한 사회를 비판하는 노래도 있다. 사랑의 갈등에 관한 노래가 많은 때가 있고 풍요와 행복을 노래하는 때도 있다. 군사독재 시절에는 "잘 살아보세"라는 경제 부흥을 위한 노래가 동네마다 매일 울리던 기억이 있다. 방송과 대중 가운데 무슨 노래가 많이 불려지는가에 따라 사회가 그런 방향으로 간다는 분석도 있다.

우리는 가능하면 행복하고 소망이 있는 노래를 많이 불러야겠다.

비극과 절망과 죽음 그리고 안타까운 눈물을 노래하기보다는 보다 나은 삶을 격려해주는 희망의 노래들을 더 부르면 좋겠다.

{쉰다섯}

우회했는데 더 좋은 길을 만났다

얼마 전 주일 예배를 마치고 큰 도로로 나왔는데 시에서 도로공사를 한다고 길을 막아놓았다. "왜 하필이면 이 대낮에 공사를 해서 교통을 방해할까? 통행이 적은 밤에 공사를 하면 좋을 텐데 이 바쁜 시간에 공사를 하느라고 길을 막는가?" 관계 기관에서 주민을 위해 좋은 일을 하는 것이기는 하지만 나는 당장 조금 불편한 것 때문에 기분이 별로 좋지 않았고 또 잘 알지 못하는 다른 길을 택해야 했다. 늘 가던 길이 익숙한데 그곳을 막았으니 어디로 간단 말인가? 또 길을 잘못 찾아서 헤매면 어쩌지? 전에도 시내로 나가다가 비슷한 경우에 길을 잘못 들어서 한참 동안 이리저리 돌았던 기억이 떠올랐다. 그때 앞에 가는 차를 생각없이 따라가다 보니 전혀 엉뚱한 길로 들어서는 바람에 이리저리 돌면서 내가 가는 길을 찾느라 적지 않은 시간을 허비한 적이 있었던 것이다. 그날에는 GPS도 나를 제대로 인도하지 못했던 것으로 기억한다. 그런데 바로 곁에 우회도로 표지가 붙어 있었다. 몇몇 차들은 그대로 오던 길로 돌아가고 몇 대는 도로 표지를 따라 우회도로로 들어섰다.

"저리로 가면 어디로 빠져야 집으로 갈 수 있을까? 낯선 길인데…." 나는 별로 내키지 않았지만 일단 우회도로 표지를 따라 들어섰다. 표지판을 놓치지 않으려고 조심스럽게 운전해 가는데 얼마를 가다 보니 익숙한 길이 보였다. 반가운 마음으로 그 길로 들어서니 뜻밖에도 내가 그전까지 늘 다니던 길보다 더 가깝고 잘 아는 길이 나오는 게 아닌가! 그러고 보니 그전까지 다니던 길이 오히려 더 멀리 돌아가는 길이었다. 나는 조금 전까지 공연히 마음에 심통이 났던 것이 부끄럽게 생각되었고 오히려 집으로 가는 더 가까운 길을 찾고 보니 불평이 감사함으로 바뀌었다.

우리의 생활 속에서도 종종 이와 비슷한 경험을 한다. 내가 원하고 생각했던 대로 되지 않으면 투정하거나 남을 원망하기도 하는데 내가 억지로 택한 길이 나중에 보니 나의 원래 생각보다 더 좋은 결과를 가져오기도 하기 때문이다. 우리는 너무 근시안적이어서 당장 발등에 떨어진 것을 중요하게 여기면서 멀리 보지 못하는 경향이 있다. 조금만 참고 고개를 들어 보면 더 좋은 길이 보일 때가 많은데도 그렇다.

심지어 어느 때에는 내가 실수한 것인데도 나중에 돌이켜 보니 오히려 잘된 경우도 있었다. 사실 나의 대학 때 꿈 중 하나는 대사와 같은 멋진 외교관이 되는 것이었다. 여러 나라를 여행할 수 있고 또 나라를 위해서 무엇인가 보람된 일을 한다는 생각이 나의 가슴을 부풀게 했다. 그런데 도중에 그 꿈을 포기해야 하는 일이 생겼다. 외무고시를 치러야 하는데 갑작스럽게 몸에 이상이 생겨 책에서 손을 떼야 한다는 의사의 경고를 받는 지경에 이른 것이다. 그날 나는 허탈한 마음에 눈물을 머금어야 했다. 나에게 왜 이런 일이 생기는 것인지 이해할 수 없었다. 모든 상황에 대한 원망과 슬픔이 마음에 밀려들었다. 결국 나는 외교관이 되는 꿈을 접었다. 그러면 무엇이 되어야 하는가?

훗날 나는 목사가 되어 평생 성경을 전하고 외롭고 힘든 삶을 사는 사람들을 격려하고 세워주며 성경을 통해서 그들이 허우적거리는 죄

문제를 해결하도록 돕는 전도자가 되었다. 그런데 성경은 이런 사람을 "그리스도의 대사"라고 말하는 것이다. 나는 드디어 퇴직 임기가 없는 "대사"가 된 것이다. 동료 중에는 국회의원이나 외교관이 된 친구들이 있는데 외교관은 대개 3년 만에 귀국하여 국내에서 지내다가 다시 다른 나라로 파송되는 것을 보았고 또 정년이 되면 퇴직해야 한다. 그런데 나는 평생 섬길 수 있다는 것이 얼마나 좋은가! 비록 나라가 주는 높은 직위는 없지만 보람된 일로 평생을 산다는 것은 특권 중에 특권이라는 생각에 변함이 없다. 청년 시절에 갑작스런 증상으로 대한민국 외교관이 되는 길은 접었지만 더 고상한 일을 감당할 수 있다는 것을 생각하면 내 계획이나 생각이 막혀도 인생은 거기서 끝나지 않는다는 생각을 한다. 이제는 도로공사 때문에 내가 원하는 길을 못 가고 우회표지판을 따라가야 할 때마다 "더 좋은 길이 있을 거야!"라는 생각을 하게 된다.

{쉰여섯}

아직도 동안(童顔)인가?

나는 상당히 오랜 동안 나이에 비해서 젊어 보인다는 말을 자주 들었다. 어떤 경우에는 듣기 좋으라고 인사치레로 하는 말도 있지만 정말 그렇다는 말을 많이 들어서 그런지 나는 지금도(?) 내가 나이에 비해서 젊다고 착각한다. 그래서 거울을 볼 때마다 점점 이마가 넓어지는 것이 서운한 것이다. 머리털만 더 많으면 더 젊어 보일 텐데 하는 생각이다.

한국에서 어느 교회 집회에 강사로 초청을 받았다. 집회 광고지에는 나이가 지긋한 중년의 사진을 넣었는데 막상 교회에 가니 몇몇 사람들이 질문하기를 "광고지에서 본 그 목사님이 맞습니까? 혹시 형제가 아니신가요?" 하는 것이다. 처음엔 농담인 줄 알았는데 그들이 생각했던 것보다 너무 젊어 보인다는 것이다. 더 늙어 보인다는 말보다는 듣기에 별로 나쁘지 않았다. 그런데 설교와 강의 중에 내용을 잘 들어 보니 청년이 아닌 것을 알았다고 한다. 설교 중에 옛날이야기가 종종 나왔기 때문이라고 했다.

1983년도에 미국에 유학을 와서 그 해에 처음으로 Fuller 신학대학원의 강의실에 나갔다. 세계 선교를 배우는 학과였기 때문에 그런지 전 세계 60여 개국에서 학생들이 와 있었다. 정말 다양한 민족이 한 강의실에 모인 것이다. 모두 영어를 사용한다는 것 외에는 외모가 많이 달랐다. 마침 한국인으로 보이는 학생이 있어서 "한국인이세요?"

라고 묻고 그 학생 곁에 앉았다. 아직 미국 대학 생활에 익숙하지 않기 때문에 먼저 유학 온 이에게 혹 도움을 받을 수 있지 않을까 하는 생각에서였다. 한국인과 중국인과 일본인의 구별이 쉽지 않기 때문에 국적을 확인하지 않으면 실수할 수도 있다. 사실 지금도 중국인과 한국인을 한눈에 구별하는 것은 그리 쉽지 않다. 그래서 대화하는 것을 엿듣거나 직접 물어야 할 때가 많다.

내 곁에 있는 학생은 나이가 좀 들어 보이는 한국인이었다. 그런데 나를 보자마자 말을 거는 것이다. "최근에 온 한국인인가요? 듣기로는 나와 같은 대학에 다녔다고 하던데 몇 학번이요?" 마치 아주 새까만 후배를 대하듯이 약간 반말이 섞인 듯하고 근엄한 얼굴로 무엇을 캐묻는 듯했다. "네, 연세대학교 졸업했고 학번은 1967학번입니다." 그러자 그 학생이 깜짝 놀라 자리에서 반쯤 일어서더니 말했다. "죄송합니다. 나보다 3년 선배신데 몰라봤습니다. 너무 젊어 보여서 그만 실례를 하고 말았습니다." 나는 빙그레 웃고 말았는데 그것이 계기가 되어 학교의 같은 아파트에 살면서 내가 공부를 마치고 학교를 떠날 때까지 아주 좋은 친구 관계가 되었다. 얼마 전 한국을 방문했을 때도 부산에서 목회하고 은퇴한 그 친구를 만나서 맛있는 음식을 함께 먹으며 한바탕 또 웃었다.

한번은 아내와 같이 LA 다운타운에 있는 박물관에 간 적이 있다. 자세한 기억이 나지 않지만 무슨 특별한 전시회가 있다고 해서 모처럼 같이 나선 것이다. 그런데 입구에 작은 사인판이 보였다. 내용은 "Senior Discount"였다. 65세 이상이면 입장권의 15% 정도 가격을 저렴하게 해준다는 것이다. 잘되었다는 생각에 입장권을 받는 직원에게

"I am a senior"라고 말했더니 나를 빤히 쳐다보면서 "신분증을 보여주세요." 하는 것이다. 내 나이가 65세가 넘었다는 것을 믿을 수 없다는 눈치다.

나는 멋쩍게 웃으면서 운전면허증을 내보였다. 내 신분증을 자세히 본 그 여자 직원은 미안하다는 표정으로 히쭉 웃으면서 "I'm sorry." 라고 말했다. 나이보다 너무 늙어 보인다는 것보다 낫지 않은가?

젊었을 때에는 실제보다 나이가 들어 보인다는 말이 듣기 좋은 때도 있었는데 언제부터인가 나이에 비해서 동안(童顔)이라고 하는 말이 더 좋다. 나만 아니라 대부분의 사람들이 그럴 것이다. 그래서 어떤 사람은 10여 년 만에 만난 친구가 "자네는 예전이나 지금이나 조금도 변하지 않았군!" 그러자 "그러면 내가 10여 년 전에도 이 모습이었단 말인가?"라고 반문해서 같이 웃었다고 한다.

어느 선배는 나이가 70세가 넘었으면서도 그를 소개하는 문서나 신문에 나오는 사진은 항상 50대의 얼굴이다. 내가 그분을 개인적으로도 알고 있는데 신문이나 홍보지에 그대로 옛날 사진을 쓰도록 하는 것은 왜일까? 또 다른 선배는 머리칼이 많이 빠진데다가 희어져서 최근에 가발을 썼는데 아주 딴사람 같았다. 솔직히 말해서 그분의 가발이 너무 눈에 띄어서 어색하게 보인다. 약간 머리가 벗겨지고 검은 머리칼이 섞인 전의 모습이 더 멋져 보였는데, 그렇다고 말해주기도 어렵지 않은가?

아직도 내가 나이에 비하여 젊어 보인다는 말을 종종 듣기는 하지만 나도 내 사진을 보면 내가 어떤 모습인지 안다. 이마에는 주름살이 없지만 목주름살은 감출 수가 없고 얼굴에도 작지만 검은 점들이 생긴 것까지 피하지는 못한다. 나는 부모의 유전자를 닮아서 그런지 머리카락이 점점 더 얇아지고 또 빠지고 있다. 한동안 신경을 많이 썼지만 이제는 "생긴 대로 산다"고 생각하니 마음이 편하다. 혹시 얼굴을 대하고 볼 때에는 젊어 보이지만 자기 자신의 사진을 보라. 사진은 거짓말을 하지 않는다는 것을 꼭 기억해야겠다.

{쉰일곱}

작은 묘목을 심었는데

내가 사는 동네는 뒤로 산이 있는 막다른 길목이어서 아주 조용하다. 그 동네에서 40년 이상을 살았다는 데이빗이라는 남자는 동네가 시끄럽지 않고 또 도둑이 없어서 아주 좋다고 한다. 요즘 세상에 도둑이 없는 곳이 정말 있단 말인가? 그 이유 중에 하나는 막다른 길에 자동차가 들고 나는 도로가 하나밖에 없어서 만일 도둑이 와도 경찰에 신고하면 달리 도망할 곳이 없어서 금방 체포될 것을 알기 때문에 그 지역으로는 들어오지 않는 것 같다는 것이다. 그리고 바로 뒤에 산이 있어서 바람도 시원하고 자연 환경이 좋다는 것이다. 내가 살아보니 큰길에서 이곳으로 들어오는 길이 조금 구불거리고 좁은 편이지만 전혀 문제가 되지 않는다.

처음 이곳으로 이사왔을 때에 나는 작은 사철나무 묘목을 현관 입구에 심었다. 키가 허리 정도밖에 안 되는 작은 나무지만 진한 초록색이 좋아 보였다. 이웃집과의 사이에 울타리가 없는 곳이어서 울타리 역할도 하고 우리집 입구가 썰렁하게 보이지 않게 하려는 의도였다. 그리고 며칠 후에는 뒤뜰에 부겐벨리아라는 소위 "종이꽃"이라고 하는 묘목을 심었다. 처음에는 자주 물을 주었지만 사철나무가 조금 키가 자란 후부터는 별로 관리를 하지 않았는데도 매년 연록색의 새싹들을 내고 또 부겐벨리아도 진홍색의 꽃을 듬뿍 선물해줬다. 생명을 가진 나무들이 자라는 것을 보면서 생명의 신비를 또 느낀다.

이제 그 나무들을 심은 지 10년이 넘었다. 사철나무는 높고 커다랗게 자라서 잎이 풍성하고 꽃이 가득한 장성한 나무들이 되었다. 사철나무는 이웃집과의 경계가 되고 집 앞을 푸르게 해주었고 부겐벨리아는 지붕을 덮을 정도로 예쁜 꽃들을 가득 피워서 그늘까지 제공해 준다. 신기하게도 일 년 내내 푸르고 꽃이 끊임없이 피는 것이다. 진홍색 꽃잎이 마당에 가득 떨어지는데 또 계속해서 꽃을 피운다. 그래서 같은 종류의 꽃나무를 두 그루 더 사서 안쪽 마당에 심었다. 키가 상당히 큰 것인데 물을 매일 주라고 한다. 그러면 쑥쑥 자랄 것이라는 묘목상의 말을 잊지 않으려고 한다. 그리고 키가 큰 사이프러스 사철나무도 세 그루 더 사서 안쪽 울타리 곁에 두었다. 창밖으로 푸른 나무들이 많이 보이니 참 좋다. 이제 내가 잊지 않고 물을 자주 주면 나무들이 쑥쑥 자랄 것이다.

무엇이든지 심어야 나고 꽃이나 열매를 얻을 수 있다는 지극히 평범한 상식이 새삼 떠오른다. 아무것도 심지 않고 무얼 얻기를 바라는 것은 공상에 불과하다. 또 무얼 심은 후에 그다음 날 즉시 꽃이나 열매를 얻기를 바란다면 그것 또한 허황한 생각일 뿐이다. 나는 평생을 전도자요 목사로 살았기 때문에 이 나무들을 보면서 전도에 대한 생각을 했다. 우리의 신앙도 생명이 있어서 자라고 성숙해진다. 예수의 생명이 그 영혼에 있지 않으면 결코 풍성한 삶을 누리지 못한다. 그리고 예수를 마음에 영접했다고 해도 하루이틀 사이에 성숙한 그리스도인이 되는 것이 결코 아니다. 많은 훈련과 시련과 다양한 경험을 겪으면서 영적인 성품이 다듬어지고 장성한 자가 되는 것이 원리이다. 그러기 위해서는 나무에 물을 주듯이 하나님의 생명의 말씀을 늘 생명수로 받아 마셔야 하는 것이다. 우리집 뒤뜰에서 싱싱하게 자라는 나무들을 보면서 신앙에 대해서 생각한다.

{쉰여덟}

선인장을 옮겨 심고

내가 사는 마을 주변에는 각종 선인장이 가득하다. 이곳 남부 캘리포니아는 일 년 내내 덥고 건조한 사막 기후이기 때문에 아주 작은 선인장부터 어른의 키만큼 자라고 엄청나게 큰 선인장들도 있다. 일 년에 한 번도 물을 주지 않고 관리를 전혀 하지 않으며 다만 겨울 동안 가끔 내리는 비를 맞는 것뿐인데 얼마나 싱싱하고 강하게 자라는지 그것들을 볼 때마다 신기하다. 더욱이 물기가 전혀 없어 보이는 돌밭에서 자라는 선인장들도 일 년 내내 푸르고 강인해 보인다. 그뿐 아니라 가시가 잔뜩 나서 접근을 불허하는 선인장 끝에 매년 새빨간 꽃과 열매들이 열린다. 사람의 손이 쉽게 닿지 않지만 새들과 다람쥐들이 만찬을 즐기는 것 같다. 어떤 선인장은 전신주처럼 곧은 하얀 줄기꽃을 피워서 멀리서도 쉽게 알아볼 수 있고 어떤 종류는 손바닥보다 큰 잎에 가시를 잔뜩 품고도 멋진 열매를 자랑한다.

언젠가 그 많은 선인장 가운데 비교적 꺾기 쉽고 또 생명력이 강한 것들을 꺾어서 대야에 가득 담아 집의 담 밑에 옮겨 심었다. 푸른 잔디가 있어야 할 곳인데 잡초가 많이 자라서 관리하기가 힘들어 그 대신 선인장을 심은 것이다. 나는 땅을 조금 파고 꺾어온 선인장을 꽂아 놓았을 뿐인데 하나도 죽지 않고 잘 자라서 며칠 전에 또 다른 담벼락 밑에 같은 종류의 선인장을 옮겨 심었다.

그런데 집 주변에 큰 나무들이 많아서 그 나무 뿌리가 사방으로 깊이 퍼져 있어서 땅을 파기가 여간 어렵지 않았다. 사방으로 깊게 퍼진 큰 나무의 뿌리들은 종종 상수도 파이프를 뚫기도 하고 심지어 도로의 시멘트 바닥을 뚫고 나오기도 한다. 우리집 현관 앞에도 커다란 소나무가 자라는데 그 뿌리가 대단히 힘이 좋아서 벽돌로 쌓은 화단을 들어올릴 정도이다. 마치 지진이 나서 벽돌이 갈라진 것처럼 보인다. 그래서 얼마 전에는 정원 관리인을 불러 적지 않은 돈을 주고 그 소나무를 잘라내었다. 공공 소유의 나무는 우리가 건드릴 수 없지만 각 사람의 집에 붙어 있는 나무는 집주인이 자를 수도 있기 때문에 그것이 가능했다.

사람은 각종 무기를 만들고 자기들이 자연계에서 가장 강한 존재인 것처럼 으스대지만 조물주는 하찮아 보이는 식물에게 인간보다 더 강한 힘을 주기도 하고 또 잔뜩 꾸민 인간의 멋보다 더 아름다운 자연스런 멋을 주기도 하신다. 사실 이런 강력한 생명력을 가진 선인장들을 보면 상대적으로 인간의 연약함을 절감한다.

동네에 있는 꽃과 나무와 정원 도구를 파는 마켓을 둘러보았다. 가정에서 필요한 각종 연장과 도구들만 있는 것이 아니라 커다란 매장 바깥 쪽에는 각종 꽃들과 선인장 종류가 가득하다. 계절에 따라 찬란한 꽃을 피우는 것들과 사시사철 푸르름을 자랑하는 사철나무 종류도 다양하다. 그런데 매장을 자세히 둘러보니 손가락만한 선인장을 작은 화분에 꽂아놓고 5불 정도의 가격표를 붙여놓은 것들이 많았고 조금 큰 선인장은 10불 정도가 되었다. 그러면 내가 옮겨 심은 선인장의 가격을 합하면 적어도 100불은 넘을 것으로 보인다.

나의 삶을 돌아본다. 조금만 어려운 일이 생기면 가슴이 뛰고 걱정이 밀려오기도 하고 입맛을 잃기도 한다. 이런 소심한 마음을 가지고 어떻게 어려운 환경을 이기고 갈 수 있을까? 그렇지만 나에게는 든든히 믿을 만한 곳이 있어서 염려를 맡긴다. 나의 빈약한 신앙이 세상 염려와 스트레스 때문에 혹 가물어도 기가 죽지 않고 관리해주지 않아도 매년 싱싱하게 자라는 강인한 선인장을 닮았으면 좋겠다는 생각을 해본다. 한 웅큼의 선인장을 옮겨 심으면서 그것들도 이 가물고 더운 계절에 "낙심하지" 않고 잘 자라기를 기대한다.

{쉰아홉}

희망을 먹고 산다

내가 미국에 유학할 때에 아내와 두 아들은 한국에 있었다. 미국 입국 비자가 허락되지 않아서 내가 학위를 마칠 때까지 부득이 이산가족으로 거의 4년을 살아야 했던 것이다. 나는 가족들을 그리워하고 아이들은 아빠를 그리워하며 지낸 시간이었다. 상당히 비싼 비용을 내고 종종 국제전화를 하면 아직 어린 아들들이 말을 잘 하지 못했다. 그때는 컴퓨터가 아직 일반화되지 않았고 요즘 이용하는 이메일 같은 것도 나오지 않아서 아내에게 손편지를 쓰거나 비싼 사용료를 내고 전화를 걸어야 했다. 처음엔 거의 하루이틀에 한 번씩 편지를 쓰다가 시간에 쫓길 때는 한 주간에 한 번 정도 쓰기도 했는데 약 4년 동안 수백 통을 쓴 것 같다.

아이들은 엄마에게 종종 이렇게 물었다고 한다. "왜 우리는 아빠가 없어? 아빠는 언제 집에 와? 난 아빠가 없어서 힘이 없다." 그러면 아내는 아빠가 공부를 끝내면 곧 돌아올 것이라고 아이들을 달랬다고 한다. 그래도 아이는 아빠가 보고 싶은데 곧 돌아온다는 엄마의 말에 희망을 가졌다고 한다. 그래서 아이는 동무들과 놀 때에도 "우리 아빠가 돌아오면 자전거도 사주고 놀이공원에도 데리고 간다고 했다"는 등 기죽지 않고 자랑했다고 한다. 아이는 머지않아 아빠가 공부를 마치고 돌아온다는 희망으로 힘을 얻고 지낸 것이다.

미국 북쪽에 위치한 메인주에서 있던 실제 이야기에 관해 읽은 내용이다. 어느 작은 마을에 수력발전소가 건설된다는 소식이 전해졌다. 이제 마을의 전기 사정이 크게 좋아질 것이다. 그런데 문제는 수력발전소를 만들기 위해서는 댐을 지어야 하는데 그러면 마을이 수몰될 것이라는 안타까운 소식이었다. 거대한 저수지를 만들기 위해서 마을이 물에 잠기게 된다는 것이다. 그때부터 그 마을에는 이상한 일들이 벌어졌다. 주민들은 자기 집이 낡아지거나 벽의 페인트 칠이 다 벗겨져도 수리할 생각을 하지 않는 것이다. 망가진 곳을 고치지도 않고 모든 것을 그대로 방치했다. 아직 그 집에 사람들이 살고 있는데도 불구하고 집을 전혀 관리하지 않으니 점차 폐허처럼 변하게 된 것이다. 이유는 짐작한 그대로였다. 그 마을에 오래 살 가능성이 없고 얼마 후에는 온 마을이 물에 잠겨서 없어질 텐데 집에 돈을 들일 필요가 없다는 것이다. 희망이 없으니 힘도 없었던 것이다.

그래서 "내일에 대한 희망이 없으면 오늘을 위한 힘이 없다"는 말이 맞다. 사람들은 오늘 고생하고 어려움을 당하면서도 왜 삶을 포기하지 않을까? 무엇 때문에 그 많은 고생을 견디면서 사는가? 그것은 내일이나 또 얼마 후에는 모든 형편이 좋아질 것이라는 희망이 있기 때문이다. 왜 어떤 사람은 자신의 삶을 포기하고 자살이라는 극단적인 선택을 하는가? 죽을 용기가 있으면 그 용기로 살라고 말하는 이들도 있지만 그건 이론일 뿐이다. 자살을 택하는 이유는 오늘의 형편이 어렵다는 것보다도 내일에 대한 아무런 희망도 볼 수 없기 때문이다. 만일 오늘의 사정은 아주 어렵지만 내일에 대한 작은 희망이라도 있으면 그것을 붙잡으려고 할 것이다. 누군가 그에게 위로와 격려의 말을 해주고 손을 잡아주었다면 극단적인 선택을 하지 않았을 것이다.

나치의 무서운 학살 현장에서도 살아남은 극소수의 사람들이 있었다. 잔인한 죽음의 수용소 생활에도 불구하고 생존한 사람들의 공통점 가운데 하나는 살아남아야 한다는 희망을 결코 버리지 않았다는 것이다. 실제로 오스트리아의 유대계 신경학자인 빅터 프랭클 같은 사람은 모든 사람이 죽음에 대한 공포로 떨거나 삶을 포기하던 수용소 안에서도 깨어진 유리 조각으로 매일 면도를 하면서 석방의 날을 기다렸다고 한다. 그는 희망을 먹고 견뎠고 결국 생존했다.

성경에 나오는 초대 교회 성도들은 로마의 무서운 박해 밑에서도 어떻게 겁먹지 않고 신앙을 지킬 수 있었는가? 심지어 짐승의 밥이 되면서도 예수님께 대한 믿음을 지킨 것은 무엇 때문인가? 그들은 죽음이 결코 모든 것의 끝이 아님을 믿었기 때문이다. 죽음 너머에 영원한 세계가 있으면 비록 몸은 죽지만 영원히 살 수 있다는 소망을 가졌기 때문이다. 성경은 "의인은 그 죽음에도 소망이 있느니라"(잠언 14:32)고 말한다.

사람은 내일에 대한 꿈이 있기에 오늘을 사는 것이다. 그리고 꿈은 아무리 커도 부담이 되지 않고 아무리 많아도 세금을 내지 않는다. 그리고 작은 꿈을 가진 사람은 작은 일에 집중하고 큰 꿈을 가진 사람은 큰일을 시도할 것이다. 그런 의미에서 아예 꿈이 없는 사람은 바로 사는 것이 아니다.

오늘 나의 소망은 무엇이며 어디에 근거한 것인가? 구름을 잡는 것 같은 허망한 꿈과 같은 것은 아닌가? 막연한 미래에 대한 개인적이고 공상적인 희망을 붙잡고 있는 것은 아닌가? 나의 소망에는 든든한 근거가 있는가? 희망은 내가 바라는 것에 근거하지 않고 희망에 대한 분명한 약속이 있을 때에 가능하다. 그런데 나는 거짓말하지 않으시는 하나님의 약속을 믿기에 나는 그 영원한 소망으로 구원받았고 또 천국에 대한 소망으로 산다(롬 8:24). 이것은 아무도 내게 줄 수 없고 하나님만 주실 수 있는 놀라운 선물이다.

제2부

선교지에서

{예순}

마드라스의 여름

신학교에서 교수할 때에 나는 여름방학을 이용하여 선교사 후보생들과 동남아시아 여러 나라를 방문했다. 가기 전에 미리 상당한 훈련도 하고 현지에 대하여 다각도로 공부도 했다. 이번에도 20명의 학생들과 함께 선교 현장을 둘러보고 노방전도도 하고 현지인 교회도 가보는 프로그램인데 이 일을 여러 해 동안 계속했다. 현지어로 찬송도 연습하고 영어로 전도하는 법도 익혔다. 감사하게도 나와 뜻을 같이 하는 다른 교수가 있어서 동행하면서 좋은 교제도 나눌 수 있었다.

인도의 마드라스를 방문했을 때의 일이다. 계절적으로 더운 여름이어서 더위를 견뎌야 한다는 것은 미리 예상했지만 정말 많이 더웠다. 우리가 머문 곳은 아주 허술한 어느 숙소인데 그래도 울타리가 있고 비록 재래식이지만 화장실도 실내에 있어서 그런대로 견딜 만했다. 첫날 밤을 지내는데 그곳 인도자가 인솔 교수인 나에게 따로 보리차를 제공해주었다. 나는 감사한 마음에 컵의 물을 반쯤 마시고 물컵을 창가에 두었다. 몸이 고단하니 정신을 잃을 정도로 푹 잤다. 그런데 아침에 그 물을 마시려고 보니 컵 바닥에 약 1센티 정도의 누런 흙가루가 가라앉아 있는 것이 아닌가? 어젯 밤에 내가 마신 물은 보리차가 아니라 정화되지 않은 진흙이 섞인 물이었다. 나는 깜짝 놀랐지만 그런 물을 마시고도 탈이 나지 않은 것은 아무리 생각해도 하나님의 은혜가 아니겠는가?

요즘에는 너도 나도 모두 병물을 가지고 다니기 때문에 물을 마시는 것이 안전하다. 그런데 어느 고참 선교사의 말에 따르면 선교사가 현지인들과 잘 어울리기 위해서는 세 가지를 잘해야 한다는 것이다. 즉 현지인 음식을 맛있게 먹고, 그들이 마시는 물도 마시며, 또 그들 집에서 잠을 잘 수 있어야 한다는 것이다. 이런 것이 선교사가 되는 필수조건은 아니지만 일리가 있는 말이다.

숙소 관리인이 해주는 음식은 모두 맛있게 먹었다. 그런데 주변을 이리저리 둘러보다가 주방 안을 들여다보고 다시 놀랄 수밖에 없었다. 진흙 아궁이 위에 아주 오래된 커다랗고 둥근 그릇이 있는데 그것으로 모든 음식을 끓이고 삶는 것이다. 그런데 문제는 주방이 아프리카의 흙집같이 진흙으로 얼기설기 엮어 만든 곳으로 너무 지저분했다는 것이다. 차라리 그 안을 들여다보지 않았으면 좋았을 텐데 이미 보았으니 좀 꺼림칙하였지만 선교지이니 잘 견뎌내야 했다. 그래도 그곳에 며칠 머무는 동안 아무에게도 부엌 이야기를 하지 않고 준비해주는 음식을 맛있게 먹었다. 다만 병에 걸리지 않기를 기도할 뿐이었다.

선교 여행에 참여한 학생들 중 여학생이 절반 정도였는데 특별한 공연을 위하여 한복을 모두 준비했다. 늘 입던 것이 아니어서 어색해했지만 모두 입고 나오니 곱게 보였다. 그날은 어느 학교에서 한국 전통춤을 보여주기로 한 날이다. 아침 9시경에 모든 준비를 하고 숙소 앞에서 버스가 오기를 기다렸다. 인도 청년이 버스를 부르러 가면서 "잠깐 기다리면 옵니다"라고 말해서 정말 잠깐인 줄 알았다. 그런데 한 시간이 지나도 청년이 나타나지 않고 또 두 시간이 지나도 버스가 오지 않아서 모두 기다리다가 지친 상태였다. 그런데 거의 정오가 되어서야 버스가 왔다. "잠깐이면 온다고 하더니 이렇게 늦으면 어떻게 하느냐?"고 내가 물으니 그 청년은 아무 일도 아니라는 표정으로 "잠깐이었잖아요"라고 말하는 것이다. 그들은 우리와 시간 개념이 같지 않다는 것을 깊이 배웠다. 시계를 가진 사람도 별로 많지 않은 상황이어서 그런 경우에 대해서 이해를 하지만 그래도 세 시간을 기다리게 하고도 미안하다는 말 한마디도 하지 않은 것이 조금 서운했다. 아무튼 그들은 도시에 사는 이들처럼 일 분 일 초를 다투지 않는다는 것도 배웠다.

우리는 그룹을 지어 마을에서 열심히 전도했다. 주민들은 현지어를 사용하면서도 영어를 하는 이들이 많아서 미리 연습한 내용을 영어로 전하는 것인데 주민들의 반응이 긍정적이었다. 다만 기독교를 반대하는 이슬람 지역은 피하고 교회가 인정되는 지역을 따라다녔다. 선교사는 그런 곳을 잘 알고 있어서 우리는 안전하게 기독교 지역을 찾아가 찬송하고 전도도 했다. 그해 여름은 여러 면에서 화끈한 계절이었다.

{예순하나}

아들을 잃을 뻔

교수 시절에 선교에 열정을 가진 신학생들을 이끌고 여름 방학 동안에는 여러 나라를 방문했다. 현지에서 사역하는 선교사와 연결하여 선교 현장을 보고 또 기회를 만들어 전도하거나 예배당을 건축하는 노동에 협력하면서 선교를 배우고 훈련하기 위한 것이다. 여행비가 부족한 학생을 돕고 사역에 협력하기 위해서 모금 활동도 했다. 소속 교단의 여러 교회와 참가자들이 다니는 교회를 방문하여 나는 설교와 강의를 하고 학생들은 간증과 찬양을 했다. 많은 교회들이 젊은 학생들의 헌신과 열정을 보고 적지 않은 선교 헌금을 해줬다. 어느 학생은 비행기 삯을 마련하기 위해서 편의점에서 틈틈이 알바를 하거나 심지어 선교 여행 전에 시장에서 채소 장사를 하는 경우도 있었다. 정말 모두 열정적으로 기도하고 준비했다.

어느 해 여름 필리핀을 방문했을 때의 일이 생생하다. 당시 나의 큰 아들이 초등학교 6학년이었는데 키가 컸기 때문에 대학생 형들과 누나들과도 잘 어울릴 것 같아서 선교 여행에 동행하게 되었다. 아이는 아버지와 같이 비행기를 타고 가는 여행에 흥분한 가운데 불볕이 뜨거운 마닐라에 도착했다. 도착한 후 첫 식사를 하게 되었는데 나의 예상대로 음식을 모두 손으로 먹었다. 그곳 주민들은 커다란 바나나 잎을 그릇 삼아서 거기에 밥과 몇 가지 마른반찬을 얹고 손으로 음식을 집어 먹는다. 그러다 보니 국물을 먹기는 힘들다. 모두 맛있게 먹는데 아들만 음식을 물끄러미 쳐다보면서 먹지 않는 것이다. 분명히 배가 고플 텐데 먹을 생각을 하지 않고 자꾸 내 얼굴을 쳐다보는 것이다. 집에서는 한번도 손으로 먹어본 적이 없었기 때문에 당황한 것이다. 그날 저녁에 아들은 바나나만 먹고 밥을 그대로 남겼다. 나는 "너도 배가 고프면 먹으리라"고 생각하고 모른 체했다. 아니나 다를까 그 다음 식사시간부터는 배가 많이 고파서 그런지 손으로 열심히 음식을 먹는 것이다. 물론 음식을 먹기 전에 손을 씻는다. 식사가 끝난 후에 설거지할 것도 없다. 먹고 남은 음식은 바나나 잎에 둘둘 말아서 버리면 된다. 별도로 그릇도 필요하지 않고 식탁을 정리하는 것도 아주 간편했다. 물론 도시에 사는 대부분의 사람들은 수저를 사용하지만 시골 주민들은 대개 지금도 손으로 음식을 먹는다.

내가 미국에서 유학할 때에 같은 학교 아파트에 살던 인도 친구는 인도에서 교수하다가 박사학위를 위하여 공부하러 온 사람인데 공부를 마치고 귀국하기 전에 나를 불러 식사를 하자는 것이다. 그날을 위해서 인도에서 그의 부인이 방문하여 함께 식사하게 되었다. 그런데 내가 예상한 대로 음식은 나왔는데 수저가 없었다. 미국에서 공부한 사람이지만 자기들 습관대로 손으로 먹는 것이다. 내가 약간 당황해 보이니 그의 아내가 즉시 숟가락을 갖고 나왔다. 그런데 단지 두 손가락으로 숟가락을 들고 나오는 것이다. 마치 "많은 사람의 입에 들어갔던 이런 숟가락을 왜 사용하는지 모르겠다"는 표정이다. 듣고 보니 맞는 말이다. 자기 손은 자기만 사용하지만 숟가락은 여러 사람의 입에 들어가는 것이니 오히려 더 깨끗하지 못한 것이 아닌가!

마닐라에서 지낸 며칠 후 사건이 터졌다. 그날은 학생들이 둘씩 짝을 지어서 번화한 마닐라 거리와 대형 마켓을 보며 간단한 쇼핑과 함께 현지인의 "독특한 냄새"를 맡는 날이었다. 삶의 현장실습 시간 같은 것이다. 아들도 어느 학생과 짝이 되어 즐겁게 나갔다. 만일의 경우에 대비하여 모두 숙소 주소를 적어 가지고 나갔다. 그런데 몇 시간 후에 다른 학생들은 다 숙소로 돌아왔는데 아들만 보이지 않았다. 아들과 같이 나갔던 학생이 가장 늦게 돌아오는데 얼굴에 수심이 가득했다. 복잡한 마켓에서 아이를 잃어버렸다는 것이다. 아무리 마켓을 둘러봐도 보이지 않아서 결국 찾지 못하고 혼자 들어온 것이라면서 고개를 푹 숙였다. 우리는 모두 크게 놀라서 아이를 찾을 수 있도록 하나님께서 도와주시기를 간절히 기도했다. 그 기도는 정말 절실했다.

그리고 몇 시간이 지난 후에 아들이 두려움에 찬 얼굴로 숙소에 나타났다. 형들과 함께 다니다가 한눈을 파는 바람에 그룹에서 벗어나 길을 잃었다는 것이다. 미국의 대형 마켓 이상으로 크고 복잡한 곳에서 아이는 울면서 여기저기를 돌아다녔는데 마침 주머니에 있는 숙소 주소가 생각난 것이다. 아이는 거리에 있던 경찰에게 주소를 보여주면서 손짓 발짓으로 도움을 청했고 내가 준 소액의 용돈을 가지고 마닐라 거리에 흔한 세발 자동차인 지프니를 탈 수 있었던 것이다. 초등학생의 한두 마디 영어가 통했던 것이다. 아무리 생각해도 그 말을 알아듣고 지프니를 타게 한 그 경찰이 정말 고맙다. 아이는 숙소에 들어오자마자 내게 달려와 안기며 펑펑 울었다. 굉장히 무서웠다는 것이다. 그래도 집을 찾아왔으니 모두 얼마나 기쁘고 감사한지 함께 박수를 쳤다. 아들은 이미 세월이 많이 지난 지금도 그때의 경험을 생생하게 기억하고 있다.

{예순둘}

다카의 군사 작전

방글라데시의 수도인 다카는 인구가 많고 매우 복잡한 곳이다. 처음 그곳에 가게 된 것은 내가 속한 교단에서 파송한 선교사가 그곳에서 사역을 잘하고 있었기 때문에 그 선교사와 연락하여 이뤄진 것이다. 방글라데시는 세계의 최빈국 가운데 하나이다. 기근에 수백 만 명이 죽은 북한보다 조금 나은 정도이고 공식적으로 이슬람 인구 비율이 90%에 달하는 나라이다. 그리고 힌두교가 10%이고 기독교는 0.4%로 아주 적은 숫자에 불과한 것으로 조사되어 있다. 방글라데시는 선교사를 공식적으로 받아들이지 않고 있어서 현재 그 나라에서 사역하는 이들은 대개 지역 사회 개발과 수자원 개발 및 의료활동과 교육사업을 하고 있다. 학교 교사로서 아이들을 가르치기도 하고 주민생활 향상을 위한 일에 주력하는 것을 보았다. 물론 은밀한 중에 전도활동을 계속한다.

공항 세관을 통과하는 것부터 용이하지 않았다. 음악에 대한 열정은 많으나 악보가 없다는 말을 들었기에 음악대학 교수가 동행하고 몇 가지 악기도 가지고 갔는데 통관을 해주지 않는 것이다. 다른 나라들도 그런 사례가 있지만 세관원들이 우리에게 무엇을 요구하는 것으로 보였다. 현금을 줄 것이 없어서 가지고 간 스웨터 여러 벌을 선물로 주고 간신히 세관을 통과해 나왔다. 방글라데시는 나라의 경제력이 빈약하고 생활 환경이 아주 열악하다. 2016년도의 인구는 1억 6,000

만 명이며 증가 추세에 있다. 식량이 충분치 못한데 인구가 많다 보니 그들의 삶의 질이 많이 떨어지는 것이 사실이다. 그 나라에 새로운 변화가 왔으면 좋겠다.

우리는 기독교에 대한 저항이 비교적 적은 지역으로 이동하여 예배당을 짓는 일을 도왔다. 그런데 외국인들이 탄 자동차를 보면 주민들이 돌을 던지기도 하고 불을 질러 태우기도 한다. 우리가 지나가는 도로 곁에 이미 불에 탄 자동차 여러 대가 보였다. 나는 왼쪽 팔목에 "기자"(PRESS)라는 완장을 차고 두 대의 자동차로 나눠서 다른 지역으로 이동해야 했는데 마치 무슨 군사 작전을 펼치는 것처럼 보였다. 두 자동차에 나눠 탄 선교사가 워키토키로 상황을 주고받으며 안전을 묻기도 했다.

어느 날 오후에는 선교사 숙소에 한 방글라데시 청년이 찾아왔다. 선교사는 그를 급히 안으로 안내했는데 그 청년이 선교사를 통해서 예수를 믿게 된 것을 안 그의 가족들이 그를 잡으려고 하여 도망쳐 나온 것이다. 그는 우리들 앞에 다소곳이 앉아서 그동안의 경위를 말하며 눈물을 흘렸다. 이슬람 가정에서 예수를 믿는 식구가 생기면 무섭게 박해를 하거나 가정에서 추방하는 것이 일반적이란다. 그것은 마치 가족을 배신하고 그 백성의 종교를 배척하는 악한 범죄자가 되는 것과 같다. 선교사는 그를 위로하고 일단 안정을 시키고 얼마 동안 함께 그곳에 거하도록 했다. 예수를 믿는 것 자체가 이렇게 위험하고 어려운 일인지 실감하는 순간이었다.

나는 선교사가 그의 집 방 하나를 비워줘서 거기서 편히 쉴 수 있었다. 다른 학생들은 단체 숙소를 이용하여 머물고 또 기도하며 서로 격려했다. 그런데 이곳에는 곳곳에서 연두색의 작은 도마뱀이 많이 보였다. 집의 벽은 물론이고 천장에도 있고 방 안에도 여기저기서 찍찍 하는 소리를 내며 돌아다닌다. 특히 밤에 잘 때 보니 바로 내 머리 위 천장에 그 초록색 도마뱀이 붙어 있는 것이다. "내가 혹시 입을 벌리고 자는 동안에 바닥으로 떨어지면 내 입으로 쏙……" 나는 끔찍한 생각을 하며 입을 꼭 다물고 잤다. 그런데 도마뱀은 발바닥에 끈끈이 같은 것이 있어서 절대로 바닥으로 떨어지지 않는다고 한다. 그런데 선교사의 작은아들이 나에게 "목사님, 저 찍찍이를 잡아주세요." 하는 것이다. 아이는 달리 장난감이 없기 때문에 물지 않는 작은 도마뱀을 가지고 자주 논다고 한다. 우리 집에 가면 애들을 위한 장난감이 얼마나 많은가 생각하니 미안한 마음이 들었다. 다음에 다시 올 기회가 있으면 장난감이라도 가져다줘야겠다는 생각을 했다.

{예순셋}

방콕 거리에서

태국의 날씨는 조금 더웠지만 맑고 청명했다. 평화를 사랑하여 외국과의 전쟁 경험과 피식민지 경험이 없다고 하는 나라답게 평화롭고 자유가 넘치는 곳이다. 국민의 95% 정도가 불교도인 이 나라는 종교의 자유를 인정하기 때문에 전도에는 장애물이 없었다. 선교사 후보생들과 함께 방콕에 도착하니 새파란 하늘이 먼저 눈에 들어오고 울긋불긋한 장식과 금색으로 된 사원들이 곳곳에서 보였다. 정말 불교의 나라라는 것을 실감할 수 있는 곳이다. 오렌지색 법복을 입은 승려들이 줄지어 지나간다.

현지에서 사역하는 선교사 부부는 태국어에 능숙하여 현지인들과도 잘 소통하고 있었다. 우리 일행은 현지인 목사가 목회하는 교회도 둘러보고 태국 음식의 향기를 맛보기도 했다. 나는 그곳에서 "고수"라고 부르는 짙은 향이 나는 실란트로(Cilantro)를 처음 맛보았다. 실란트로는 베트남, 중국, 인도 등지에서도 각종 음식에 쓰이는 향료 가운데 하나인데 중독성이 강한 허브이다. 그런데 그것을 처음 맛볼 때에는 향이 "이상하고" 익숙하지 않아서 우선 거부감을 느꼈다. 그런데 다른 이들과 함께 먹다 보니 점점 더 그 맛에 빠져드는 것 같았다. 그 후로도 나는 실란트로를 종종 대하게 되는데 이제는 실란트로의 애호가가 되었다. 그 독특한 향기는 특히 "포"(pho)라고 하는 베트남 국수의 맛을 더하고 입맛을 돋우는 것 같다.

방콕 거리에는 바나나 나무를 비롯한 열대 과실 나무가 많았다. 우리 일행 중의 한 학생은 한국에서 흔하게 먹지 못하던 바나나가 길에 즐비한 것을 보더니 주인이 없는 것으로 보이는 바나나를 따겠다고 무턱대고 한 나무를 타고 올라가다가 저지를 당한 일도 있었다. 선교사는 우리 학생들에게 바나나를 잔뜩 가져와서 모두 맘껏 먹었던 기억이 난다.

그날은 둘씩 짝을 져서 대학가 주변에서 거리 전도를 하는 날이었다. 대학생으로 보이는 젊은이들에게 서툰 영어로 말을 걸어서 기회를 보아 간단하게나마 예수 그리스도의 복음을 전하려는 것이다. 나도 어느 대학가 입구에 서 있는데 학생들이 밀려나왔다. 나는 그 가운데 내 앞을 지나가는 한 여학생에게 말을 걸었다. "실례합니다. 학생은 영어를 말할 수 있나요?" 내가 점잖게 물으니 고개를 끄덕인다. 마침 영어를 전공하는 학생이었다. 그 여학생은 내가 이상한 외국인이 아니라는 것을 느꼈는지 밝은 얼굴로 대화를 나누기 시작했다. "나는 한국에서 며칠간 이곳을 방문한 대학 교수입니다. 잠시 대화를 나눠도 될까요?" 내가 교수라는 것을 알고는 관심을 보인다. "혹시 예수 그리스도에 대해서 들어본 적이 있나요?" "무엇이라고요?" 그 학생은 내게 반문하는 것이다. "성경에 나오는 예수에 대해서 들어본 적이 있는가 물은 거예요." 그러자 그는 "그 이름에 대해서 한번도 들어본 적이 없습니다"라고 해서 나는 깜짝 놀랐다.

복음이 전 세계에 전파된 현대 시대에 영어를 공부하는 대학생이 예수라는 이름에 대해서 한번도 들은 적이 없다는 것이 믿어지지 않았다. 누군가 복음을 전해주지 않으면 들을 수 없는 것이 당연했다. 나는 조심스럽게 복음에 대해서 설명하며 그가 얼마나 이해하는지 눈여겨보았다. 영어는 알아듣는 것 같지만 복음을 이해하는 것 같지 않았다. 나는 간단하게 예수의 복음을 전하고 태국어로 된 전도책자를 주었다. 그 학생이 전도책자를 읽고 복음에 대해서 바로 알게 되기를 바라는 마음이다.

{예순넷}

학생을 찾아서

홍콩은 언제나 북적이며 온 세상 사람들이 많이 몰리는 곳이다. 2019년 7월은 영국이 홍콩을 중국으로 반환한 지 22년째가 되는 해이다. 이때를 맞춰서 "범죄인 인도 법안"을 놓고 홍콩 주민의 대규모 시위가 벌어지고 있어 교회들이 우려하고 있었다.

신학교의 선교사 후보생들과 함께 홍콩에 간 것은 그곳에 내가 미국에서 유학할 때 함께 공부하던 중국인이 있었기 때문이다. 그는 공부를 마친 후에 홍콩으로 돌아가 교회 지도자로서 많은 역할을 하고 있었다. 그는 원래 마카오에서 사역하고 있었는데 우리 일행에게 중국에서 많이 볼 수 있는 타이지라는 가벼운 운동도 가르쳐주고 좋은 교제를 나눴다. 홍콩에서 마카오는 페리호로 약 1시간밖에 걸리지 않기 때문에 함께 그곳도 방문했다. 우리는 관광이 목적이 아니고 또 시간 여유가 없어서 마카오의 랜드마크라고 하는 성바울 성당만 둘러보았다. 건물 대부분이 무너지고 일부만 남았지만 아주 화려했던 것으로 생각된다.

나는 다른 한 동료 교수와 함께 여행하고 있었기 때문에 방문하는 곳마다 둘이 번갈아가며 설교하는 기회를 가졌다. 홍콩은 영국의 영향을 받아서 영어가 잘 통하는 곳이다. 우리는 통역자 없이 영어로 직접 설교할 수 있었다. 일반 교인들에게도 설교하고 청년 모임에서도 설교했다. 공개적으로 예배를 드릴 수 있어서 다행인데 그때는 홍콩이 중국으로 귀속되기 전이어서 주민들은 홍콩의 미래에 대해서 상당한 불안을 안고 있었다. 특히 종교단체에 대한 규제가 강화될 것을 우려하여 홍콩을 떠난 기독교인들이 많고 그 가운데 백여 명의 목사들도 타지로 떠났다고 한다.

선교사 후보생 20여 명과 함께 이곳저곳으로 이동해야 하는데 외국 여행이 처음인 학생들이 많아서 우리 두 사람은 학생들 앞과 뒤에서 인도하고 따르며 지도했다. 한 명이라도 낙오자가 생기지 않아야 하고 안전사고가 발생하지 않도록 신경을 많이 써야 했다. 그런데 어느 날인가 하루 일과를 마치고 숙소로 돌아오는 길에 학생 수를 세어보니 한 명이 부족한 것이다. 몇 시간 전에 엘리베이터를 탈 때에 제한 인원수가 넘어서 한 여학생이 다음 엘리베이터를 타겠다고 하여 남겨두고 떠났는데 그 학생이 나타나지 않은 것이다. 우리는 엘리베이터 앞에서 한참을 기다렸다. 그래도 나타나지 않자 우리는 그 학생을 찾아 나서게 되었다.

일부 학생들은 우리가 엘리베이터를 타던 곳으로 돌아가보고 또 다른 학생들은 그 주변을 살폈다. 또 일부 학생들은 염려하여 기도하며 기다렸다. 그렇게 하여 거의 자정이 다 되었다. 이제는 그 넓은 곳에서 학생을 찾을 다른 방법이 없어서 인근 경찰서를 찾아가 실종신고를 하기로 했다. 그런데 바로 그 경찰서에 우리가 찾는 여학생이 눈물을 머금고 앉아 있는 것이 아닌가? 그 학생은 우리가 탄 다음 엘리베터에 탔는데 실수로 다른 층에서 내린 것이다. 그러니 그곳에 아무도 없어 겁이 난 그는 허겁지겁 이곳저곳을 헤매고 다니다가 지친 상태에서 마침 경찰을 만나 경찰서로 오게 되었다는 것이다. 우리는 가슴을 쓸어내렸다. 그런데 몇 년 후에 내가 이스라엘을 방문했을 때에 그곳에서 그 여학생이 다른 선교사와 결혼하여 함께 선교사로 섬기고 있는 것이다. 내가 머무는 숙소에 남편과 아기를 데리고 찾아와서 얼마나 반가웠던지!

그때 나와 함께 동남아시아의 많은 나라를 여행했던 학생들의 대다수가 현지 선교사가 되어 세계 각처에서 이미 20여 년 이상 사역하는 것을 보는 것은 나에게 큰 보람과 기쁨이다. 당시에는 낯선 외국의 문화를 경험하고 구경해보겠다는 마음과 함께 선교의 의미를 새겨보는 정도였지만, 이제 그들은 경력 선교사가 되어 후배들을 돕기도 하고 또 한국으로 돌아와 교단 선교일의 중책을 맡기도 한다.

{예순다섯}

타이베이의 야시장

타이베이를 방문했을 때에는 날씨가 아주 맑고 청명했다. 동료 교수와 함께 갔기 때문에 어느 지역에 가든지 번갈아가면서 설교하고 함께 학생들을 돌볼 수 있어서 좋았다. 우리 일행은 다이중 신학교 기숙사를 빌려 머물면서 그곳 선교사들로부터 현지 상황과 선교 사역에 관한 보고와 강의도 듣는 유익한 시간을 가졌다. 근래에는 중국 본토와의 갈등 때문에 정치적 어려움은 있지만 대만 어느 곳이나 자유의 물결이 흘러넘치는 느낌이고 거리를 활보하는 사람들은 행복해 보였다.

그런데 둘째 날로 기억하는데 학생들이 기숙하는 이층 침대에서 한 학생이 밤에 바닥으로 추락하는 일이 생겼다. 몸을 많이 움직이면서 자다가 그만 방바닥으로 떨어진 것이다. 분명히 쿵 하는 소리가 났는데 무슨 일인가 하여 달려가보니 다른 학생들은 잠에서 깨어났는데 막상 이층 침상에서 떨어진 학생은 바닥에서 그냥 자고 있는 것이 아닌가? 너무 고단해서 자기가 침상에서 떨어진 것도 의식하지 못한 것인지 모르겠다. 다행히 다친 곳이 없어서 함께 웃으며 다시 잠자리에 들었다.

그다음 날에는 둘씩 짝을 지어서 인근 가정을 방문하여 문을 열어주는 집에는 들어가서 복음을 전하기로 했다. 그곳 사람들이 사는 주택은 겉으로 볼 때 상당히 허름하지만 실상은 부자들이 많다고 하며 그들은 장례식에 거액을 쓴다고 한다. 장례식을 잘하면 죽은 사람이 극락에 가고 또 그 후에도 그를 위해서 많은 투자를 한다는 것이다. 어느 가게에 진열된 물건 중에 종이로 만든 다양한 자동차들이 있었다. 그리고 가짜 지폐가 잔뜩 쌓여 있었다. 그런 것은 어디에 쓰이는지 물으니 죽은 자들이 저세상에서 편하게 지내도록 산 자들이 사용하는 것이다. 종이돈을 불에 태워서 보내기도 하고 종이로 만든 벤츠 같은 좋은 자동차를 사서 불에 태우면 죽은 사람이 그런 차를 타고 다닐 것이라는 신앙이다. 신심(信心)은 대단한데 어딘가 잘못된 것이 분명하다.

나는 동료 교수와 함께 어느 집을 두드렸는데 주인은 낯선 우리들을 반갑게 맞아들였다. 그리고 따뜻한 차를 준비해주고 대화를 할 수 있었다. 간단한 영어로 대화가 통해서 우리는 예수의 복음에 대해서 제시했다. 그들은 불교를 믿는 가정인데 쌀쌀맞게 우리의 말을 거절하지 않고 친절하게 들어주었다. 그곳에서 사역하는 미국 선교사의 말에 따르면 그곳 사람들은 낯선 이들의 말에 "아니오!"라고 말하는 것은 예절에 어긋나기 때문에 건성으로라도 받아들인다는 것이다. 그런 문화에 익숙하지 않았을 때에는 대화 상대자마다 예수를 믿을 것처럼 보였지만 실제로는 예의상 대답한 것이고 교회에 나오지는 않는다고 한다.

그리고 국립고궁박물관에 갔다. 규모도 크지만 소장하는 유물과 기념물들이 대단히 많았다. 전시할 물건이 너무 많아서 주기적으로 전시품을 갈아놓는다고 한다. 그 박물관을 제대로 관람하려면 여러 날을 계속해서 가야 한다는 것이다. 특히 중국 본토에서 가져온 것으로 보이는 오래된 물건들이 많았다. 그 가운데 옛날 여성들이 발을 꼭 매어서 작게 한 "전족"(纏足) 사진은 끔찍해 보였다.

어느 날 밤에는 타이베이에서 소문난 야시장을 찾아갔다. 나의 신학교 제자가 열심히 사역하고 있는 곳이어서 나를 안내하여 화려하고 먹을거리가 가득한 야시장을 보여주었다. 그곳은 다양한 쇼핑과 음식의 천국이라고 불리울 만큼 음식이 많았고 의류와 액세서리도 많아서 매일 밤 불야성을 이루는 곳이다. 이곳 타이베이를 찾는 관광객은 거의 예외 없이 이 야시장을 들른다고 한다. 그때 그곳에서 열심히 선교사역을 하던 제자는 그 후에 중국 본토로 가서 지금까지 약 30년 동안 아주 효과적인 선교사역을 하고 있다. 지난번 내가 중국에 갔다가 공안원에게 체포될 때 그 선교사도 같이 체포되었지만 그는 합법적인 "기업인"으로서 모든 세금을 납부하고 있기 때문에 신분이 확실하여 아직도 사역을 계속할 수 있는 것이다.

{예순여섯}

데모꾼의 변신

내가 대학 다니던 시절은 한국에 전국적으로 반정부 시위가 많던 시절이었다. 독재에 항거하는 대학생들의 외침이 매일 캠퍼스 여기저기서 들렸다. 열정적인 주동자들은 캠퍼스를 돌면서 학생들을 모으고 종종 혈서를 쓰는 등의 충격적인 퍼포먼스로 학생들을 자극한 후에 떼를 지어서 구호를 외치며 교문 밖으로 밀려나갔다. 나 역시 시위 주동자들이 많은 정치외교학과 학생이어서 시위에 늘 참여했다. 그것은 피할 수 없는 일이었다. 그때는 일 년 중 수업일수가 크게 부족했던 것으로 기억된다. 어떤 학기에는 수업을 하는 날수보다 휴강하는 날수가 더 많았던 것으로 생각된다. 아무튼 그런 어려운 시절을 통해서 한국에 민주주의가 회복되었다고 생각한다.

내가 대학에서 가르칠 때에도 전국적으로 시위가 그치지 않았다. 이슈는 다양했다. 부정부패가 만연하고 불의한 정권에 대한 항거를 비롯하여 대학 운영에 대한 반감 등이 갈등의 요소였다. 등록금은 지속적으로 상승하는데 변하는 것이 별로 없다는 것과 행정에 비리가 있다는 주장이다. 전국의 여러 대학에서 많은 학생이 수업을 거부하고, 소주병과 같은 작은 병에 석유와 시너를 넣고 화염병을 만들어 시위를 저지하는 전투 경찰대를 향하여 던졌다. 경찰은 커다란 그물망으로 가리개를 만들고 시위대와 대치했다. 여기저기서 불꽃이 날고 부상자가 속출했다. 사실 당시에 시위대를 막는 전투 경찰들도 대학생과 비슷한 또래 청년들이어서 마치 작은 규모의 내란을 보는 것 같았다. 심지어 학생들과 동조하여 같이 시위에 참여하는 교수들도 보였다.

그날도 시위를 시작하려는 움직임이 보였다. 나는 연구실에서 강의를 준비하고 있었는데 밖에서 큰소리가 들렸다. 확성기를 사용하여 구호를 외치고 소위 운동가를 부르는 것이다. 그런데 아무도 그를 저지하지 않았다. 그런 것을 말리다가 혹시 학생들로부터 봉변을 당할지도 모른다는 염려였을까? 참다 못하여 내가 나가서 확성기를 쥐고 있는 학생과 대면했다. "학생은 수업을 거부할 권한이 있지만 나는 한 학생이 클래스에 들어와도 강의를 해야 한단 말이다. 교수의 연구생활을 방해하는 것은 잘못이 아닌가? 확성기 방향을 다른 곳으로 돌리던지 소리를 죽여라." 나는 크게 화를 내지는 않았지만 상당히 굳은 얼굴과 강경한 어조로 학생을 나무라고 다시 연구실로 돌아왔다. 운동장에서는 여전히 시끄런 구호를 외치는 소리가 들렸다. 그 학생은 내가 자기들의 주장에 공감하지 못하는 교수라는 생각에 불쾌한 표정을 짓기도 했다.

그런 사건이 있고 세월이 많이 지났다. 나는 대학을 떠났고 그 학생도 졸업하고 학교를 떠났다. 다 잊어버린 지나간 세월이 된 것이다. 그러던 어느 날 한 통의 이메일이 들어왔다. 발신자가 누구인지 확실치 않은 이름이었다. 그런데 그 내용을 보던 나는 그 자리에서 소리 없이 눈물을 쏟고 말았다. 그 내용은 대략 이러했다.

"교수님, 저는 학창 시절에 시위를 주도하다가 교수님께 책망을 들었던 학생입니다. 그때 내가 하는 것을 아무도 말리지 않았지만 유독

교수님이 제게 와서 사랑하는 마음으로 책망해주셨습니다. 저는 당시에 학생회 총무였기 때문에 시위를 이끌기도 하고 참여하기도 했습니다. 그 후 저는 어떤 계기가 있어서 마음에 변화를 받아 참된 신앙을 갖게 되었고 청년 시절의 지혜롭지 못한 행동을 깨닫게 되었습니다. 그래서 졸업한 후에 당시의 모든 교수님들을 찾아가 용서를 빌었는데 박 교수님만 만나지 못하여 어디에 계신지 지난 10여 년간 소재를 확인하려고 애썼습니다. 그런데 미국에 계신 것을 알고 이제 비로소 소식을 전합니다. 그때는 학생회 임원이어서 자의반 타의반 시위 주동자가 된 것이니 제가 교수님들 말을 거역한 것을 용서해주십시오. 저는 그 후에 선교사가 되어 지금 아프리카에서 봉사하고 있습니다."

나는 그 제자 선교사와 여러 차례 따뜻한 서신을 왕래하게 되었고 드디어 지난 2016년 7월에는 그가 20여 년째 사역하고 있는 남부 아프리카를 방문하여 참으로 귀한 만남을 가졌다. 그리고 그곳의 한인 선교사들을 위한 모임에서 좋은 교제를 가질 수 있었다. 그는 열심을 가진 아내와 키가 아빠보다 더 큰아들과 함께 열악한 선교지에서도 열정으로 일하며 세계적인 선교 단체의 지역 대표로 일하고 있었고 다른 이들의 칭찬을 듣는 훌륭한 사역자였다. "제가 선교사로 평생을 살지만 옛날의 성품이나 기질이 다 바뀐 것은 아니지요. 아직도 부정과 불의를 보면 잘 참지 못합니다. 다만 그 같은 열정으로 더 선한 일에 힘을 쓰는 것뿐입니다." 나는 그의 말에 깊이 공감할 수 있었다.

우리의 말과 행동이 다른 이들에게 어떤 영향을 끼치는지는 다 알 수가 없다. 생각 없이 던진 부정적인 말 한마디로 상처를 입히는가 하면 작은 친절과 배려가 실의에 빠진 한 사람을 일으켜세우기도 한다는 것이다. 나는 오늘도 혹시 말에 실수가 없었는지 돌아보며 좀 더 조심해서 모든 이들을 배려하고 격려하고 살리는 말을 해야겠다는 다짐을 한다. 나는 기회가 되면 그가 사역하는 선교지를 다시 방문할 것이다.

{예순일곱}

붉은 물로 샤워하다

처음 러시아 땅을 밟은 것은 내가 신길 교회의 담임목사로 부임한 지 얼마 지나지 않은 때였다. 그때는 특별한 선교적 사명을 갖고 간 것이 아니라 그곳에서 사역하는 선교사를 격려하고 도울 방법이 있는지 알아보기 위한 것이었다. 그런데 그 방문을 통해서 러시아의 많은 것을 보고 느낄 수 있었다. 블라디보스토크에 입국하는 세관부터 군인들의 삼엄한 경계가 있었다. 러시아 군인들이 무기를 들고 서 있는데 어쩐지 으스스한 느낌이었다. 주머니에 가지고 있는 현금 액수를 확인하는 것이다. 러시아를 떠날 때에 혹시 돈을 더 갖고 나가지 못하도록 하는 조치라고 한다. 그때는 러시아가 막 개방된 직후여서 경제적인 어려움이 많아서 아침에 알던 외국 환율이 오후에 다르고 저녁에 또 다르게 변하는 것이다. 길에서는 작은 아이들이 볼펜 몇 자루를 들고 방문객을 따라다니면서 장사를 하고 있었다. 실제로 경제가 크게 파탄이 난 상태여서 나라가 휘청거리는 때였다.

그곳에서 좋은 호텔로 알려진 힐튼 호텔에 짐을 풀었다. 방 내부가 깨끗하게 청소되고 정리되어 있어서 다행이라고 생각했다. 그런데 샤워를 하려고 하니 수도꼭지에서 붉은 물이 나오는 것이 아닌가? 나는 물을 조금 빼고 나면 맑은 물이 나올 것이라고 생각하고 물을 틀어놓았는데 계속해서 시뻘건 물이 쏟아지는 것이다. 이곳은 원래 붉은 물이 나오는 곳인가? 호텔 측에 알아 보니 그 호텔에서 사용하는 더운 물은 호텔 안에서 덥히는 것이 아니라 먼 곳에 있는 온수 공장에서 파이프를 통해서 전달되어 오는 것인데 그 파이프가 너무 오래 되어 녹이 슬어서 물이 붉게 나온다는 것이다. 경제가 너무 빈약하니 그런 낡은 파이프를 고칠 수 없었던 것이다. 나는 꺼림칙했지만 그 붉은 물로 샤워를 했다. 다행스럽게도 몸에 붉은색이 들지는 않고 시원해서 감사했다.

그곳에서 전에 유학 시절에 한 집에서 룸메이트로 살던 이를 만났다. 그는 원래 유명한 공과대학인 칼텍에서 공부한 총명한 사람인데 내가 그를 만났을 때에는 미국과 러시아 사이를 왕래하면서 목재 사업을 하고 있었다. 그는 반가워하며 나에게 꼭 필요한 곳에 쓰라고 미화 100불을 선물로 주었다. 그런데 문제는 그것을 러시아 루블로 바꿔야 한다는 것이다. 미화 100불을 러시아 루블로 바꾸니 그 분량이 엄청나게 많았다. 루블의 화폐 가치가 그만큼 낮아진 것을 실감할 수 있었다. 귀국길에 나는 주머니에 있던 잔돈까지 몽땅 보여주며 들어올 때보다 금액이 조금 줄었다고 말하니 세관을 통과시켜주었다. 그때는 눈치를 보느라 선교사가 선물로 사준 러시아 털모자도 결국 가져오지 못했다. 그리고 수년 후에 다시 러시아를 방문했을 때 그 모자를 구입할 수 있었다. 경제가 너무 어려우니 한 푼이라도 돈이 나라 밖으로 나가는 것을 막으려는 처사였다.

그 후에도 몇 차례 러시아를 방문하였는데 러시아에 유학 중인 한인 학생들을 위한 수양회에 강사로 가게 된 것이다. 모스크바 외곽 어느 곳에 400여 명의 한인 학생이 모여서 한 주간 동안 찬양하고 교제하며 또 여러 강사들의 강의와 설교를 듣는 일정이었다. 나도 열정으로 강의하고 설교했다. 이런 규모의 집회가 가능한 것에 대해서 마음 깊이 하나님께 감사했다. 어느 날 설교를 마치고 밖에 나왔는데 날씨가 얼마나 춥던지 나를 태워다줄 자동차의 타이어가 눈 속에 꽝꽝 얼어 붙어버렸다. 자동차 열쇠로 차문도 열 수 없을 정도로 얼어버려서 차를 움직이게 하기까지 한참 동안 고생을 했다.

그곳에서 벌써 거의 30여 년을 사역하는 한 제자 선교사는 초기에 추위를 무릅쓰고 노방전도를 하다가 심한 동상에 걸려서 두 귀의 청력을 잃어버렸단다. 여러 가지로 치료를 받아 한쪽 귀가 들리게 되었는데 지금도 한쪽 귀는 청력이 전혀 없다고 한다. 그 선교사와 함께 모스크바의 붉은 광장을 둘러보기 위해서 밖으로 나갔다. 정말 무섭게 추웠다. 선교사가 자기의 두터운 외투와 장갑과 모자를 다 빌려주었지만 도무지 추위에 적응할 수가 없었다. 그런데도 그곳 사람들은 이미 겨울 추위에 적응해서 그런지 광장 한쪽에 마련된 옥외 링크에서 신나게 스케이트를 타는 것이다.

붉은 광장 입구 쪽에 러시아 정교회 건물이 있어서 들어가보았다. 많은 촛불로 밝혀져 있었고 사방의 벽에는 성경에 나오는 인물들과 다른 성인들 그림이 가득 붙어 있었는데 그곳을 방문하는 이들은 초를 사서 불을 밝히고 또 서서 잠시 기도하고는 떠나고는 했다. 그 내부에는 걸상이 없는 것으로 보아 앉아서 함께 예배드리는 일은 없는 것으로 보였다.

선교사의 두 자녀들은 러시아 학교를 다니는데 러시아어를 아주 유창하게 잘한다. 그들과도 잠시 대화를 나눴는데 한국 음식 중에 불고기를 먹고 싶어 하는 눈치였다. 집에서 한국 음식을 해먹기는 해도 식당에서 불고기를 먹을 수 있을 만큼 여유가 있는 것이 아니었다. 마침 그리 멀지 않은 곳에 한식당이 있어서 선교사 가족과 함께 즐거운 저녁 식사를 했다. 아이들이 불고기를 맛있게 먹는 것을 보니 부모의 헌신 때문에 아이들이 고생을 감수한다는 생각에 마음이 짠했다. 그 선교사는 여러 해 걸려서 좋은 신학교 건물을 완공했고 그동안 가르쳐오던 현지인 학생들을 훈련하여 전도자로 양육하는 사역을 잘 감당하고 있다. 그 후에 다시 갔을 때는 우크라이나로 이동하여 현지인 목회자들을 교육하는 기간도 가졌다. 세계 각처에서 많은 어려움을 견디면서 복음을 전파하는 선교사들을 맘껏 응원한다.

{예순여덟}

차가 진흙에 빠졌다

남아메리카 남쪽에 위치한 파라과이의 아순시온에 도착했을 때에는 아주 더운 날씨였다. 파라과이는 볼리비아, 브라질 등과 붙어 있어서 걸어서 국경을 쉽게 넘나들 수 있다. 그래서 많은 상인들이 국경 다리를 건너 다니면서 보따리 장사를 하고 있다. 국경이 맞닿은 다리 위는 라디오, 과일 및 각종 생활용품을 어깨나 등에 메고 오가는 사람들로 북적였다. 아순시온은 고대 도시 중의 하나로서 "도시의 어머니"라는 별칭을 갖고 있다. 아름다운 전통 의복과 특히 맛있는 과일이 풍성한 곳이다. 볼거리가 많은 도시이지만 관광이 나의 여행 목적이 아니어서 잠시 지나면서 보았다.

이번 여행은 내가 담임목사로 있던 교회에서 후원하는 선교사의 사역을 돌아보고 보다 효과적인 사역을 위해서 어떻게 지원할 것인지를 알고자 하는 것이었다. 도시 중앙에는 고급 호텔이 많지만 우리는 변두리의 허름한 호텔에 숙소를 잡고 우선 시원한 샤워부터 했다. 그런데 샤워 꼭지에서 거의 끓인 물과 같이 뜨거운 물이 나오는 것이다. 나는 물을 잘못 튼 줄 알고 수돗물 손잡이를 찬물 쪽으로 끝까지 돌렸지만 여전히 더운 물이 쏟아져나왔다. 밖의 날씨가 워낙 덥기 때문에 수돗물도 거의 끓인 물처럼 더운 것이다. 땀으로 온몸이 범벅이 되었는데 더운 물로라도 샤워를 하니 훨씬 몸이 가볍고 상쾌했다. 숙소에는 선풍기가 있었지만 거기서도 더운 바람이 불었다.

그곳 선교사가 땀흘려 수고한 사역 현장 이곳저곳을 둘러보는 중에 이번에는 숲이 우거진 정글 지역으로 가게 되었다. 그 선교사는 도시를 중심으로 학교를 세워서 아이들에게 교육 기회를 주고 있지만 또한 외진 정글에도 방문하여 글을 가르치거나 글을 아는 이들에게는 성경을 가르쳐 교회로 인도하고 또 그들에게 꼭 필요한 생활용품도 공급해주고 있었다. 정글 속을 한참 들어가다가 한 현지인 가족이 모여 있는 것을 보았다. 허름한 풀집 앞에 있는 한 아이와 여자들이 한 가족으로 보였는데 선교사 말에 따르면 그들은 세 세대라는 것이다. 그 중에 서 있는 여자는 상당히 젊어 보이는데 할머니라고 한다. 30대 후반쯤 된 그 여성의 딸이 10대이고 또 그 10대 여자아이가 갓난아기를 안고 있는 것이다. 그 지역 부족에서는 12세 정도만 되어도 정식으로 결혼하거나 아기를 가질 수 있다고 한다. 그런데 아기의 아빠를 모르는 경우가 많다고 한다. 아직 어린아이로 보이는 여자 아이가 자기 아기를 안고 있는 것이 행복하기보다 안쓰럽게 보였다.

그런데 정글에서 나오는 길에 자동차 바퀴가 깊은 웅덩이에 빠져버렸다. 그 자동차는 사륜구동이어서 웬만한 곳은 잘 통과하는데 이번에는 진흙이 깊은 곳에 바퀴가 박혀버리고 만 것이다. 우리는 차를 뒤에서 밀어보고 또 앞에서 끌어도 봤지만 바퀴를 돌릴수록 더 깊이 빠지는 것이다. 달리 도움을 청할 곳이 없어서 하는 수 없이 한 현지인을 불러 도움을 청했다. 그는 선교사의 도움을 받는 주민인데 정말 헌신적으로 우리를 도왔다. 큰 부삽으로 땅을 파기도 하고 큰 돌을 가져와 바퀴 밑에 넣기도 하며, 나중에는 바닥에 무릎을 꿇고 흙을 파내서 간신히 차를 마른 땅에 올렸다. 자기 몸을 사리지 않고 힘껏 도운 그 주민에게 깊이 감사했다.

나는 한 주간 동안 그곳에 머물렀지만 그곳에서 평생 현지인들과 어울려 수고하는 선교사들의 수고에 많은 도전을 받았다. 선교사들은 현지인들에게 전도자와 목사의 역할만 아니라 때로는 아버지의 역할, 때로는 선생의 역할, 또 급하면 "돌팔이 의사" 역할도 한다. 이제 그들은 나이가 들어 선교지를 떠나게 될 때에 현지인들에게 그 많은 사역을 맡겨야 하기 때문에 적지 않은 마음의 부담을 갖고 있다.

{예순아홉}

갑바도기아의 아픔

통계에 따르면 터키 국민의 99.8%가 이슬람교를 믿는다. 그렇기 때문에 기독교가 발을 붙일 곳이 없으며 실제로 선교사의 입국을 허락하지 않는 곳이다. 그래서 설교를 하거나 성경을 가르치는 것은 불가능하여 이번 방문은 그곳 선교사 부부를 격려하고 성경에 나오는 중요한 유적들을 보기 위한 것이었다. 터키의 수도는 앙카라이지만 최대 도시는 이스탄불로서 보스포러스 해역을 사이에 두고 동양과 서양이 만나는 아주 특이한 위치에 있다. 97%가 동양이고 3%가 서양인 곳이다.

선교사 부부와 함께 일부 사역지를 돌아보고 또 현지의 선교 상황이 얼마나 위험하고 어려운지를 보게 되었다. 그리고 성경에 나오는 잘 알려진 유적지를 찾아보기로 했다. 우선 가까운 곳에 있는 소피아 성당을 보았다. 원래 기독교 성당인데 무슬림들이 점령해서 내부의 예수와 사도들 그림 위에 페인트로 덧칠을 했는데 다시 일부를 보수해서 그림들을 볼 수 있었다. 최근에 정부 시책에 따라 다시 이슬람 사원으로 바꾸었다고 한다.

우리 일행이 나선 날은 마침 이슬람교의 금식월인 라마단이어서 식당들 대부분이 문을 닫았고 낮 시간에는 매우 한산했다. 라마단 기간에 무슬림들은 해가 떠서 질 때까지 음식을 전혀 먹지 않고 물도 마시지 않으며 심지어 침도 삼키지 않는다고 한다. 그렇지만 해가 질 때가 되면 금식 시간이 끝나는 마이크 소리가 들리면서 사람들이 풍성한 저녁 식사를 하는 것이다. 저녁 시간이 되면 마켓 앞에 물건을 사려는 사람들로 장사진을 이루고 실제로 이 기간에 식재료가 다른 때보다 더 많이 팔린다고 한다. 그래도 그들의 신앙심은 대단하다.

성경 요한계시록에는 터키 지역에 바울이 세운 일곱 교회가 있다고 해서 큰 관심을 가지고 일곱 곳을 모두 찾아서 돌아보았다. 모두 폐허가 되었거나 건축물의 일부가 남아 있어서 성경의 기록이 사실인 것을 확인할 수 있었다. 그 가운데 온천으로 유명했다던 라오디게아 교회터를 보았는데 정말 온천이 흐르던 작은 골짜기가 있고 그 물은 위쪽의 파묵칼레라고 하는 하얀 석회분으로 덮인 곳에서 흘러오고 있었다. 그런데 흘러 내려오는 중에 온천물이 식어서 라오디게아 쯤 도착할 때에는 미지근해지는 것이다. 빌라델비아 교회터는 지진으로 무너진 흔적이 있는데 그 가운데 거대한 기둥들이 남아 있었다. 골로새 교회가 있던 곳은 어떤 개인이 땅을 소유하고 있기 때문에 그곳이 골로새라는 것을 알리는 작고 허름한 간판과 포도밭 외에는 아무것도 없었다.

에베소 지역에는 과거의 찬란한 문화 영광의 흔적이 역력했다. 대표적인 우상인 아르테미스 여신의 신전이 있고 또 한쪽 벽만 남았지만 에베소의 셀수스 도서관의 모습이 훌륭했다. 옛날 문화의 도시였던 것을 알 수 있다. 그런데 도로 곁에 커다란 바위가 놓여 있고 그 위에 여자 모습, 돈 모양, 발자국 등이 새겨진 것이 보였다. 이것이 무엇일까? 그 지역에는 유명한 도서관만 있는 것이 아니라 사창굴이 있어서 들어가기 전에 발의 크기를 재어보고 그것보다 큰 사람만 들어갈 수 있었다고 한다. 인근에 항구가 있어서 외부인들이 많이 들어와 사창가가 흥행한 적이 있었다는 것이다. 가까운 곳에 있는 원형 극장은 옛날 모습 그대로였다. 1만 5,000명을 수용할 수 있는 규모인데 나는 극장 가운데 서서 큰소리로 "주 하나님, 지으신 모든 세계"를 불러보았다. 확성기가 없어도 맨 뒤쪽 좌석에 있는 청중들도 선명하게 내 목소리를 들을 수 있었다. 정말 놀라운 과학적 구조로 건설된 것이다. 또한 경기장과 체육관 시설을 포함하여 볼거리가 아주 많았다.

그리고 우리 일행은 갑바도기아로 갔다. 성경 베드로전서에 나오는 것처럼 당시 기독교인들이 로마의 무서운 박해를 피하여 이 지역으로 피신 와서 바위산에 새집처럼 구멍을 파고 산 흔적이 있는 곳이다. 이처럼 지하에 거대한 도시를 만들어 그 안에서 살았던 것이다. 바위산에 직접 올라가보니 내부에서 이웃 집과 통하게 되어 있고 부엌으로 사용한 것으로 보이는 곳에는 시커먼 그을음 자국이 그대로 남아 있었다. 그리고 마치 개미굴과 같은 지하 도시는 유사시에는 커다란 돌로 입구를 막게 되어 있었고 어느 쪽인가에 밖으로 공기가 빠지도록 한 환기통을 만들어서 그 내부에서 조금도 답답함을 느끼지 않았다. 내부 구조가 아주 복잡하기 때문에 안내자 없이 그곳에 들어가면 되돌아 나올 수 없을 정도이다. 신앙을 지키기 위해서 목숨을 건 당시 성도들의 고달픈 삶을 보는 것 같았다. 그런데 터키어를 잘하는 그 부인 선교사가 얼마 전 암으로 세상을 떠났다는 소식을 듣고 마음이 아팠다.

{일흔}

갠지스강의 슬픔

몇 년 전 인도를 방문했다. 전에도 여러 번 방문했는데 이번에는 잠시 틈을 내서 갠지스 강변을 거닐 시간이 있었다. 안내해주는 선교사와 함께 인도의 콜카타 거리에 유명한 세 바퀴의 릭샤를 탔는데 운전자가 너무 힘들게 페달을 밟는 것이 참으로 안쓰러웠다. 내려서 걷거나 내가 뒤에서 밀어주고 싶은 심정이었다. 날씨는 아주 무덥고 습기가 많아서 온몸에 땀이 비오듯 하는데 장정 두 사람을 태운 릭샤가 힘겹게 군중을 헤치고 갔다. 릭샤는 일종의 인력거와 비슷한데 그 많은 사람들이 서로 몸을 부딪치며 걷는 속을 숨을 헐떡이며 뚫고 지나가는 릭샤 운전자가 측은해 보였다.

그날 간 곳은 화장터가 여러 곳에 있는 갠지스 강변 바라나시였다. 이미 책으로나 사진으로 갠지스강에 대해서 많이 읽고 보았는데 막상 강변에 서보니 물이 참으로 탁했다. 흙탕물처럼 보이는데 물 위에 버린 각종 꽃들이 많고 또 일부 쓰레기로 보이는 것들도 있었다. 그렇지만 많은 사람들이 그 물에 머리를 감고 몸을 담그며 행복한 얼굴을 하는 것이다. 그렇게 함으로써 평생 지은 죄를 씻을 수 있다고 믿는 것이다. 탁한 물에서 왜 몸을 씻느냐고 물으니 그 물에는 자생력이 있어서 더러운 것이 자연스럽게 정화되기 때문에 물이 결코 더럽지 않다는 것이다. 심지어 커다란 물뱀이 돌아다니는 것도 볼 수 있지만 아이들도 전혀 두려워하지 않고 목욕을 했다.

그런 것보다 안타까운 것은 강변에 인접한 곳에 화장터가 있어서 시신을 태우는 연기가 끊임없이 오르는 것이다. 원래 인구가 많은 나라이기는 하지만 세상을 떠난 가족의 시신 곁에서 슬픈 얼굴로 자기 차례를 기다리는 모습이 보는 이로 하여금 마음을 아프게 했다. 인도에서는 매년 약 700만 명의 힌두교 신자들이 사망한다는 통계가 있는데 그 사람들을 모두 전통적인 방법으로 화장하려고 하니 수백만 톤의 이산화탄소와 온실가스가 배출되어 공해를 유발한다고 한다. 그래서 근래에는 정부가 전기와 가스를 사용한 화장시설을 지원하고 있다. 특히 유가족들과 외지 사람들도 그곳에서 화장하기를 가장 원한다고 한다. 그곳이 죽은 자에게는 가장 거룩한 곳이라는 것이다.

어떤 유족은 힘에 지치도록 통곡을 하고 어떤 사람들은 아무런 표정도 없이 매트 같은 것에 시신을 올려놓고 꽃으로 덮었는데 얼굴은 그대로 나오게 해서 시신이 바뀌지 않도록 했다. 노인들의 시신이 대부분이었지만 아주 젊은 사람도 보이고 심지어 아이의 시신도 보였다. 그런데 장작을 쌓고 그 위에 시신을 놓고 그 위에 또 장작을 쌓아서 화장하는 일꾼들은 늘 하던 일이어서 그런지 무표정한 모습이다. 시신이 몇 시간 동안 불에 탄 후 재가 남으면 대개 그것을 강에 뿌려서 사후에 다시 인간으로 환생하기를 기대하는 것이다.

환생을 믿는 이들은 비록 현실적으로는 가난하고 가진 것이 없고 힘들어도 불평하지 않고 살아야 나중에 인간으로 다시 태어나는 것이며 이생에서 바르게 살지 않으면 축생으로 환생한다고 믿는다. 그래서 그런지 가난하거나 억압을 받아도 별로 원망하는 모습이 아니다. 빈부 격차가 그 어느 나라보다도 심하지만 가난한 이들이 부자를 공격하지 않고 다만 고생스럽지만 현실에 충성한다는 것이다. 아마 그래서 반정부 시위도 없고 경제 문제로 데모를 덜 하는 것 같다.

갠지스 강변을 돌아보면서 인간의 삶과 죽음을 다시 생각하게 되었다. 모든 인간은 현실에만 만족할 수 없어서 내세를 꿈꾸며 또 그것을 위해서 각 나라들의 장례 문화가 많이 화려한 것으로 보인다. 사실 인간은 원래 흙으로 된 몸만 아니라 영혼을 가지고 태어났기 때문에 몸 관리와 함께 영혼 관리도 잘해야 한다. 그래서 진실한 의미의 신앙이 필요하다. 창조주 하나님을 믿는 신앙을 찾은 것이 나에게는 얼마나 큰 복인지!

{일흔하나}

우물이 있으면 좋겠다

몇 년 전에 다시 중국을 방문했다. 한국에서 나에게 성경을 배운 한 평신도가 중국인들에게 복음을 전하겠다고 떠난 지 여러 해가 지난 때였다. 처음에는 소수의 교회 지도자들을 위하여 밀폐된 어느 작은 방에서 비밀리에 성경을 가르쳤는데 밖으로 우리의 목소리가 나가지 않도록 커튼을 삼중으로 치고 또 강의와 찬송하는 목소리를 한껏 낮춰서 진행했다. 물론 한 사람은 문 밖에 서서 보초가 되어 혹시 공안원이 접근하는지 살피고 있었다.

그 며칠 후에 이번에는 산속에 사는 부족을 찾아가게 되었다. 한국에서 방문 온 어느 대학 교수와 함께 세 사람이 거의 열두 시간이 걸려서 산속으로 들어갔다. 종종 길이 끊어지기도 하고 위험하기 짝이 없는 도로를 지나기도 했다. 오른쪽은 깊은 계곡이고 왼쪽은 하늘로 솟구친 절벽인 곳이 많아서 식은땀이 날 정도였다. 그래도 그런 곳에 자동차가 갈 수 있는 길이 있다는 것이 놀랄 정도였다.

아직 자동차가 들어온 적이 없다는 산속 동네에 다다른 때는 거의 저녁 시간이 가까운 시각이었다. 그런데 놀랍게도 그곳에는 번듯한 예배당 건물이 서 있었고 길 좌우에서 우리를 반기는 동네 주민들이 늘어서서 박수를 치고 있는 것이다. 정말 감동적인 현장이었다. 그날 밤에는 폭우가 억수같이 쏟아졌는데 주민들이 그 깜깜한 길을 뚫고 예배당을 찾아왔다. 손전등을 든 사람도 보이지 않았다. 그런데 그들의 얼굴에는 작은 염려의 빛도 보이지 않고 모두 귀를 쫑긋하고 설교를 듣는 것이다. 특히 어린이들의 찬송가를 부르는 모습은 정말 인상적이었다. 원래 음악 악보가 없는데 수년 전에 영국인 선교사가 여러 가지 형상으로 그림처럼 그린 것으로 악보를 대신하도록 가르쳐서 노래를 아주 잘 부르는 것이다. 그 아이들의 찬송이 대단히 아름다워서 우리 선교사가 그들을 한국에 초청하여 작은 음악회를 열기도 했다.

나는 고단하여 몇 시간을 자고 아침에 깨었는데 산속이어서 그런지 공기가 아주 상쾌했다. 주민들은 우리 방문자들을 위하여 아침 식사를 준비하느라 분주했다. 식수가 귀한 곳이기 때문에 작은 그릇에 약간의 물을 받아서 세수도 하고 이도 닦았다. 샤워를 한다는 것은 감히 꿈도 꿀 수 없는 상황이다. 콩과 닭고기와 채소가 그득한 식탁에 다 함께 둘러앉았는데 손님들 등뒤에 한 사람씩 서서 시중을 드는 것이다. 그런데 내가 밥그릇의 밥을 어느 정도 먹으면 다시 가득 채워주는 것이 아닌가? 손님 밥그릇에 밥이 떨어지지 않게 하는 것이 그들의 관습 중 하나라는 것이다. 나는 그만 먹고 싶은데 그는 말도 없이 자꾸 밥을 더 주는 것이다. 눈짓으로 선교사에게 얼핏 물어보니 밥을 더 이상 먹지 않으려면 그릇 위에 젓가락을 올려놓으라는 것이다. 내가 젓가락을 내 밥그릇에 올려놓았더니 그제서야 자리를 뜨는 것이다. 그런데 이 깊은 산중에서 어떻게 식수를 구하는지가 궁금했다. 알고 보니 산속의 커다란 웅덩이에 고인 빗물을 가져다 큰 돌통에 넣고 불순물을 가라앉힌 후에 마시는 것이다. 그런데 그 웅덩이 물을 직접 보니 마치 뿌연 쌀뜨물이나 구정물같이 보였다. 물 위에 낙엽과 쓰레기로 보이는 것들이 떠 있었다. 아마 내가 그것을 미리 알았으면 음식 먹기가 거북했을 것이다. 동행한 교수의 말에 따르면 그곳 주민들이 오랫동안 불결한 식수에 감염되어 체형이 상당히 비뚤어졌다는 것이다. 안타까운 일이었다. 아주 깊은 산속이어서 비가 올 때 외에는 식수를 얻기가 어렵지만 우물을 팔 수 있으면 맑은 물을 마실 수 있을 것으로 생각되었다. 그런데 그들도 우물을 파고 싶어서 외부의 도움을 받아 몇 번 시도했지만 모두 물을 찾지 못했다고 한다. 그래서 아직도 빗물을 받아서 식수로 사용하고 있다. 지금 내가 어느 곳에서나 신선한 물을 맘껏 마실 수 있는 것도 예사로운 일이 아님을 절감했다.

{일흔둘}

칭기즈칸의 동상 속으로

몽골의 수도인 울란바토르는 비교적 조용한 도시이다. 이번에는 그곳에 있는 모 대학교에서 특강을 하고자 방문했다. 열정적인 한인 선교사 부부가 창설한 이 학교는 미국과 러시아, 사우디아라비아, 인도, 캐나다를 포함하여 세계 여러 나라에서 온 학생들이 영어로 공부하는 대학이다. 학교 규모도 크고 특히 세계의 유수한 대학에서 석박사학위를 취득한 한인 교수들이 자비량으로 헌신적으로 지도하는 곳이다. 모두 대학에서 정한 월급이 없고 다만 개인적으로 받는 선교 헌금으로 생활하는 것이 내게는 도전이었다. 나는 학생들을 대상으로 특강을 했는데 강의 중에 하나님이나 예수님 같은 용어를 사용하지 않는 것이 좋겠다고 하여 그런 성경적인 용어 없이 "좋은 리더십"에 관한 강의를 하는 것이 쉽지는 않았다. 점심도 학생들과 함께 학교 식당에서 먹고 그 후에는 일부 학생들과 소그룹을 형성하여 상담도 하고 공부에 관한 대화를 나눴다. 그 작은 학생들 모임에서는 내가 기독교인인 것을 말했는데 학생들은 교수들이 공개적으로는 말하지 않지만 모두 선교사라는 것을 이미 알고 있었다. 그들의 탁월한 실력과 헌신적인 삶이 그들 신분을 소리 없이 드러낸 것이다. 시간이 지나면 그들 중 다수가 개인적으로 교수를 찾아와서 신앙 상담을 한다고 한다.

강의를 마치고 교수들과 함께 짧은 여행을 했다. 몽골인들에게는 아직도 자부심으로 남아 있는 영웅 칭기즈칸의 거대한 동상을 보러 가는 것이다. 울란바토르에서 동쪽으로 50여 킬로미터 떨어진 허허벌판에 세워진 동상은 칭기즈칸이 채찍을 잡은 채 말을 타고 있는 형상인데 그 높이가 무려 40미터가 넘어 보였다. 외부는 전체가 반짝이는 은빛으로 되어 있어서 멀리서도 눈에 잘 띄는데 그곳은 칭기즈칸이 황금 채찍을 발견한 곳으로 알려진 장소이다. 동상에 가까이 가보니 그 규모가 정말 대단히 컸다. 입장권을 사서 안으로 들어가니 엘리베이터가 있고 그 위로는 계단을 따라 동상의 말머리 부분까지 갈 수 있다. 바로 그곳에 동상 전망대가 있어서 밖을 내려다볼 수 있다. 그리고 그 동상 안에는 박물관과 함께 멋진 레스토랑도 있어서 세계 각처에서 오는 관광객을 맞이하고 있었다.

점심은 그곳에서 조금 떨어진 곳에서 교수들과 함께 먹었다. 양 반 마리를 주문했는데 그곳에서 직접 양을 잡아서 커다란 접시에 내어 놓았다. 양고기가 아주 먹음직스러웠다. 비린내가 나지 않고 맛이 좋아서 모두 즐거운 식사를 했다. 그리고 나오면서 이번에는 말타기를 했다. 방문객들을 위해서 말들을 준비해놓았는데 처음 타는 이들을 위해서 간단히 안내를 한 후에 각자 말 위에 올라탔다. 나는 말을 처음 타기 때문에 조심스럽게 주의사항을 듣고 올라탔다. 그런데 한 현지인 여자가 조금 앞서서 말을 타더니 고삐를 잡지도 않고 마구 달리는 것이다. 마치 서커스를 보는 것처럼 나는 힘차게 달리는 그 여자의 말을 바라봤다. 몽골인들은 어릴 적부터 말을 탄다고 하더니 정말 아이들이나 어른 모두가 말 타는 선수로 보였다.

나는 앞에서 가는 사람을 따라갔는데 내가 앉은 말안장이 불편했다. 말들이 무리를 지어서 가기 때문에 말을 세우고 다시 안장을 고쳐

앉을 수도 없는 상황이었다. 다른 사람들도 다 그렇게 불편할 것이라고 생각하여 그냥 참았는데 알고 보니 내가 탄 말의 안장이 문제가 있던 것이다. 아마 내가 안장을 잘못 얹어놓았는지도 모르겠다. 아무튼 다른 이들은 거의 신나게 달리다시피 하는데 나는 엉덩이가 불편해서 어정쩡한 자세로 간신히 그들을 따라갔다. 말이 몸을 흔들 때마다 나는 자꾸 엉덩이가 아팠다. 그렇게 하여 작은 벌판을 지나고 또 개울을 건너 다시 처음 장소로 돌아왔는데 불편한 안장에 엉덩이가 부딪쳐서 쓰라리고 벌겋게 되도록 상처가 났다. 아무에게도 아프다고 말하기가 민망하여 결국 그 "사서 한 고생"으로 며칠간 불편하게 지냈다.

그곳에서는 강의실에서 공개적으로는 복음을 말할 수 없지만 그래도 개인적으로 문의해올 때에는 예수님에 대해서 말해준다고 한다. 그 교수들 중에 내가 대학생 시절에 만났던 한국의 어느 목사의 딸이 있는 것을 보고 반갑게 인사를 나눴다. 남편도 박사학위를 가진 교수인데 함께 헌신하여 그곳에서 평생 선교사로 사역하고 있다는 것이다. 귀한 사역자들을 위한 예배 시간에 그들을 격려하고 또 한 교회에서 설교를 했는데 나의 설교를 통역한 분은 한국에서 공부한 적이 있어서 한국어를 잘하는 몽골 여자분이었다.

몽골인들이 사는 전통적인 천막집인 게르(Ger)에도 들어가봤다. 겉으로는 아주 소박해 보이지만 안에는 생활에 필요한 것들이 다 갖춰져 있어서 아늑한 안방과도 같았다. 중앙에 난로가 있고 지붕에는 환기 장치도 되어 있어서 게르 안이 시원했다. 한 곳에 가니 그 게르 문 앞에 한국어로 교회라고 쓰여 있었다. 한국의 어느 교회가 선교 헌금을 보내어 작은 예배당을 세우고 지금도 주일마다 현지인들이 모여 찬송하고 하나님의 말씀을 듣는다고 한다. 내부는 다른 어느 교회당과 다르지 않게 잘 꾸며져 있고 걸상들을 두어서 공부하기에 편하도록 해놓았다. 누가 특별히 알아주지도 않지만 세상에 흩어져서 이름과 빛도 없이 사역하는 선교사들의 헌신을 다시 느끼는 귀한 여행이었다.

{일흔셋}

새벽 강연회

중국의 심양을 처음 방문했을 때에는 꽤 추운 계절이었다. 겨울에는 한국도 춥지만 훨씬 더 북쪽에 위치한 그곳은 많이 추웠다. 두툼한 외투를 입었고 장갑도 끼고 겨울 준비를 단단히 했다. 한국에서 출발했기 때문에 거리는 그리 멀지 않았고 그곳에 있는 선교사가 공항에서 기쁘게 맞아줘서 고마웠다. 그곳에 벽돌로 된 오래된 예배당이 있는데 개축을 원한다고 하여 우리 교회에서 상당한 액수의 선교비를 가지고 갔다. 예배당 옆에 있는 어느 교인집에 며칠간 머물렀는데 집의 구조가 우리 한국의 50~60년대와 비슷했다. 온돌이 있는 따뜻한 방바닥과 연결된 곳에 큼지막한 가마솥이 걸려 있어서 밥을 지으면서 동시에 방바닥이 따뜻해지는 것이다. 밤에 따끈한 온돌 바닥에 등을 대고 잠을 청하니 잠이 스르르 왔다. 나도 아주 어릴 적에 그런 온돌방에서 한동안 지냈기 때문에 전혀 신기하게 보이지는 않았지만 오랜만에 그런 것을 보니 마음까지도 따뜻해지는 느낌이었다. 거기서 구수한 옥수수와 감자를 구워서 간식으로 내왔다. 비록 중국 땅에 살지만 한국 민족의 따뜻한 정을 느끼게 하는 사람들이다.

그곳에서 섬기는 한 장로께서 나에게 다음 날 새벽기도회에서 말씀을 전해달라고 했다. 그런데 광고에는 "새벽 예배"가 아니라 "새벽 강연회"로 적혀 있었다. 그곳에서는 공식적으로 설교를 할 수 없기 때문에 그런 식으로 광고를 한다는 것이다. 나는 조금 긴장된 마음으로 새벽 잠을 설치고 깨어서 다섯 시에 시작되는 예배 시간보다 조금 일찍 4시 반쯤에 나갔는데 놀랍게도 그곳에는 이미 성도들이 가득 차 있는 것이다. 밖의 날씨가 많이 추웠고 예배당 안에는 작은 석탄 난로 하나뿐인데 모두 조용히 기도하며 나를 기다리고 있던 것이다. 이들은 추위나 열악한 환경과 무관하게 하나님의 말씀을 사모하는 진지한 모습이었다. 나는 예수님만 가장 최선의 삶의 방법이며 생명의 길이라고 간단한 복음을 "강연했다." 그리고 내가 방문한 곳은 어느 초가집이었다. 아주 허름하고 지붕이 낮은 옛날 초가집인데 그곳에 연로한 두 분이 살고 있고 남편은 그 초가집 가정 교회를 담당하고 있는 장로였다. 그는 성경을 배우려는 사람들은 많은데 가르칠 목회자들이 부족하여 자기가 네 곳의 예배당을 주일마다 번갈아가며 방문하여 예배를 드리고 성경을 가르친다고 한다. 연세가 많이 들어 보이는 분인데도 복음에 대한 열정이 느껴지고 교회를 사랑하는 열기가 느껴질 정도였다.

그리고 나는 며칠 동안 샤워를 하지 못했기 때문에 인근에 있는 공중목욕탕에 갔다. 어둑어둑한 장소인데 수도꼭지에서 더운 물이 나오기는 하지만 몸을 담글 수 있는 욕조가 없고 다만 벽에 붙은 수도꼭지에서 탁한 물이 쏟아져내렸다. 옆 사람들과 몸이 닿을 정도로 가깝게 서서 벌거벗은 모습으로 대충 몸을 씻는 정도였다. 그래도 샤워를 하니 몸만 아니라 마음도 한결 더 깨끗해진 느낌이었다. 이미 세월이 지난 지금쯤에는 그곳 시설도 많이 개선되어 멋진 샤워장으로 변신하지 않았을까 생각한다.

{일흔넷}

감옥에 들어가서 설교

멕시코는 로스앤젤레스에서 서너 시간쯤 걸리는 곳이기 때문에 그리 멀지 않아서 여러 번 방문할 수 있었다. 단기 선교팀을 구성하여 교인들과 같이 가서 선교사가 마련해준 숙소에 며칠간 머물면서 낮에는 함께 동네를 돌며 전도지를 나누고 저녁 시간에 사람들이 모이면 내가 설교를 하고 또 밤에는 기독교 영화를 상영해주기도 했는데 온 동네가 다 모인 것 같다. 교인들과 같이 갈 때에는 멕시코로 출발하기 수 주간 전부터 스페인어로 찬송을 배우기도 하고 간단한 대화를 위해서 언어를 연습한다. 사실 성도들은 선교 현장에 가서 전도하고 봉사하는 것 이상으로 준비하는 기간에 많은 은혜를 경험하고 또 현장에서도 은혜로운 경험을 한다.

일 년에 한두 번은 내가 사는 동네와 가까운 곳에서 목회하는 미국인 목사들과 함께 그곳에 내려가 전도집회를 열기도 했다. 지난 여러 해 동안 화요일마다 함께 모여서 기도회를 갖는 동역자들인데 의견이 합치된 것이다. 대체로 다섯 또는 여섯 교회의 교인들을 격려하여 함께 참여하게 하는데 교회들마다 선교 헌금을 모아서 아이들이 즐기는 놀이기구와 장난감을 사거나 빌려서 가지고 내려가고 또 맛있는 점심을 준비하여 그곳에 오는 모든 이들에게 무료 점심을 주었다. 대개 금요일과 토요일 이틀간 전도집회를 열어서 시간 시간마다 현지인 목사가 복음적인 설교를 하고 또 개인 상담을 했다. 참석한 미국 교회 교인들은 어린이들의 놀이 기구 조립을 돕거나 점심을 만드는 일에 협력하고 또 장비 정리를 도왔다. 그리고 토요일 오후가 되면 모든 장비를 정리하여 트럭에 가득 싣고 다시 캘리포니아로 돌아오는 것이다. 그 활동을 통해서 그 지역 사람들에게 복음을 여러 번 전할 수 있었는데 이것은 현지 교회들만 아니라 우리 지역 교회들의 연합에도 도움이 되었다.

내가 감옥에서 설교했다는 것은 물론 내가 수감된 것이 아니다. 멕시코와 미국의 국경이 맞닿은 티파나라는 도시에 "라 메사"라는 악명 높은 큰 감옥이 있는데 그곳을 방문하여 거기서 수감자들을 대상으로 설교한 것이다. 그 감옥은 규모가 클 뿐 아니라 방문하는 이들은 시계나 반지 및 지갑 같은 소지품을 갖고 들어갈 수 없을 정도록 험악한 곳이다. 대규모의 폭동도 두 번이나 발생하여 여러 명이 죽기도 한 곳이어서 소장의 특별한 허가를 받아야 들어갈 수 있었다. 이 감옥의 특이한 점은 그 안에서 수감자들이 자기 가족과 함께 살 수 있다는 것이다. 대략 2,000~3,000명이 수감되어 있는데 약 10분의 1 정도는 그의 가족들이다. 그 안에서는 가게를 열어 장사를 할 수도 있고 허락을 받아서 자기 집을 짓기도 한다. 우리가 생각하는 일반적인 감옥과는 전혀 다른 형태로 운영되고 있었다.

나는 그곳을 대상으로 여러 해 동안 사역한 선교사의 안내를 받아 들어가서 수감자들을 모아놓고 설교했다. 먼저 열정적으로 찬송을 부르는데 남미 사람들의 특징이 잘 드러나 참석자들이 큰소리로 찬송을 했다. 그리고 내가 설교한 후에 죄를 회개하고 예수님을 믿을 사람은 결단하라고 촉구하니 많은 이들이 손을 들고 반응을 보였다. 그렇게 초청에 응한다고 해서 다 구원을 받는 것은 아니라고 해도 하나님의 말씀을 듣고 마음에 찔림을 받아 반응하는 것은 좋은 것이라고 믿는다. 실제로 그곳에서 회심한 후에 선교사의 도움을 받아 신학을 공부하고 목회자가 된 이들도 있다고 한다.

그곳에는 한인 선교사가 운영하는 신학교들도 있다. 멕시코는 가톨릭이 대표적인 나라이기 때문에 기독교 전도에 방해를 받지 않아서 자유롭다. 동네를 다니면서 전도지를 나누고 저녁 시간에 전도 집회에 나오라고 초청하기도 하고 기회가 주어지면 현장에서 함께 기도도 했다. 국경 도시인 티파나는 멕시코에서도 아주 가난한 도시이기 때문에 대부분의 사람들이 아주 허름한 임시 주택에 살고 전기와 수도도 없는 불편을 겪고 있어서 어린이들을 위한 장난감이나 간단한 생활용품을 나눠주면 모두 고마워했다. 우리가 매일 당연시하며 아무 생각없이 누리는 모든 편리한 것들이 그런 곳에서는 모두 귀한 것들이어서 미안한 마음이 들기도 한다.

{일흔다섯}

쩔쩔매는 통역

호주에 간 것은 내가 그곳에 있는 한인 유학생을 위한 수련회의 강사를 맡았기 때문이다. 한국인들이 이민 가기를 선호하는 호주는 과연 끝이 없도록 광활한 땅을 가졌고 또 볼거리가 많은 관광의 나라이기도 하다. 나는 다른 일행과 함께 수련회장에서 주로 지내면서 청년들에게 하나님의 말씀을 전하고 또 여러 나라에서 자원하여 온 귀한 강사들과 유익한 교제를 나눴다. 그런데 밤에는 모기가 극성이어서 거의 매일 밤 모기와 전쟁을 벌였다. 그래도 내가 좋아하는 맛있는 과일들이 많아서 즐거운 기간이었다.

차를 타고 어느 길을 돌아가는데 벽에 낯선 작은 광고판이 보였다. 그 지역은 영국에서 범죄한 사람들이 유배를 받고 건너와 산 곳이라는 "이상한" 광고판이었다. "무슨 저런 광고판이 다 있을까?" 나는 사실을 물어보니 실제로 당시 경제가 파탄이 난 영국에서 양식이 없어 배가 고파서 빵을 훔치거나 소매치기를 하는 등의 경범죄를 저지른 사람들을 모조리 체포했는데 영국 내에는 그들을 수용할 감옥이 부족하여 멀리 이곳으로 보냈다는 것이다. 그들은 강도나 살인자들이 아니라 경범죄를 지은 자들이지만 범죄자로 낙인이 찍혀서 고국에서 먼 이곳까지 온 것인데 낙담하지 않고 열심히 살아서 결국 대부분이 전화위복이 되었다는 것이다. 죄수로 유배를 왔지만 환경을 극복하고 개척하여 오히려 이곳을 더 잘사는 땅으로 일궈낸 것이다. 그래서 그들의 후손들은 그 사실을 부끄러워하거나 감추지 않고 그것을 공개적으로 적어서 간판을 걸었고 자녀들에게 가르치며 바르게 살기를 촉구한다는 것이다. 예상치 못한 답변을 들었다.

공항에서 수련회 장소로 가는 길에 보이는 드넓은 밭과 벌판에는 나무들이 많았고 멀리 산등성이에는 작은 하얀 점들이 많이 보였다. 자세히 보니 모두 흰색의 양들이다. 호주에는 원래 양들이 많다고 들었지만 정말 엄청나게 많은 수의 양들이 넓은 들판과 산등성이에서 자유롭게 풀을 뜯고 있는 것이다. 호주에는 사람보다 양이 3배 이상 많다는 글을 읽은 적이 있는데 실감이 났다. 그리고 호주의 대부분이 사막이거나 준사막과 같아서 주민의 80% 이상이 해변과 가까운 곳에 살고 있다. 그것은 결코 아름다운 비치에 사는 낭만적인 것과는 다르다. 땅이 굉장히 넓지만 실제로 사람이 살 만한 곳은 일부분인 것이다. 그래도 바닷물이 맑고 하늘이 물처럼 깨끗했다. 전에 갔을 때에는 인근 강에서 제자에게 세례를 주기도 했다.

집회 중에 호주인 강사의 설교를 내가 통역하게 되었다. 그동안에도 여러 번 여러 나라의 설교자들을 통역했기 때문에 별다른 긴장감도 없이 강단에 섰다. 그런데 설교가 시작되면서 조금씩 초조해지기 시작했다. 설교자의 영어 발음이 제대로 들리지 않는 것이다. 그래서 설교자에게 다시 한 번 말해달라는 요청을 몇 번 하다 보니 당황한 것이다. 나는 영어식 발음도 알아듣고 필리핀이나 인도에 가서도 그들식으로 발음하는 영어 설교를 어렵지 않게 통역했는데 이게 어찌된 일인가? 나는 진땀을 흘리며 간신히(?) 설교 통역을 마쳤다. 호주식 영어는 내가 예상하지 못한 부분이 많았다. 나는 설교자에게도 미안하고 또 청중에게도 면목이 없었다.

그래서 호주인들의 영어 발음에 대해서 알아보니 내가 못 알아들을 만도 했다. 예를 들어서 그들은 "오늘"(today)을 "투다이"로 발음하고 "날들"(days)을 "다이즈"로 들리도록 발음하는 것이다. 그뿐 아니라 그들에게만 통하는 속어들이 많았다. 예를 들어서 "오후"(afternoon)를 "아르보"(arvo)라고 말하고, "아침식사"(breakfast)를 간단하게 "브렉키"(brekkie), 그리고 샌드위치를 "생가"(sanga)라고 말하는 것이다. 물론 이런 표현은 호주 밖에서는 통하기 어려운 그들만이 쓰는 일종의 속어이다. 그런 것을 내가 알아들을 수 없었던 것이다. 호주 여행을 생각하면 그때 통역하면서 쩔쩔매던 것이 자꾸 기억이 난다. 그 후에도 다시 방문할 기회가 있었는데 이번에는 정신을 바짝 차리고 대화하다 보니 대체로 잘 통했다.

{일흔여섯}

비행기 출발을 기다리며

여러 나라를 여행하다 보면 종종 비행기 출발이 연착되어 다음 연결 공항에서 줄달음질을 해야 하는 일들이 생긴다. 내가 가려는 목적지로 직행하는 비행 노선이 있으면 다행이지만 한두 군데 공항을 거쳐서 비행기를 갈아타야 하는 경우에는 늘 마음이 분주해진다. 지난번 유럽을 방문할 때에도 한 공항에서 비행기를 갈아타야 했다. 나는 탑승권에 적힌 탑승구 숫자를 확인하고 대합실에서 느긋하게 기다리고 있었다. 그러다가 혹시나 내가 기다리는 게이트가 맞는 것인지 재확인을 하기 위해서 공항 직원에게 탑승구를 물으니 탑승구가 나도 모르는 사이에 변경되었다는 것이다. 이미 공항 방송으로 안내를 했지만 내가 딴청을 하느라 듣지 못한 것 같았다. 숨이 턱에 닿도록 달려서 간신히 비행기를 놓치지는 않았지만 갑자기 100미터 단거리 선수가 되었다.

반면에 인도 지역을 방문할 때에는 도중에 외국 공항에서 9시간을 기다리기도 했다. 비행기 연결 상황이 그렇게밖에는 방법이 없다고 해서 공항 대합실에서 하염없이 기다렸다. 여기저기 구경을 하는 것도 힘들고 간식도 먹었지만 동남아시아의 어느 비좁은 공항에서 여러 시간 기다리는 것은 결코 신나는 경험이 아니다. 다른 나라를 갈 때에 방콕에서 여러 시간 기다린 적도 있다. 처음에는 시간적 여유가 좋기도 했지만 너무 오래 기다리려니 지루했다. 또한 편히 쉴 곳이 없어서 이리저리 상점들을 기웃거리며 구경했지만 곧 피곤해졌다. 선교지에 가기도 전에 지칠 것 같았지만 정한 시간에 비행기를 탈 수 있는 것만으로도 감사한 일이다.

한번은 집회를 끝내고 나를 안내하는 이와 공항에 나왔다. 출발 시간이 넉넉했기 때문에 공항 카페에서 함께 차를 마시며 환담을 했다. 그런데 안내하는 이가 시계를 보더니 자기 시계가 틀리다는 것이 아닌가? 정확한 시각을 알아보니 내가 탈 비행기가 출발할 시간이 다 된 것이다. 깜짝 놀라서 부리나케 개찰구로 달려갔는데 이미 탑승 게이트가 닫혀 있었다. 탑승이 끝난 것이다. 그런데다가 그날은 토요일이어서 그 비행기를 놓치면 내가 그다음 날 주일 예배에서 설교할 수 없기 때문에 조바심이 났다. 나는 항공사 직원에게 사정을 말하고 도움을 청했다. 한번 게이트가 닫히면 다시 여는 것은 가능성이 없지만 그래도 혹시나 하는 마음으로 사정을 했다. 그런데 그 직원은 빙그레 웃으면서 나보고 한쪽에서 기다리며 기도하라는 것이다. 기도하라고? 그 직원이 기독교인인지는 모르겠지만 나는 한쪽 벤치에 앉아서 기도했다. "하나님, 제가 실수했습니다. 용서해주십시오. 그리고 오늘 비행기를 탈 수 있게 해주십시오. 하나님은 하실 수 있으십니다." 그런데 놀라운 일이 벌어졌다. 잠시 후에 게이트 문이 열리면서 예약한 한 사람이 오지 않아서 한 좌석이 비었으니 나보고 어서 탑승하라는 것이다. 이건 정말 기적과 같은 일이었다. 나는 그 직원에게 감사하다는 인사를 하고 바람같이 비행기에 올라탔고 내가 타자마자 비행기 문이 닫히고 곧 출발했다. 휴우!

그 후에도 나는 자주 해외여행을 했다. 그런데 비행기 기체에 이상이 발견되어 이륙이 지연되는 경우에는 화가 나기보다 감사하는 버릇이 생겼다. 사실 신문을 보면 비행기 사고가 많은데 결코 흔하지는 않지만 사고가 한번 나면 많은 사람이 희생되기 때문에 비행기를 탈 때마다 늘 긴장이 되고 기도가 나온다. 그렇지만 세상 일이 다 나의 계획대로 되지 않는다고 짜증을 내거나 분노할 필요가 없다. 어떤 경우에는 나의 계획이 무산되면서 오히려 더 좋은 일이 생길 때도 있기 때문이다.

{일흔일곱}

경찰 머리에 손을 얹고

케냐의 나이로비에서 작은 프로펠러 비행기로 도착한 곳은 케냐의 최북단이며 에디오피아 국경과 접한 이슬람 도시인 모얄레(Moyale)였다. 나이로비 같은 대도시와는 거리가 아주 멀고 가난한 지역이지만 한인 선교사의 헌신적인 노력으로 중고등학교가 세워져서 선교 활동이 활발한 곳이다. 이번 여행에서는 엘에이에서 잘 알려진 치과의사와 그의 자녀 두 명 그리고 또 한 여학생과 동행했다. 일행이 다섯 명이기 때문에 여행 가방도 열 개까지는 허용된다. 이민 가방만큼 커다란 가방 안에는 우리의 옷가지만 아니라 현지에서 필요한 치과 의료 장비와 그곳 아이들에게 선물할 바람을 뺀 축구공이 가득 들어 있었다. 그곳 아이들은 눈만 뜨면 둥그런 것을 공으로 삼고 축구를 하는 것이다. 그래서 50여 개의 축구공을 준비해갔는데 그것도 일 년 내에 다 뚫어질 것이라고 한다. 그런 선교지에서 아주 사랑을 받는 것 중의 하나가 한국의 라면이어서 그것도 여러 상자를 넣었다.

아직 숙소가 미비하여 전기도 없고 빗물을 받아서 씻는 상황이지만 모두 잘 지냈다. 밤에는 모기와 싸워야 하고 낮에는 더위와 싸웠다. K 치과의사는 벌써 그곳을 여러 번 방문하여 치료 활동을 했기 때문에 세관원도 그의 얼굴을 기억하는 것 같았다. 우리는 아침 일찍 일어나 치료 준비를 했는데 주로 하루 종일 주민들의 치아를 뽑는 일에 힘썼다. 장비가 부족하기 때문에 주로 발치를 한 것인데 어느 날에는 뽑은 치아가 작은 라면 상자에 수북할 정도였다. 그리고 대부분의 아프리카 사람들의 어금니는 뿌리가 워낙 깊어서 그것을 뽑기에 땀을 많이 흘렸다. 낮에 나는 치과의사의 보조역할을 하고 저녁 시간에는 학생들을 대상으로 설교했다.

그날은 수요일 저녁이었다. 나는 어느 현지인 교회에서 설교하기 위해 선교사 차에 합승해서 시내를 통과하게 되었다. 선교사가 운전하고 나는 조수석에 앉았는데 거리에 걷는 사람들이 가득한 도로에 경찰도 여럿이다. 그런데 한 경찰이 우리의 차를 정지시키는 것이다. "과속을 하지도 않았고 교통법규를 어기지도 않았는데 웬일일까?" 불안한 마음으로 창문을 열고 경찰에게 미소를 보냈다. 그 경찰은 내 쪽 창문으로 고개를 쑥 집어넣었다. 무슨 꼬투리라도 잡아서 벌금을 받아내려는 것이다. 차 뒤쪽에 앉은 사람들은 안전벨트를 하지 않았기 때문에 벌금을 매기면 어쩔 수 없는 상황이었다.

경찰은 나에게 물었다. "지금 당신들은 어디 가는 길입니까?" 내가 답변했다. "나는 미국에서 온 목사인데 오늘 수요일이어서 교회에 설교하러 갑니다." 그러자 경찰의 태도가 갑자기 바뀌면서 이번에도 다시 창문 안으로 고개를 들이밀면서 "그렇습니까? 그럼 나를 위해서 기도해 주십시오." 하는 것이었다. 나는 깜짝 놀라서 "무얼 위해서 기도할까요?"라고 물으니 돈을 더 잘 벌게 해달라는 것이다. 나는 어이가 없었지만 그의 머리에 손을 얹고 기도했다. 영어와 한국어를 섞어서 그가 정직하게 돈을 벌게 해달라고 기도했더니 좋아하면서 가라고 손짓을 했다. 나는 땡큐라고 말하고 현장을 떠났다.

그날 교회에서 설교를 마치고 밤에 집으로 돌아오는 길에 원래 왔던 길로 다시 가게 되었다. 그런데 공교롭게도 그 길에서 아까 만났던 그 경찰이 또 우리 차를 세우는 것이다. 그는 몇 시간 전과 마찬가지로 우리 차 안을 들여다보았다. 나는 그의 얼굴을 기억하고 있었기 때문에 "내가 여기서 몇 시간 전에 당신을 축복하고 기도해주었는데 나를 기억하지 못합니까?"라고 말했더니 머쓱해하면서 그냥 가라고 하는 것이다. 나중에 알고 보니 이곳의 많은 경찰들은 원래 월급이 너무 적어서 이런 식으로 약간의 벌금 형식으로 돈을 얻어서 생활한다는 것이다.

아무튼 밤하늘에 모래알같이 별들이 가득 뿌려져 있는 모얄레 방문은 여러 가지의 은혜로 기억된다. 그 치과의사는 거의 매년 같은 곳을 방문하여 충성스럽게 진료 봉사를 하고 있다. 병원 문을 닫고 선교지에 가는 것이 그리 쉽지 않지만 그는 환자들의 기도를 요청하고 치과를 닫는다. 그런데 놀랍게도 연말에 정산을 해보면 그렇게 한 달 가까이 치과 문을 닫아도 하나님께서 다 채워주신다는 것이다. 나는 하루에 여러 번씩 물을 길어서 공급해야 하는 그곳 선교사가 운영하는 학교에서 지금은 물 공급이 보다 쉽게 되기를 바라고 더 많은 무슬림 학생들이 복음을 들었을 것으로 믿는다.

{일흔여덟}

내 가방이 어디 갔지?

아프리카 케냐에서 생긴 일이다. 미국에서 우리의 목적지까지 가려면 태국의 방콕에서 거의 반나절을 기다려야 하는 먼 여정이다. 케냐의 나이로비에 도착하여 한국인이 운영하는 숙박시설에서 하룻 밤을 지내고 이번에는 작은 프로펠러 비행기로 현지까지 가는데 비행기가 아주 작아서 비행기 기계 소리가 귀에 아프도록 요란하고 비행기가 곡예를 하는 것처럼 바람에 이리저리 흔들렸다. 저절로 기도가 나왔다. 그런데 그 비행기를 조종하는 조종사는 세계적으로 비행기 선교를 하는 선교사였다. 그는 출발하기 전에 모든 승객과 함께 기도하고 떠났다. 모든 승객이라야 겨우 여섯 명이었던 것으로 기억한다. 현지인들에게 줄 물건들과 선교사 가정에서 필요한 것들을 모두 넣은 가방은 굉장히 무겁고 또 일인당 두 개씩 허용하기 때문에 동행하는 사람들 모두에게 두 개씩 할당하다 보니 가방 수가 열 개가 되었다. 커다란 "이민가방" 열 개는 예사롭지 않았지만 공항 세관을 무사히 통과했다. 어느 때에는 세관원이 트집을 잡고 짐을 통과시켜주지 않아서 애를 먹기도 한다. 내 경험으로 어느 나라에 입국할 때에는 세관원이 직접 현금을 요구하기도 하고 또 가져간 옷가지를 내어주기도 했다. 그렇지 않으면 세관 통과를 허락하지 않기 때문이다.

이번에는 이미 그곳에 여러 번 방문하여 주민들에게 치과 치료를 하는 분과 함께 갔었는데 돌아오는 길에서 일이 벌어진 것이다. 공항에서 가방 검색을 위하여 엑스레이 검사대에 모든 가방을 넣고 통과를 기다렸다. 그런데 다른 동행자들의 가방들은 다 나왔는데 내 가방이 보이지 않았다. 한참을 기다리고 있는데 모든 가방이 다 나왔다는 것이다. 내 가방은 어디 갔지? 나는 정신을 바짝 차리고 이리저리 주위를 살폈다. 그런데 저만큼 떨어진 곳에 어느 현지인으로 보이는 사람이 짐을 싣는 카트에 여러 개의 가방을 수북하게 쌓은 채 유유히 걸어가고 있는 것이다. 혹시 내 것도 있는가 하여 가까이 가서 보니 쌓여있는 가방들 중간쯤에 내 것으로 보이는 가방이 눈에 띄었다. 나는 그 사람을 보고 "실례지만 이것은 내 가방인데요." 하고 말하니 나를 물끄러미 바라보고 있다. 나는 잽싸게 내 가방을 꺼냈는데 그는 아무 일도 없다는 표정으로 "오케이!"라고만 말하고 그냥 계속 걸어가는 것이다. 남의 것을 도둑질하고도 한마디 미안하다는 말도 없는 것을 보니 어이가 없었다. 아마 그 사람은 그런 짓을 여러 번 했던 것으로 보인다. 그 카트에 쌓인 다른 가방들도 자기 것이 아닌지 모르겠다.

그 후로 나는 아프리카 지역을 방문할 때나 여러 도시를 거쳐서 비행기를 갈아타고 갈 때에는 가능하면 가방을 체크인하지 않고 직접 들고 들어가는 습관이 생겼다. 무거운 짐을 부치면 거동하기가 훨씬 편하지만 또 가방을 분실하면 어려움을 당할 수 있기 때문이다. 그래서 만일의 경우를 생각하여 여권과 신분증과 신용카드와 현금같이 중요한 것들은 다른 작은 가방에 넣어 몸에 지니고 혹시 분실하면 불편하지만 견딜 수 있는 옷가지와 덜 중요한 것들만 부치는 습관이 생긴 것이다.

선교지를 여행하다 보면 갖가지 해프닝이 생기게 마련이다. 이집트를 방문했을 때에는 도착 공항에서 내 짐이 나오지 않아서 한참 동안 고생을 했다. 공항 밖에서는 우리 부부를 마중나온 선교사가 기다리고 있는데 나는 짐을 찾지 못해서 쩔쩔매고 있던 것이다. 말도 잘 통하지 않고 아무도 내 가방에 대해서 책임을 지려는 사람도 없으니 어떻게 할 것인가? 나는 공항에서 여러 시간을 기다리면서 이리저리 공항 직원들을 찾아다니며 짐을 찾게 해달라고 요구했다. 그런데 모두 제대로 대꾸도 하지 않는 것이다. 나는 기도할 수밖에 없었다. "하나님, 나를 도와주셔서 짐을 찾게 해주세요. 그 안에는 현지인 목회자들에게 강의할 노트와 성경책과 필요한 자료들이 있는데 그것이 없으면 강의하기가 어렵습니다. 주님, 저를 도와주옵소서!" 기도가 간절할 수밖에 없다. 그런데 다행스럽게도 몇 시간 후에 내 가방이 나왔다. 나는 마치 잃어버렸던 보석을 찾은 것같이 기뻐서 하나님께 감사하며 공항을 부리나케 빠져나올 수 있었다. 그래서 지금도 가능하면 가방을 한 개로 줄여서 내가 직접 가지고 다닌다.

{일혼}

비밀리에 세례를 주다

중국으로의 이 여행은 참으로 은밀한 중에 이뤄졌다. 이미 그곳에서 18년 이상 사역하는 선교사가 내게 요청하여 결신자들에게 세례를 베풀어달라는 것이다. 그는 신학을 공부했지만 아직 안수받은 목사가 아니어서 평신도 선교사보다는 목사가 와서 결신자들을 위하여 세례문답을 하고 세례를 주기를 원한 것이다.

그것은 마치 무슨 스파이 작전과 흡사했다. 그 선교사는 대학가에서 살면서 대학생들을 대상으로 복음을 전하고 제자 훈련을 했는데 중국에서도 총명한 청년들이 다니는 유명 대학교의 재학생이거나 졸업생들이 대부분이었다. 마침 어느 한국인 사업자가 상당한 기간 한국으로 출장을 떠나게 되어 그가 살던 아파트를 빌려서 사례를 주는 장소로 사용했다. 집이 크고 특히 목욕탕이 상당히 넓어서 욕조에 물을 받아 세례를 베풀기에 안성맞춤이었다.

그 집으로 들어가는 것부터 조심스런 계획이 필요했다. 두세 명 이상이 함께 이동하는 것은 위험한 일이며 건물 관리자 눈에 띄기가 쉽기 때문에 한 명이나 두 명이 서로 다른 시간에 따로따로 아파트 정문을 통과했다. 그것도 대낮보다는 늦은 시간을 택했고 소리 없이 한 곳에 모여서 함께 조용히 예배를 드렸다. 그리고 내가 한 사람씩 개인 면담으로 세례문답을 하게 되었다. 그들의 결신은 대단히 확고했다. 내가 중국어를 구사하지 못하지만 그들 대부분이 영어를 말할 수 있을 정도로 훈련이 되어 있는 것이 놀라웠다.

그 중에 지금도 마음에 아픔이 된 청년이 기억난다. 그는 법학대학 졸업생으로 이제 곧 변호사 시험을 치를 준비를 하고 있는 수재였다. 나는 간단히 그의 간증을 듣고 그가 왜 모든 위험을 무릅쓰고 세례를 받으려고 하는지 묻지 않을 수 없었다. 당시 그의 말에 따르면 중국에서 기독교를 믿고 세례받은 것이 알려지면 변호사나 의사 등 국가 시험을 치를 수 없다는 것이다. 그것을 감출 수 있지 않을까 물으니 신상명세서에 종교난이 있는데 그곳에 기록해야 한다는 것이며 그는 사실대로 기독교라고 쓰고 싶다는 것이다. 그리고 그 청년의 경우에는 만일 그의 아버지가 아들이 세례받았다는 사실을 알면 당장 가정에서 쫓아내거나 혹 죽일 수도 있다는 것이다. 나는 그의 말을 들으며 가슴이 터질 것 같았고 눈물이 복받치는 것을 억지로 참을 수밖에 없었다. 그는 많은 위험을 무릅쓰고 감동적인 세례를 받았다. 그 외에도 많은 위험을 각오하고 세례를 받겠다는 청년들을 보면서 주님이 정말 기뻐하실 것이라고 확신했다. 이미 그 일이 몇 년 전에 있던 것이기 때문에 그가 지금은 어떻게 지내고 있는지 참으로 궁금하다.

세례를 베푸는 것도 또 하나의 작전이었다. 선교지에서는 물 몇 방울을 머리에 뿌리는 약식 세례보다는 주로 몸을 물에 잠그는 침례식을 행하기 때문에 이번에는 어린이들이 물놀이할 때 자주 쓰는 튜브에 물을 가득 담았다. 그것도 물소리가 아파트의 다른 주민에게 들리지 않게 하려고 상당한 시간을 들여 조금씩 조용하게 가득 담았는데 물의 깊이가 발목 위에 오르는 정도였다. 여러 형제와 자매들이 둘러서 보는 가운데 나는 한 사람씩 결신자를 물에 넣었다. 그들은 몸을 한껏 구부려서 물에 몸이 많이 잠기도록 하여 침례를 거행한 것이다. 그럴 때마다 옆에 둘러서 있는 청년들이 조용히 기뻐하고 소리 없이 박수를 치고 함께 즐거워했다. 물을 버리는 것도 자칫 위험을 초래할 수 있는 일이다. 만일 물을 하수도에 한꺼번에 쏟아 버리면 그 물소리 때문에 이웃 사람들이 수상하게 여길 것이기 때문에 아주 조금씩 물을 흘려보내야 했다. 자유로운 곳이라면 크게 기쁨의 찬양을 하고 감사하고 축하해주겠지만 이곳의 상황은 그렇지 못했다. 그대로 모두 기뻐하며 조용하게 찬송했다.

세례식을 마친 후에는 모두 둘러앉아서 성찬식을 거행했다. 주님이 가르쳐주신 대로 작은 빵 조각을 나누며 어디선가 구입해온 포도주스를 마시며 예수님의 죽으심을 기억하는 것이다. 어떤 청년은 소리 없이 눈물을 흘리고 어떤 청년은 두 손을 높이 들고 말없이 하나님을 찬양했다. 초대 교회인 예루살렘 교회에서 성도들이 유대인의 미움과 공격을 받아서 고통을 받았지만 조금도 낙담하지 않고 믿음을 더욱 강건하게 한 것을 기억하면서 참으로 감동과 은혜가 넘치는 시간을 보냈다.

{여든}

중국 시안의 명소

이번에도 군사 비밀 요원의 작전과 같았다. 성경을 가르치러 가는 길에 안내자가 여러 번 바뀌는 것이다. 내가 어디서 와서 어디로 가는지 처음 사람은 모르고 마지막 사람만 알고 중간에서 나를 안내한 사람은 나에 대해서 거의 아는 것이 없어 보였다. 자동차를 두 번 갈아탈 때마다 안내자가 바뀌었다. 가는 도중에 아무도 나에 대해서 묻지 않았고 나도 그들에게 아무것도 묻지 않았다. 얼마 후에 도착한 곳은 사람들이 많이 북적거리는 시장 동네였다. 물건을 파는 사람들의 호객 소리가 시끄럽고 모두들 자기들의 장사하는 것에 바빠서 아무도 나에게 눈길도 주지 않는 것이 아주 다행이다. 우리는 시장에 나온 평범한 사람들처럼 행동하면서 어느 골목을 지나 허름한 주택 안으로 들어갔다. 이미 그 작은 방 안에는 십여 명의 학생들이 나를 기다리고 있었다. 그들은 한인 선교사로부터 성경을 배웠거나 성경을 배운 사람들로부터 한 사람 건너뛰어서 배운 사람들이어서 실제로 선교사가 누구인지 알지 못했다. 그것도 신분이 밝혀지지 않게 하는 점조직과 같은 것이었다.

놀라운 것은 그 젊은 청년들이 내가 말하는 영어 강의를 다 알아듣는다는 것이다. 이미 대학에서 배웠을 뿐 아니라 총명한 청년들이어서 영어 실력이 상당한 수준이었다. 강의실은 이층이었는데 한 학생이 밖에서 망을 보며 누가 들여다보거나 접근하는지 문을 지키고 있었다. 모인 학생들 가운데 한 사람은 나의 강의를 듣기 위해서 멀리 중국 변방의 우루무치라는 곳에서 약 이틀간 기차를 타고 왔다고 한다. 우리는 조용히 기도하고 조용히 찬송하고 조용히 강의를 들었다. 그날 나는 전도에 관한 비교적 짧은 강의를 했는데 얼마나 집중하고 경청하는지 하나님의 말씀을 한마디라도 더 배우려고 하는 진지함에 오히려 내가 도전을 받았다.

시안을 방문하는 동안 그 유명한 진시황제의 병마용 박물관을 돌아본 것은 좋은 경험이었다. 병마용은 중원을 최초로 통일한 진시황제의 무덤을 호위하기 위한 목적으로 만들어진 것인데 지하에 세워진 병마용만 해도 그 수가 6,000에서 8,000기에 달하고 있다. 이 유적지는 1974년 시안 외곽의 한 시골 농부가 우물을 파기 위해서 땅을 파던 중 토기 조각을 발견해서 당국에 신고하면서 발굴이 시작되었다. 그 규모가 대단한 것만 아니라 아직도 전체 병마용 면적의 600분의 1정도밖에 발굴되지 않은 것으로 추정된다고 하니 가히 그 규모를 상상할 수 있을 것이다. 또 놀라운 것은 그들 병사의 얼굴 모습이 하나도 같지 않고 표정이 섬세하다는 것이며 그것을 수축하는 데 70만 명의 노동자가 약 40년간 공을 들였다는 사실이다. 예를 들어서 병사의 귀 모양이 모두 다른 것은 그들이 실제 군인을 모델로 했을 것이라는 주장에 타당성을 준다. 그리고 도굴꾼의 침입을 막기 위해서 휘발성이 강한 수은을 사용하여 과학적인 방부제 역할과 함께 인체에 치명적인 해가 되게 했다고 한다. 그래서 진시황의 무덤 안에는 수은이 흐르는 강이 있는 것이다.

강의를 들은 이들 중에는 대학생도 있고 지금도 공산당원증을 소지하고 있는 직장인도 있었다. 그들은 예수 그리스도의 복음을 위해서 신변의 위험을 무릅쓰고 비밀리에 성경을 가르치는 평신도 사역자들인데 가르칠 교수가 부족하기 때문에 성경을 배우는 일에 목이 말라 있었다. 한국이나 미국에는 교회마다 성경 공부반이 많지만 무관심한 사람들도 많은데 이렇게 종교적인 제한과 박해가 심한 곳에서는 성경책 한 권이 종종 목숨과 바꿔야 하는 경우도 있는 것이다. 그런데 중국인에게 유익이 되는 사람들만 거주를 허용하고 모든 외국 선교사는 곧 추방한다는 소식이 들린다. 그러면 복음을 전하는 것은 그들에게 유익이 되지 않는다는 것인가? 공산권에서는 교회가 가장 큰 위험집단으로 인정되기 때문일 것이다. 예루살렘 교회가 박해를 받아서 멀리 흩어졌지만 흩어진 사람들을 통해서 복음이 더 넓게 전파된 것을 생각하면서 혹시 추방된 선교사들이 아시아나 아프리카로 가서 보다 자유롭게 선교 활동을 하게 되지 않을까 생각한다.

{여든하나}

사막 위의 보물

이집트에서 기독교는 두 번째로 큰 종교로서 콥틱 기독교인데 15~20% 정도를 차지한다. 법적으로는 종교의 자유를 인정하지만 실제로는 많은 차별과 제한적인 정부 정책으로 인해서 근간에는 만일 누구든지 예배당 건물을 수리하려고 하면 대통령의 허가를 받아야 하도록 요구하고 있다. 교회당을 짓는 것에는 많은 제한이 있지만 이슬람의 사원인 모스크를 짓는 데에는 아무런 제한이 없다. 이슬람이 강세이기 때문에 이슬람 사역에는 많은 혜택을 주지만 기독교 활동에는 규제가 심하다. 그래서 이슬람 극단주의자들이 콥틱 교회를 공격하고 증오범죄를 자주 저지르며 예배당을 불태우는 일이 자주 발생하고 있다.

이번 방문은 현지인 목회자들을 위한 한 주간의 세미나를 갖기 위한 것이었다. 참석자들은 아랍어를 쓰기 때문에 내가 영어로 강따르면 현지인이 아랍어로 통역하는 형식이다. 대부분의 참석자들이 나보다 나이가 더 들어 보였지만 모두 열심히 기록하며 배우기에 집중하는 모습이 좋아 보였다. 목회자 부부들이 참석하여 좋은 교제를 나누고 이집트의 전통적인 음식들을 즐겼다. 그곳에는 지난 1975년에 선교사로 파송되어 35년 이상 섬긴 한국인이 있었다. 그는 젊은 시절을 거의 이집트에서 보내며 매년 목회자 세미나를 실시하고 전도활동을 하였는데, 최근에 이집트 정부가 선교사들을 모두 축출한다는 말이 있다 보니 그 선교사의 신변은 어떻게 되었는지 궁금하다. 평생 그 곳에서 지내면서 복음을 전한 선교사들을 하나님께서 보호해주시기를 기도한다.

며칠 동안의 세미나를 마치고 우리의 숙소에서 멀지 않은 기자 지역으로 안내를 받아 갔다. 그것은 세계에서 가장 큰 피라미드가 있는 곳이다. 기원전 2560년에 건축되었다고 하는데 완공하기까지 약 20년이 걸렸다고 한다. 높이가 대략 147미터이고 밑변 길이는 230미터로서 쌓아놓은 돌들은 작은 것이 2톤이고 큰 것은 50톤에 이른다고 한다. 특별한 장비도 없이 오직 인력으로 그런 건축물을 세운 것이 신비로웠다. 나는 자동차로 한 바퀴 돌아볼 수 있었다. 그리고 관광객을 위해서 열어놓은 입구가 있어서 입장료를 내고 피라미드 안으로 들어가 봤다. 좁은 동굴처럼 생긴 통로를 따라 들어가니 넓은 방도 나오고 각종 행사를 한 것으로 보이는 공간도 보였다. 원래 왕들의 보물을 많이 넣었지만 지난 수십 년간 도굴꾼들 때문에 귀중한 유물이 많이 분실되었다고 한다. 도대체 저렇게 무겁고 큰 돌들을 어떻게 거대한 산처럼 쌓을 수 있었는지 당시에 동원된 노예와 일꾼들의 목숨이 많이 희생된 결과인 것을 느낄 수 있었다.

피라미드를 보고 나오는데 낙타를 탄 현지인이 나를 부른다. 사진을 찍지 않겠느냐는 것이다. 나는 낙타 앞에서 멋진 미소를 지었는데 돌아서니 돈을 내라는 것이다. 자기 낙타의 사진을 찍었으니 마땅히 돈을 내야 한다는 것이다. 나는 빙그레 웃으며 손을 흔들고 곧장 자리를 떠났다. 혹시 그 일로 말다툼이 생기거나 갈등이 생기지 않기를 바랐기 때문이다. 사진도 함부로 찍을 수가 없는 곳이 관광지이다.

선교사 부부와 함께 나일강의 배를 타기로 했다. 성경에 나오는 모세가 태어났을 때에 바로가 유대인 사내 아기들을 모두 물에 던져 죽이라는 잔인한 명령을 피하여 그의 어미 요게벳이 아기를 살리려고 갈대 상자를 만들어 거기에 모세를 넣어 나일강에 놓았다고 하는데 바로 그 나일강이다. 나일강은 일 년 내내 물이 풍부하여 사막의 땅인 이집트에 생명줄과 같이 시원하게 흐르고 있었다. 우리가 탄 배는 옛날 이집트 사람들이 타던 것과 같이 커다란 돛을 가진 것인데 계속해서 불어오는 바람을 타고 순항했다.

그 후에 선교사는 현지인 한 사람을 붙여주면서 룩소르(Luxor)를 보고 오라고 했다. 그런데 도로에는 곳곳에 항아리들이 놓여 있고 그 가운데는 마실 물을 가득 담아둔 것이 보였다. 물이 귀한 사막 기후이기 때문에 목마른 나그네들이 자유롭게 물을 마실 수 있도록 하는 주민의 배려라고 한다. 우리가 카이로에서 남쪽으로 여러 시간을 차로 이동하여 도착한 룩소르에는 입이 딱 벌어질 정도로 거대한 규모의 신전들이 있었다. 그때 아내는 왼쪽 다리에 골절상을 입어 완쾌되지도 않은 상태였지만 일생에 한 번밖에 와보기 힘든 곳이어서 불편함을 참고 모두 걸어다녔다. 룩소르는 고대 이집트 시대부터 존재한 것으로 알려져 있는데 인구는 약 3만 명이고 이집트를 찾는 대부분의 관광객이 방문하는 곳이기 때문에 편의시설도 있었다. 그 가운데 가장 거대한 것이 카르나크 신전과 높이 서 있는 오벨리스크였다. 고대 이집트인들은 태양신을 섬겼기 때문에 그와 관련된 신전이 대부분이다. 그런데 그 높이와 규모가 굉장히 커서 그 밑을 지나는 사람들은 마치 거대한 고목나무 곁을 지나는 작은 존재처럼 보였다. 그 크고 많은 돌들을 어떻게 이동하고 조각을 만들었는지 신비감을 느낄 정도였다. 당시 바로를 전능한 신으로 숭배했던 것도 그가 엄청난 세력을 갖고 있었기 때문일 것이다.

이집트의 콥틱 기독교는 삼위일체와 성경무오성을 믿고 고대 기독교 전통을 지키는 역사가 오랜 교회이다. 알려진 바로는 주후 42년경에 마가복음을 쓴 사도 마가가 예수의 복음을 전했다고 하는데 그를 기념하는 교회에 가보니 여러 사람들이 들어와서 조용히 기도하고 있었고, 사도 마가가 복음을 전하다가 체포되어 순교한 장면의 그림도 있었다. 작은 동굴에 그려진 그림이 내 가슴을 서늘하게 했다. 몸이 밧줄에 묶인 채로 말에 끌려다니며 몸이 찢어져 죽었다고 하니 마음에 두려움과 아픔이 스며들었다. 예수님의 제자들이 세계 각처로 흩어져서 거의 다 순교한 역사를 배웠기 때문에 큰 빚을 진 것 같은 마음이 되었다.

{여든둘}

국제미아가 될 뻔했네

세계 여러 나라를 여행하다 보니 가끔 당황할 일들이 생긴다. 그 가운데 두 번의 경우가 나를 많이 당황하게 했다. 브라질에서 열리는 한인 유학생과 현지인 청년들을 위한 신앙 수련회에 강사로 갔을 때의 일이다. 그곳 날씨는 아주 덥고 후텁지근했지만 그래도 열심히 참여하는 청년들의 열기를 따라 열심히 강의했다. 정해진 프로그램에 따라 시간 시간 열심히 강의했다. 그리고 집회 후에는 안내자를 따라서 세계적으로 유명한 이과수 폭포의 장엄한 광경도 볼 수 있었다. 전혀 기대하지 않은 정말 멋진 보너스였다.

그런데 모든 모임을 마치고 귀국하는 길에 문제가 생겼다. 늦은 시간에 공항에 나와서 예약된 비행기를 기다리고 있는데 갑자기 내가 탈 비행기가 그날은 비행하지 않는다는 것이다. 아무런 통보도 없이 취소된 것이다. 무슨 일이 생겼는지 알 수가 없어서 당황하고 있는데 그와 관련된 아무런 안내방송도 해주지 않았다. 이미 다른 한국인 강사들은 각자 자기들이 갈 곳을 찾아 떠났기 때문에 한국어가 통하는 사람이 보이지 않았다. 그런데 공항에서 영어가 잘 통하지 않는 것이다. 브라질은 남미에서도 유독 포르투갈어를 사용하기 때문에 영어가 통하는 현지인을 만나야 했던 것이다.

그렇게 기다리는 중에 어느새 새벽 한 시쯤 되었다. 그때에는 휴대폰도 없던 때여서 도무지 아무것도 할 것이 없는 것이다. 항공사 직원이라도 보이면 대책을 물어볼 수 있을 텐데 직원도 보이지 않았다. 그냥 공항 대합실 한쪽에 서서 기도할 뿐이었다. 그 사이에 본국에 있는 아내는 나를 마중하려고 아들을 공항에 보냈는데 아버지가 비행기에 타지 않았다는 것을 확인하고 실종된 것이 아닌지 염려하고 있었다. 아내가 한국에 있는 코스타 수련회 본부에 물으니 강사들이 모두 제 나라로 돌아갔다는 것이다. 그날은 토요일이어서 다음 날에 교회에서 설교해야 하는데 나는 새벽이 되도록 공항 대합실에서 "대책도 없이"(?) 기다리고 있던 것이다.

그런데 마침 한국인 두 분이 공항에 있는 것을 발견하고 그의 도움을 청했다. 결국 나는 그다음 비행기를 타고 상파울로로 가서 그분의 댁에서 두 시간 정도 잠을 자고 다시 미국행 비행기를 탈 수 있었다. 정말 당황했던 경험이다. 아마 내가 미국에 도착한 것은 주일 새벽이었던 것으로 기억된다. 그래도 무사히 주일 예배에서 설교할 수 있었다.

또 한 번은 아프리카의 카메룬에 갈 적이다. 카메룬에 가려면 로스앤젤레스에서 프랑스 파리나 에미레이트의 두바이에서 비행기를 갈아타야 한다. 그런데 로스앤젤레스 공항에서 비행기 출발이 약 4시간이나 늦어진 것이다. 기체 브레이크에 이상이 생긴 것이 발견되어 그것을 고치느라 출발이 지연된 것이다. 드디어 비행기가 출발하게 되니 많은 승객이 박수를 치는 것이 아닌가? 나는 조바심이 났는데 웬 박수? 그들은 비행 중에 비행기에 고장이 생기면 더 큰 사고가 날 뻔했는데 사전에 문제가 발견되어서 고쳤으니 기쁘다고 박수를 쳤다는 것이다. 말을 듣고 보니 맞는 말이다.

그런데 문제는 파리에 도착한 후부터였다. 내가 갈아타야 할 비행기는 이미 떠나서 공항은 한산한데 마침 카운터에 직원이 한 사람 있어서 도움을 청하니 다음 날 비행기를 타기 위해서 하룻 밤을 지정된 호텔에서 지내야 한다는 것이다. 그러면서 작은 쪽지를 주는데 거기에는 호텔 주소가 조그맣게 적혀 있었다. 프랑스어로 적혀 있었고 영어가 잘 통하지 않는 곳에서 그 호텔을 찾아가는 것은 결코 수월한 일이 아니었다. 주변 사람들에게 아마 수십 번은 더 물었을 것이다. 결국 버스를 타고 찾아간 호텔의 아주 작은 방에서 잠을 청했다. 그런데 감사한 것은 파리 시내에서 목회를 하고 있던 제자에게 연락이 닿아서 그가 나를 찾아와 잠시 시간을 보내며 그다음 날 공항에 갈 것을 안내해준 것이다. 제자를 만나니 긴장이 풀리고 한숨이 나왔다.

여러 나라를 여행하다 보면 언어가 제대로 통하지 않는 것과 음식이 많이 다른 것 그리고 생활방식이 크게 다르다는 것들이 염려가 되지만 한편 새로운 것을 배우는 기회요 도전이 된다. 나는 비교적 음식을 가리지 않고 아무것을 먹어도 잘 소화시켰지만 이제 나이가 든 후로는 음식을 조심하는 편이다. 좀 젊을 때에는 인도에서 진흙이 섞인 물을 마시기도 하고 지저분한 흙바닥에서 잠을 자기도 했지만 요새는 신경을 많이 쓰는 편이다. 내가 건강해야 다른 이들을 돌보고 또 어울릴 수 있기 때문이다.

{여든셋}

짝퉁과 멋의 거리

그동안 참 많은 곳을 방문했는데 홍콩에서의 기억도 여전하다. 이번에는 한인 해외유학생들의 집회가 홍콩에서 열린 것이다. 수백 명의 한인 젊은이들이 모여서 열기가 뜨거운 노래와 강연, 그리고 맛있는 중국식 음식을 즐겼다. 강사들은 한국에서도 가고 또 미국과 다른 지역에서도 모두 자기 비용을 스스로 내고 온 훌륭한 교수와 전문인과 목회자와 선교사들이었다. 종교적인 자유를 느낄 수 있어서 즐거운 마음으로 성경을 전했다.

집회를 마치고 한국에서 동행한 이들과 함께 홍콩의 밤거리를 보러 나갔다. 그곳에 사는 이의 도움을 받아 유명한 짝퉁 시장을 둘러보았다. 정말 없는 게 없다. 그런데 거기에 진열된 것들이 거의 다 짝퉁 상품들이라고 말하지만 내 눈에는 진품과 전혀 구별이 되지 않았다. 이곳저곳을 둘러보다가 여행용 가방을 파는 상점에 들어갔다. 눈치가 빠른 주인이 반색을 하며 영어로 손님을 맞는다. 내가 상당히 외국 방문을 자주 하는 편인데 그때 갖고 있는 가방이 많이 해어져서 튼튼하고 가격이 합당한 여행 가방을 한 개 사고 싶었다.

흥정이 시작되었다. 동행한 현지인이 나에게 눈치를 주어 가격을 많이 깎아야 될 것을 미리 알려줬기 때문에 가게 주인이 제시하는 가격을 듣고 "무조건" 비싸다고 했다. 그러자 깎아주겠다는 것이다. 그리고 다시 제시한 금액도 나에게는 너무 비싸다고 말하니 이번엔 거의 반값을 제시했다. 갈등이 생겼다. "이 정도면 굉장히 많이 깎았는데 더 깎아야 하나?" 나는 그 가격도 비싸다고 그냥 돌아서 나오려고 하니 가게 주인이 소매를 붙잡는다. 그렇게 한동안 신경전을 벌인 후에 지금의 기억으로는 처음에 부른 가격의 약 70~80%를 깎은 가격으로 소형 여행용 가방을 샀다. 운반하기에 편리한 작은 가방인데다가 가격을 "엄청나게" 깎아서 그런지 기분이 좋았다.

그런데 그 가방을 사용한 지 석 달쯤 되자 가방이 터져버렸다. 가장 먼저 손잡이가 떨어져나가서 대충 얽어맸는데 이번에는 손잡이 꼭지가 아주 통째로 부서진 것이다. 바느질 공정이 너무 허술했는지 아니면 재료 자체가 싸구려였는지 알 수 없지만 아무튼 결국 그 가방을 버리고 말았다. 짝퉁의 운명이 대략 그런 것이다. "싼 게 비지떡"이라는 우리말이 정확하게 들어맞는 경우이다.

그보다 전에 홍콩을 방문한 것은 세계적인 전도자인 빌리 그레이엄 박사 설교의 한국어 통역을 하기 위한 방문이었다. 다른 한 분과 동행하여 번갈아가며 강사의 설교를 통역했다. 강사도 여러 명이었지만 그것을 통역하는 통역자들은 세계 각처에서 와서 16개국 언어로 통역했다. 그것을 각 나라의 방송을 통해서 중계하여 한국에서는 기독교 관련 방송국에서 그 집회 실황을 들려준 것이다.

집회를 끝내고 그곳에 상주하는 한 기업인의 안내를 받아 흥미로운 경험을 하게 되었다. 그것은 홍콩의 명물 중의 하나인 빅토리아 피크로 올라가는 급경사의 "Peak Tram"을 타는 것이다. 거의 45도 경사로 아찔한 산꼭대기까지 철로를 따라 트램이 올라가는데 다리가 후들후들 떨렸다. "만일 오래된 쇠줄이 풀어지거나 끊어지면 우리 모두가 엄청난 속도로 곤두박질을 할 텐데…." 그런데 트램에는 그날 탑승객이 만원이었다. 작은 공간 안에 촘촘히 서서 바깥 구경을 하는 것이다. 그런데 사람들은 조금도 무섭지 않은지 서로 떠들며 발 아래로 펼쳐지는 홍콩의 전망을 즐기고 있었다. 온 도시가 한눈에 들어올 정도로 높은 지대였고 정말 장관이었다.

구불구불 산을 오르는 데 10분도 걸리지 않았다. 그런데 산 정상에 오니 거기는 또 딴세상이었다. 큰 규모의 쇼핑몰이 있고 특히 음식점이 많았다. 안내해주는 분을 따라 한 음식점에서 이번에는 한국이나 미국에서 먹던 "짝퉁" 같은 것이 아니라 중국의 현장에서 "진품"의 중국음식을 즐길 수 있었다. 중국인들은 세상에 있는 모든 동물과 식물로 음식을 만들 수 있어서 평생 매일 다른 음식을 요리할 수 있다고 한다. 그래서 "중국의 요리사는 비행기와 책상을 제외하면 모든 생명을 가진 것들을 음식으로 만들 수 있다"는 우스갯소리가 나온 것이리라. 그 음식점의 메뉴만 봐도 정말 눈이 휘둥그레질 정도였다. 그 수가 얼마나 많은지 눈이 도는 것 같았다. 그 많은 요리의 이름을 알 수도 없지만 나오는 각종 특이한 음식들을 먹었는데, 아무튼 그날 멋진 곳에서 전통적인 맛있는 중국 음식을 즐기는 행복을 느꼈다.

{여든넷}

보트의 줄을 풀어야

캐나다는 땅이 아주 넓다. 북쪽으로는 빙하가 있을 정도로 춥지만 남쪽은 여행하기에 좋다. 날씨와 환경이 아주 좋아서 "천당 밑에 구백 구십 당"이라는 우스운 별명을 자랑하는 밴쿠버를 비롯하여 동계올림픽이 열린 캘거리 등의 대도시가 많다. 그전에도 몇 차례 집회를 위해서 여행을 했지만 이번 여행은 토론토에서 열리는 한인 유학생 수련회가 목적이었다. 공항에서 수련회장으로 가는 길도 아름다워서 눈이 호강을 하고 마음과 몸이 모두 쉼을 얻을 만했다.

토론토 지역의 한 대학 강단과 기숙사를 빌려서 천여 명의 대학생과 대학원 학생들이 모였다. 우리 부부는 이미 오래전부터 전 세계에서 열리는 이런 유학생 수련회에 강사로 다녔기 때문에 익숙한 분위기였다. 담당한 강의를 마치면 학생들과 늦은 시간까지 개인적인 상담 시간을 갖고 보다 친밀하고 개인적인 가정 문제와 신앙 문제의 대화를 나눴다. 이 시간이면 많은 학생들이 힘든 유학생 생활에서 늘 갖고 있던 고민과 성경에 관한 질문을 쏟아놓는다. 이렇게 모든 것을 마치면 늦은 시간이지만 강사들끼리 한곳에 모여서 하루 일과를 돌아보기도 하고 또 서로 흥미로운 이야기를 나누며 즐거운 시간을 가졌다. 강의할 때에는 아주 근엄해 보이던 어떤 교수도 그 대화 시간에는 재미있는 유머를 꺼림 없이 말해서 함께 많이 웃기도 했다. 설교와 강의 시간에는 긴장하지만 늦은 시간에 강사들끼리 모이면 늘 웃음꽃이 만발했다.

이번에도 월요일부터 금요일까지 진행되는 5일간의 빡빡한 일정에 따라 강의와 설교를 마치고 귀국하기 전에 강사들이 함께 여유 있는 시간을 가졌다. 그 가운데 하나는 네덜란드 출신의 로마 가톨릭 사제이며 기독교 영성가로 잘 알려진 헨리 나우웬이 세상을 떠나기까지 살았던 생가를 방문하는 것이었다. 그는 예일 대학교와 하버드 대학에서 목회 신학을 가르쳤고 많은 책을 저술했지만 생애 후반부에 자신의 신앙을 재점검하면서 모든 교수직을 사임하고 토론토에 있는 정신박약자 시설인 "라르쉬 데이브레이크"에서 세상을 떠나기까지 마지막 10년을 섬겼다. 그는 40여 권의 책을 저술하여 한국 기독교인들에게도 많은 영향을 끼쳤다. 마침 나는 바로 그가 잠자고 묵상하던 방에 하룻밤 머물게 되었다. 소박하고 작은 방이지만 나우웬의 아낌없는 헌신이 배어 있는 느낌을 가졌다.

모든 모임을 마친 후에 강사들 일행은 출국하기 전에 인근 호수에 가서 잠시 휴식을 갖기로 했다. 마침 작은 보트들이 있는데 각자가 노를 저어서 호수를 한 바퀴 돌아볼 수 있었다. 동료 강사 한 사람이 먼저 자기 보트에 올라탔다. 그는 전에 보트를 타고 놀아본 적이 있기 때문에 노젓는 것은 어렵지 않다고 자신감을 드러냈다. 그는 배에 앉자마자 노를 젓기 시작했는데 배가 도무지 앞으로 나아가려고 하지 않는 것이다. 주변에 서서 이 모습을 보던 우리 일행이 "노를 더 좀 세게 저어요! 그래야 배가 앞으로 갈 테니까요"라고 외쳤다. 그는 배가 움직이지 않는 것이 이상하다고 하면서 더 열심히 노를 저었다. 그래도 배는 꼼짝도 하지 않는 것이다. 그 광경을 보고 있던 우리 일행은 모두 깔깔대며 웃기 시작했다. 그 강사는 어이가 없다는 표정으로 더 열심히 노를 저었다. 그런데 실은 보트를 정박할 때에 밧줄로 돌기둥에 단단히 묶어두었는데 그것을 풀지 않고 그냥 노를 저었던 것이다. 그러니 배가 움직일 리가 없다. 공연히 땀만 흘릴 뿐이다. 우리는 그것을 다 보고 있으면서도 더 세게 노를 저으라고 외치며 즐거운 시간을 가진 것이다.

이날 나는 새로운 교훈을 배웠다. 지나간 뒤의 것에 매달려 있으면 앞으로 나아갈 수 없다는 아주 단순하고 중요한 교훈이다. 과거에 저지른 실수는 지금 어떻게 처리할 수도 없고 잘못을 씻을 수도 없기 때문에 속히 자백하고 회개하여 버리고 앞을 보고 전진해야 한다는 진리이다. 그 후에 나는 설교할 때 종종 이 흥미로운 사건(?)을 머리에 떠올리며 설교 예화로 사용하기도 했다.

{여든다섯}

세느 강변을 따라

프랑스 파리에서 열리는 집회에 강사로 갔다. 파리에도 한인 유학생들이 많은데 인근 나라에서도 수련회를 위하여 자동차로나 비행기를 타고 수련회에 참석했다. 나는 처음으로 프랑스를 방문하는 것이어서 기대도 되고 내가 맡은 강의와 설교 준비에도 마음이 분주했다. 우리가 머무는 숙소는 어느 대학 기숙사였다. 건물이 상당히 오래되었지만 불편한 것이 없었다. 그리고 아침 식사는 예상한 대로 프랑스식으로 길게 생긴 밀빵과 우유 한잔 그리고 커피가 전부였다. 간단한 음식이지만 우리는 맛있게 먹었다. 사실 프랑스가 지배했던 서부 아프리카의 코트디부아르에서도 아침마다 그와 똑같이 밀빵과 우유 한 컵이 전부였다. 거기에 커피를 곁들이면 훌륭한 조반이 된다.

한 주간의 수련회 일정을 마치고 난 후 그곳에서 목회하던 한 후배 목사와 함께 하루를 보냈다. 그의 집에서 머물렀는데 밤이 되니 이중 창문을 닫는 것이다. 저녁 시간이 되어도 날이 어둡지 않아서 겹으로 된 창문을 닫아야 잠을 편히 잘 수 있다는 것이다. 전에 네덜란드에 갔을 때에도 밤 10시가 넘어서도 날이 환하여 많은 젊은이들이 길거리에서 서성대는 것을 본 적이 있다. 지구에서 상당히 북쪽에 위치해서 그런 것이다.

그가 운전하는 차로 파리 시내를 돌아볼 수 있었다. 그 유명한 세느 강변을 따라 가기도 했는데 샹송에서 부르던 것처럼 그렇게 낭만적이지는 못했다. 왜냐하면 우리가 차를 타고 지나간 터널에서 영국의 전 왕세자비인 다이애나가 1997년 8월 31일 그돌기둥에 충돌하여 사망한 사건이 있었기 때문이다. 사건의 진상은 다 알 수 없지만 벌써 20여 년이 지났는데도 프랑스 일부 사람들은 그를 그리워한다고 한다.

세느 강변을 지나다가 한쪽으로 노트르담 대성당이 보였다. 파리에 가면 한번은 방문하기를 권하는 곳이며 일년에 약 1,000만 명의 관광객이 찾는 곳이다. 웅장하기도 하고 섬세하게 건축하여 명물 중의 하나가 확실했다. 건물 내부에 들어갈 시간적 여유가 없어서 그냥 지나친 것이 못내 아쉬웠다. 그런데 2019년에 이유를 알 수 없는 사고로 대성당에 대화재가 발생하여 아쉽게도 종탑과 목조로 된 부분이 다 무너지는 참사가 있었다. 뉴스를 통해서 본 화재 현장은 울음바다였다. 파리 시민들은 그 광경을 보며 흐느끼기도 했고 프랑스 대통령은 그 대성당을 더 멋지게 재건축하겠다면서 뜻있는 시민들로부터 모금을 받았는데 반응이 폭발적이었다고 한다.

후배 목사가 우리에게 꼭 보여줄 곳이 있다고 해서 따라 나섰다. 그곳은 3만 5,000점의 유명한 작품이 전시되어 세계의 관광객이 모이는 루브르 박물관이다. 역시 박물관 앞에는 각지에서 온 방문객이 길게 줄지어 있었다. 비행기로 출국할 시간이 촉박했지만 그곳에는 나도 꼭 가고 싶었다. 박물관 전체를 보려면 거의 하루 종일이 걸린다는데 우리는 서둘러 들어가서 거기서도 가장 유명한 레오나르도 다빈치의 모나리자상을 보았다. 그 그림 앞에는 방문객이 가득했고 나도 사람들에게 떠밀려 모나리자 그림 앞까지 왔다. 그림은 손상을 입지 않게 하려고 방탄 유리틀 안에 있었다. 그리고 아름답고 섬세한 비너스

상과 머리와 양팔이 잘렸지만 금방이라도 날아오를 것 같은 사모트리케의 니케 조각도 볼 수 있었다. 극히 일부 작품만 보고 돌아서 나온 것이 못내 아쉬웠지만 다음 기회를 약속하고 부리나케 떠났다.

또 기억나는 것은 파리 근처의 바르비종 마을이다. 그곳은 프랑스의 화가인 장 프랑수아 밀레가 〈만종〉을 그린 배경이다. 황혼이 짙은 넓은 밭에서 일하던 농부 부부가 성당의 저녁 종소리를 듣고 하던 일을 멈추고 모자를 벗고 머리를 숙여 기도하는 경건한 모습이 인상적인 그림이다. 실제로 넓은 들판이 조용해서 아주 평화롭고 은은한 종소리가 들릴 것 같은 농촌의 모습은 예전 그대로인 것 같았다. 세계를 여행하면서 이와 같이 뜻밖에 멋진 경험들을 하는 것이 큰 보너스가 아닌가?

{여든여섯}

설교 강단이 공중에

여러 해 전 빌리 그레이엄 목사의 대규모 전도집회가 독일의 에센(Essen)에서 열렸다. 나는 한국어 동시 통역자로 그곳에 가게 되었다. 인구가 약 58만 명인 크지 않은 도시지만 독일에서는 에너지의 수도라고도 불리는 곳이다. 또한 예술과 디자인 관련 산업이 유명하며 가톨릭이 강세를 보이는 곳이다.

공항에서 나를 픽업한 사람은 이번 집회의 봉사자로 섬기는 독일인인데 제한 속도가 없는 아우토반으로 쏜살같이 달렸다. 아마 시속 100마일이 훨씬 넘는 속도였을 것이다. 운전하는 중에 그는 어디서 걸려온 전화를 받았는데 그는 영어나 독일어가 아닌 전혀 다른 언어로 말하는 것이다. 그는 독일어는 물론이고 영어, 불어, 이탈리아어 그리고 아마 스페인어 등의 다섯 가지 언어를 자유자재로 말할 수 있다고 한다. 참 부러웠다. 유럽의 나라들은 가까이 붙어 있기 때문에 학교에서도 다양한 언어를 교육한다고 한다.

집회를 마치고 어느 한인 교회에서 설교하게 되었다. 돌로 지은 건물이 튼튼하게 보였는데 본당 안에 들어서보니 정말 옛날 유럽식의 내부 장치가 보인다. 그런데 한 가지 눈에 들어온 것은 강대상이 천장과 바닥의 중간쯤에 높이 설치되어 있는 것이다. 설교를 하기 위해서 좁은 계단을 따라 꼭대기로 올라가니 교인들이 앉은 자리가 "까마득하게" 내려다보였다. 교인과 가까이 있어야 메시지 전달이 더 효과적이라고 생각하는데 그 교회당을 지을 당시에는 설교자의 위상을 높게 평가해서 그렇게 만든 것이다. 나는 조금 긴장한 가운데 설교를 마쳤다. 설교를 마치면 그 계단 앞에 줄을 걸어서 다른 사람이 올라가지 못하게 했다. 그곳은 하나님의 말씀을 전하는 "신성한" 곳이어서 설교자만 접근하도록 한 것으로 보인다. 나는 아래를 내려다봐야 하고 교인들은 고개를 높이 들고 나를 올려다보아야 하는 것이 별로 편치 않았다.

한 독일인 목사와 대화를 나눌 수 있었다. 그의 부인은 한때 간호사로 일한 한국인이며 남편은 그곳에서 목회를 하고 있었다. "독일에는 기독교인이 얼마나 됩니까?" 내가 궁금하여 물었다. "거의 85퍼센트가 될 것입니다. 신상 기록의 종교난에 대부분 기독교인이라고 표시하거든요." "그러면 그 가운데 얼마나 주일에 교회에 출석할까요?" 그의 대답은 나를 조금 놀라게 했다. "정확하지는 않지만 내 생각에 약 5퍼센트나 될까요?" "그런데 왜 많은 독일인들이 자기를 기독교인이라고 합니까?" 이에 대한 대답은 다시 한 번 나를 놀라게 했다. "독일인 대부분은 평생에 적어도 세 번 이상 교회에 출석하기 때문입니다. 처음에는 유아 세례를 받을 때이고 두 번째는 결혼식, 그리고 세 번째는 장례식을 교회에서 거행하기 때문입니다."

한 독일 특파원에 따르면 독일 국민은 출생과 동시에 주민등록증에 소속 교회가 기록된다. 그리고 소득 수준에 따라 차이가 있지만 월평균 소득세의 8~9%를 종교세로 납부한다. 종교를 가진 사람은 누구나 이 종교세를 내야 한다. 이처럼 일반 교인들은 종교세를 납부하기 때문에 별도로 교회에 헌금을 하지 않는다. 대신 목회자들의 사례비를 교회가 아닌 국가가 지급하는 것이다. 아울러 이런 종교세에 부담을 느낀 성도들이 교회를 떠나 무종교를 택하는 사례가 늘어나고 있어서 교회들은 더욱 재정 압박을 받는다고 한다. 이런 상황에서 목사가 목숨을 걸고 목회한다는 것은 기대할 수 없고 또 교회가 성장한다는 것도 아주 먼 이야기가 될 수 있다.

예배 후에 그곳 선교사와 함께 뒷산 높은 곳으로 올라갔다. 시내가 다 내려다보이는 곳인데 도시 중앙에 예배당이 서 있고 또 교통이 가장 편리한 곳마다 예배당 건물이 보였다. 초기에는 이렇게 교회 건물을 중요시한 것이 확실하다. 나는 가장 크게 눈에 띈 교회당을 직접 찾아가보았다. 첨탑이 높은 거대한 벽돌 건물인데 현관문은 굳게 닫혀 있고 옆에 나 있는 작은 문을 통해서 내부로 들어가보니 어두컴컴할 뿐 아니라 오래된 박물관 같은 느낌이 들었다. 그 유명한 쾰른 성당에 갔을 때에도 그런 느낌이었는데 이제는 독일의 교회들이 건물만 덩그러니 남아 있는 것이 아닌지 모르겠다. 유럽의 많은 나라와 캐나다에도 교인은 없고 건물만 남아서 전혀 다른 용도로 쓰이는 것을 여러 곳에서 보았기 때문에 정말 벽돌보다 사람에게 투자해야 할 필요를 절감했다.

{여든일곱}

전 교인이 성가대

이탈리아 밀라노 방문은 여러 면에서 멋진 여행이었다. 필자가 주일 예배에서 설교한 그 한인 교회의 찬송은 정말 놀랍고 훌륭했다. 교인의 다수가 한국에서 음악을 전공한 이들인데 음악을 더 배우기 위해서 유학생으로 온 이들이어서 전 교인이 합창으로 부르는 찬송가는 최고의 성가대 찬양이었다. 그들이 공부를 마치면 대부분이 귀국해서 성악가로 활동하거나 대학에서 음악을 가르치는 교수가 될 것이다. 그런 가운데 또 뛰어난 독창자가 있었는데 과연 그의 음성은 아름답고 감동을 주었다. 사실 성가대원 한 사람 한 사람이 모두 탁월한 독창자였다.

예상한 대로 이탈리아는 볼거리가 아주 많은 곳이다. 그 중에 밀라노에 오면 꼭 가는 곳들이 있는데 세계 패션의 중심 거리와 두오모 대성당, 라스칼라 극장 외에도 다빈치가 설계한 인공 운하도 빠지지 않는다. 한인 교회 담임목사가 추천한 한인 유학생의 안내로 먼저 두오모 대성당을 방문했다. 세계에서 가장 거대한 고딕양식 건축물인 두오모 대성당에는 135개의 첨탑과 3,400개의 동상, 700개 이상의 인물 조각상이 있는데 엘리베이터를 타고 성당의 옥상으로 올라갈 수 있다. 나는 옥상까지 올라가서 사방으로 펼쳐진 아름다운 광경을 즐겼다. 옥상에도 넓은 곳이 있어서 이리저리 걸어다닐 수 있도록 설계해 놓았다. 그 많은 조각품들이 아주 섬세한 작품이어서 하나하나가 모두 뛰어난 작품이었다.

입구에 조각된 예수님 조각품의 발 부분은 관광객들이 입을 맞추고 손으로 비벼서 아주 반짝거리고 있었다. 성당 중앙 안쪽으로는 거대한 스테인드글라스가 있는데 멀리서 볼 때에는 유화로 그린 줄 알았는데 가까이 가서 보니 아주 섬세한 조각을 사용한 모자이크였다. 마리아의 승천 모습을 그린 것인데 정말 정교하고 아름다웠다. 본당은 아주 웅장하고 천장이 높았으며 구석구석마다 아름다운 그림들로 가득했다.

곤돌라를 타고 베니스로 갔다. 늘 책에서 읽고 말로만 듣던 곤돌라는 이탈리아 베네치아의 대표적인 교통 수단으로서 일종의 보트와 같다. 선미와 선수에서 사공이 약 3미터나 되는 긴 노를 저어서 흔들거리며 이동하는 곤돌라는 말뜻 자체가 "흔들린다"는 것이다. 그곳에서는 택시가 보트이고 버스도 보트로 되어 있다. 심지어 쓰레기를 처리하는 것도 보트이다. 많은 직장인들이 이런 수상 교통수단으로 출퇴근을 한다. 최근에는 여성에게도 곤돌라를 운행하는 자격을 부여하기 시작했는데 소득이 상당히 높다고 한다.

다른 선교지를 방문하면 늘 많은 설교와 혹 긴장감 가운데 지냈는데 이곳에서는 명소를 돌아보기도 하고 유명한 거리를 거닐면서 좋은 휴식을 가질 수 있었다. 세계의 젊은이들이 모이는 광장에도 가보고 유명한 패션 거리의 상점을 기웃거리기도 했다. 산마르코 광장도 볼만했다. 베네치아에서 가장 유명한 광장이며 정치와 경제의 중심지이다. 산마르코 대성당이 있는 그곳 광장에는 늘 수백 마리 비둘기들이 관광객 주변에 모여들어 먹이를 요구했다. 그런데 근래에는 바다 수

위가 조금씩 높아져서 한때 온 광장이 물에 잠기기도 했고 머지않아 서 광장이 물속으로 사라질지도 모른다는 말까지 나오고 있다. 아무튼 물의 도시인 베네치아는 아름다운 곳이어서 귀국한 후에 그때 찍은 사진을 바탕으로 유화를 그리기도 했다.

{여든여덟}

고온 다습한 학교

얼마 전 동남아시아에 속한 미얀마를 방문했다. 전에는 버마라고 불렸지만 국가명이 변경되어 미얀마라고 하는데 많은 이들에게는 버마라는 말이 더 익숙한 것으로 보인다. 이번 방문 목적은 그곳에서 지난 20여 년간 선교사로 수고하는 제자 선교사 부부를 만나고 또 현지 교회 지도자들을 위한 집중 교육을 실시하기 위한 것이었다. 국민의 약 95퍼센트가 불교도인 나라에서 기독교를 전하는 것이 상당히 조심스럽지만 그래도 비교적 자유롭게 활동할 수 있어서 다행이었다.

내가 사는 캘리포니아에서 그곳에 가려면 비행기 직항노선이 없기 때문에 한국에 들러서 환승하여 가야 한다. 좁은 기내에서 오랜 시간 비행하는 것이 결코 흥미로운 일은 아니지만 그래도 학생 시절에 보고 거의 30여 년 만에 그 부부를 만난다는 기대와 또 나를 기다리는 많은 교회 지도자들을 생각하면 오히려 감사가 더했다. 집을 나서서 선교지 현장에 도착하기까지 대략 24시간이 걸렸다. 비행기만 아니라 자동차로 비포장도로를 많이 달려 어느 외진 시골 마을에 위치한 학교 건물에 들어섰다. 그 뜨거운 날씨에 건물 입구에 참석자들이 두 줄로 도열하여 도착한 강사와 선교사들을 환영했다. 나는 땀으로 흥건히 젖은 셔츠를 입은 채로 모든 이들과 악수를 나눴다.

그런데 문제는 일 년 중에 내가 방문하는 4~5월이 가장 덥다는 것이다. 현지 사정으로 이때로 정한 것인데 막상 현장에 오니 정말 더웠다. 섭씨로 약 45도 정도여서 내가 살고 있는 남부 캘리포니아에서도 종종 그런 더위를 겪었기 때문에 염려하지 않았는데 문제는 100퍼센트에 가까운 습도였다. 이곳 캘리포니아에서는 기온이 아주 높아도 그늘에 들어가기만 하면 서늘함을 느끼기 때문에 고온에서도 잘 견디는데 내가 간 미얀마의 어느 시골 지방의 더위는 참기 어려울 정도였다. 더욱이 양철 지붕으로 된 학교 건물에는 강사를 위해서 선풍기 한 대를 마련한 것 외에 참석자들을 위해서는 선풍기도 없었고 200여 명의 참석자들이 마룻 바닥에 앉아서 공부하는데 머리 위에서 불볕이 쏟아지는 것 같았다. 그래서 오전 시간에는 넓은 이층에서 교육을 했지만 오후가 되면 너무 더워서 조금 온도가 낮은 아래층에서 강의를 했다. 그래도 대나무로 만든 부채가 있어서 그것을 사용했는데 시원한 바람이 아니라 뜨거운 바람이 나는 것이다. 온몸이 샤워를 한 것처럼 흠뻑 젖지만 목청껏 부르는 그들의 찬송 소리와 배우려는 그들의 열정적인 태도가 나를 감복시켰다.

흥미로운 것은 그들이 입은 전통복장으로, "론지"라고 하여 우리나라 여자들이 입는 치마와 같은 것이다. 사각형으로 된 옷감의 양쪽 끝을 꿰맨 후에 속에 몸을 넣어 허리에 두르고 양쪽 끝을 묶어서 허리춤에 쑤셔 넣으면 된다. 물론 제대로 묶지 않으면 걷거나 뛰다가 론지가 후루룩 벗겨질 수도 있는데 그곳 사람들은 아주 익숙하고 편하게 입고 활보했다. 나와 나의 통역자 그리고 선교사만 바지와 양말을 신었고 모든 이들은 맨발에 발가락 샌들을 신었다. 거리에서도 양말을 신은 사람이 눈에 잘 띄지 않는 것을 보니 이곳에서 양말 장사는 "절대로" 성공하지 못할 것이 분명했다. 반면에 샌들을 다루는 가게는 늘 잘된다고 한다. 정부 관리들도 물론 이 론지를 입고 심지어 국빈을 맞을 때에도 론지를 입는다고 한다. 그래서 사람들이 더위를 쫓으려고 론지를 풀어서 풀럭풀럭 바람을 일으키고 다시 묶는 모습을 길에서도 여러 번 봤다.

한 가지 재미있는(?) 것은 미얀마의 외국 방문객은 반드시 호텔에 투숙하고 여권을 맡겨야 한다는 것이다. 아마 외부 사람들을 통제하기 위한 것이리라 생각된다. 한 도시에서는 강의하는 학교와 호텔 사이의 거리가 멀어서 매일 아침 자동차로 한 시간 이상 비포장 도로를 달려서 강의장에 오고 또 오후에 다시 오던 길로 돌아가는 불편이 있었다. 도중에 나무로 엉성하게 만든 다리가 있는데 한쪽에서 차가 오면 그 차가 지나갈 때까지 기다려야 한다. 만약 두 대의 자동차가 동시에 지나가면 다리가 무너질 위험이 있기 때문이다. 그곳을 통과할 때마다 아슬아슬한 느낌이었다. 먼지가 뿌옇게 일어나는 흙길을 달리면서도 밖의 풍경은 마치 한국의 농촌 마을과 같은 푸근함과 정겨움이 느껴졌다. 아무튼 밖은 아무리 더워도 호텔에는 허술하지만 에어컨 시설이 되어 있기 때문에 잠자리가 편했던 것이 행운이었다. 나에게는 이래저래 감사한 여행길이었다.

{여든아홉}

체르노빌의 눈물

2018년 4월에는 옛 소련에 속했던 우크라이나를 방문했다. 지난번 러시아의 침공으로 전쟁이 발발하기 직전이었다. 그곳에 한국인 선교사가 세운 현지인 신학교가 있는데 한 학기에 해당하는 한 과목을 한 주간에 집중적으로 강의하는 것이다. 그런 곳에 20여 년 전에 상당한 규모의 신학교 건물과 숙소를 지어놓은 것을 보니 선배 선교사의 노고를 알 수 있었다. 그 나라는 러시아와 아직도 여러 면에서 갈등을 하고 있어서 조금 긴장된 마음으로 떠났다. 여러 시간에 걸친 비행을 마치고 수도 키예프 공항에 도착하니 선교사가 반갑게 마중을 나왔다. 러시아어를 사용하는 세관원의 무뚝뚝한 표정에 마음이 쓰였지만 그래도 아무런 문제도 없이 시내로 들어섰다. 집들이 거의 다 오래된 것으로 보이고 어떤 집들은 오래전에 부서진 그대로 두어서 봄철인데도 어쩐지 을씨년스러운 느낌이 들었다. 날씨가 포근하고 거리에 사람들이 많이 밀려다니고 있어서 다른 나라의 도시와 별 차이가 없어 보였다.

내가 방문한 때가 마침 부활절 주간이어서 먼저 현지인 교회에서 설교했다. 성도들의 찬양도 아름답고 다들 교회에 오기 위해서 산뜻한 옷들을 입은 게 인상적이었다. 그리고 월요일부터 학교 강의가 시작되었다. 우크라이나의 신학생들은 대개 나이가 많이 들어 보였다. 대부분이 직장인인데 이렇게 외부 강사의 집중 강의를 듣기 위해서 한 주간 일을 쉬는 이들도 많았다 강의 통역은 한국에 유학한 고려인 출신 교수가 맡아주어 내가 한국어로 편하게 말할 수 있었다. 그런데 그들의 종교적인 배경이 러시아 정교회여서 그런지 성경 말씀과 가르침을 받아들이기가 쉽지 않아 보였다. 그들이 전통적인 정교회 종교 의식에 많이 젖어 있어서 성경 말씀을 자세히 공부하고 믿는 일을 부담스럽게 여기는 것 같았다.

오전과 오후로 벅찬 한 주간의 강의를 마치고 선교사와 함께 시내 구경을 나갔다. 세계에서 자연적인 미인 여성이 가장 많다고 자부하는 곳이라 그런지 내 눈에도 흰색 피부의 유럽인 모습을 가진 키가 큰 여성들이 많이 보였다. 그들은 성형수술 같은 것에 대해서 잘 모르고 자연미를 자랑한다고 한다. 그런데 도로변에 한가롭게 앉아서 대화를 나누는 많은 청년과 중년층에 속한 이들에게 일자리가 없다는 것이다. 거리마다 사람들이 많은데 자세히 보니 다수가 실업자라는 것이다. 경제 사정이 좋지 않아서 시민들 가운데 불평과 불만이 가득하다고 한다.

한 날은 그 유명한 체르노빌 원자력 발전소가 폭발한 것을 기념하는 박물관에 들렀다. 이 사건은 1986년 4월 26일 체르노빌에 있는 원자력 발전소의 원자로 4호기가 폭발하면서 생긴 방사능 피폭 사건이다. 이 사건으로 직원들 다수가 현장에서 죽고 화재 진압과 사후 처리를 위해서 투입된 인력들 중 237명이 피폭 증상을 보였다. 이 원자력 발전소 폭발 때문에 어린이와 청년들 사이에 갑상선암이 많이 생겼다고 하며, 아직도 처참한 체르노빌의 모습이 사진과 동영상으로 전시되고 있었다. 그 중에서 끔찍한 것은 그때 사망한 사람들이 남긴 물건들과 그들의 사진들이다. 찢어진 지갑, 깨어진 안경, 불에 탄 생활용품, 그리고 넓은 벽에 가득한 사망자들의 이름과 사진들이 그날의 비극을 그대로 보여주고 있었다. 모두 누군가의 사랑하는 아빠와 엄마, 그리고 형제와 친구들인데 이제는 사진으로만 만나게 된 것이다. 비극은 한순간에 발생하지만 그 여파는 오래오래 지속된다.

그리고 한 가지 내가 잊을 수 없는 것은 원자력 발전소 폭발로 인한 방사능 피해를 입은 개가 낳은 강아지의 처참한 장면이었다. 유리관에 넣어둔 작은 강아지는 온몸에 이상이 생겨서 다리가 오그라들고 몸이 이상하게 비틀려서 태어났다. 그것은 강아지라고 쓰인 설명서가 없었으면 어떤 짐승인지 알기 어려울 정도로 심한 장애의 모습이었다. 그때 사람들만 아니라 짐승도 피해를 본 것이다. 피해를 입은 사람들에게 생긴 여러 가지 증세와 이상한 구조의 신체에 대한 사진도 보는 이의 마음을 아프게 했다.

체르노빌은 내가 방문한 키예프에서 멀지 않은 곳이어서 이 도시 사람들도 방사능 때문에 얼마간의 나쁜 영향을 받았을 것이라고 한다. 그때 방사능 폐기물을 처리하기 위해서 많은 작업인들이 필요했는데 아무도 그 사고 현장에 가려고 하지 않아서 누구든지 그 일을 하면 상당한 돈을 주겠다고 하여 목숨을 담보로 많은 청년과 아버지들이 나섰다고 한다. 물론 그들 대부분은 작업을 마치고 얼마가 지난 후에 영구적인 불구가 되거나 죽었다고 한다. 방사능 피해는 즉각 나타나지 않고 2대와 3대에 걸쳐서 자녀들에게 나타나기 때문에 이들의 아픔은 차마 볼 수가 없었다. 인간을 더 편하고 잘살도록 도와주기 위해서 개발된 유익한 원자력이 자칫 인류를 멸망하게 하는 무서운 독이 되지 않을지 무거운 마음을 떨치기 어려웠다.

{아흔}

강제 추방을 당했다

청년 시절에 나는 선교사가 되든지 선교하는 일에 헌신하고자 하는 결단을 내린 적이 있었다. 세상 구석에서 고난받는 이들을 돕는 방법에 대해서 생각하게 되었고 그래서 미국 유학 시절에는 선교에 관한 전문적인 공부를 한 것이다. 그러나 막상 공부를 마칠 때에는 이미 40세가 되었고 온 가족이 선교지로 나갈 준비가 되어 있지 않아서 신학대학에서 선교학과 관련된 과목을 가르쳤다. 그리고 여름방학이 되면 거의 매년 장차 선교사가 되겠다고 결심한 신학생 수십 명을 이끌고 여러 나라를 방문하면서 선교 실습을 갖게 했다. 그 선교방문에 참여했던 대부분의 청년이 후에 세계 각처로 나가서 아직도 열심히 수고하는 훌륭한 선교사가 된 것은 나에게 정말 큰 기쁨이다.

그 후로 나는 교회를 돌보는 중에도 일 년에 한두 번씩 선교지를 방문하여 현지인 교회에서 설교하거나 지도자 교육에 열심을 냈다. 특히 다른 강사들이 가기 어려운 외지와 먼 나라를 자주 찾아갔다. 그렇게 하여 최근까지 방문한 나라들이 상당히 많게 된 것이다. 종교의 자유를 보장하는 나라를 방문할 때에는 활동이 자유로웠다. 심지어 대도시 거리에서 소리를 높여 전도해도 막는 사람이 없는 곳도 있다. 필리핀 거리나 방콕의 거리, 그리고 독일 쾰른 성당 앞에서 독일인과 방문객들을 모으고 내가 어디서 왔고 어떻게 하나님을 믿게 되었는지 외쳤는데 놀랍게도 여러 사람들이 내 말을 경청해주었다.

그런 가운데 늘 조심스러웠던 것은 기독교를 반대하거나 공식적으로 선교사의 입국을 거절하는 나라들이다. 그런데 안타깝게도 그 수가 세계적으로 아주 많다. 위험을 무릅쓴 적도 여러 번 있었는데 그 중에 몇 사례를 돌아본다. B 나라를 방문했을 때에는 무리를 지어 이동하는 것이 눈에 띌까봐 여러 자동차에 나눠 타서 다녔고 기자 행세를 하면서 이동하기도 했다. 도로에는 테러 분자들에게 공격을 받아 불에 탄 자동차들도 여럿 보였다. 마치 무슨 스파이 작전이라도 하는 것처럼 주민들에게 보이지 않게 움직였다.

아직까지도 선교사들이 가슴을 졸이며 사역하는 곳은 강력한 이슬람권과 힌두교권에 속한 나라와 공산권 국가들이다. 내가 2015년에 방문한 한 나라는 아직도 기독교를 박해하고 선교사를 받아주지 않는 나라인데 그곳에서 20여 년이 넘도록 사역하는 선교사의 요청을 받아 관광객으로 입국했다. 공항을 벗어나 기차로 한 시간 이상 달렸고 다시 버스와 택시와 "빵차"라고 부르는 지역 합승차로 갈아타면서 산속으로 아주 깊이 들어갔다. 현지에 도착한 시간은 자정 무렵이었다. 그곳에 한 주택이 있는데 가정 교회로 예배당도 함께 있어서 그곳에 머물면서 현지 지도자들을 대상으로 지도자 교육을 강의했다.

주민이 먹는 옥수수와 밀빵 정도의 간단한 식사지만 감사함으로 먹었고 오전과 오후에 걸쳐 열심히 가르쳤는데 사흘째 되던 오전 시간에 일이 터졌다. 그 깊은 곳에 있는 가정 교회에 외국인이 와서 성경을 가르친다는 것을 어떻게 알았는지 공안원 열 명이 들이닥친 것이다. 자국민이 자국민에게 하는 종교 활동은 인정하지만 외국 사람이 들어와 현지인들을 가르치는 것은 법에 어긋난다는 것이다. 혹시 이웃 주민이 우리의 찬송 소리를 듣고 기웃거리다 경찰에 신고했는지도 모르겠다. 조선족 형제의 통역을 통해서 한참 강의 중인데 그들은 우리의 모든 행동을 중지시키고 참가자들의 컴퓨터를 압류하고 선교사와 나를 체포하여 경찰차에 태워서 경찰서로 이송했다. 그런데 놀랍게도 건물 뒤쪽으로 향하니 멀지 않은 곳에 경찰서가 있었던 것이다.

나는 그곳에서 약 7시간 심문을 받았다. 관광객으로 입국하여 종교활동을 하는 것은 불법이라고 하면서 열 손가락과 손바닥의 지문을 찍고 나의 이름을 적은 종이를 든 채로 벽에 서서 범죄자같이 사진을 찍기도 하고 심지어 손가락에서 피를 샘플로 뽑기도 했다. 새 여권을 가지고 재입국하는 것을 막기 위한 것으로 보인다. 대체로 그렇게 잡히면 벌금을 약 2만 달러 정도 내거나 15일 정도 유치장에 갇힌다고 한다는데 다행스럽게도 내게는 벌금 없이 하루 구류만 집행되었다. 그리고 미국인 신분인 나에게는 목소리만 높이고 폭력을 행사하지는 않았다. 폭력을 쓰면 간혹 외교 문제가 생길 수 있기 때문이라고 한다.

나는 경찰이 인도하는 대로 여기저기 다니고 하룻밤을 지낸 후 석방되었다. 나를 풀어준 경찰은 "당신이 나쁜 짓을 하지 않은 것을 안다. 그렇지만 이것이 법이니 할 수 없다. 속히 출국하는 것이 좋겠다"고 말했다. 그리고 앞으로 10년간은 다시 입국할 수 없다는 것이다. 공항을 빠져나올 때는 내 여권에 붉은색 스탬프가 찍힌 것을 보고 세관원 및 군복을 입은 사람들이 모여서 수군거리기도 했다. 나는 긴장하는 가운데 기다렸고 다행스럽게도 아무 문제 없이 출국할 수 있었다. 그때 나는 많이 놀랐다. 거리에서 경찰 복장을 한 사람만 봐도 혈압이 오르는 것 같았다.

그전에도 몇 차례 이 나라를 방문하여 교육도 하고 세례를 주고 또 좋은 여행도 했는데 이제는 그런 기회가 막히고 말았다. 지금은 그 정도가 더 심해져서 허가받은 교회에도 많은 제한을 두고 예배당 지붕에 세운 십자가를 밧줄로 묶어서 끌어내리는가 하면 예배당 건물을 부수기도 한다. 심지어 어느 뉴스를 보니 설교하고 있는 목사를 현장에서 체포하는 경우도 있다.

시간이 갈수록 기독교를 반대하거나 핍박하는 나라들이 더 증가하는 추세다. 아프리카 지역에서는 무슬림들이 여러 교회 건물에 이유 없이 불을 질러서 막대한 피해들을 입히는 경우가 흔하고 목회자를 잡아서 심한 고문을 하거나 처형하는 사례가 빈번하다. 어느 선교사는 자기 신분이 드러날까봐 많은 고생을 했고 현지인 학교에 다니는 자녀들에게까지 현실을 이해시키느라 힘이 들었다고 한다. 그런 중에도 예수님의 복음을 듣고 새롭게 신앙을 가지면서 삶의 용기와 소망을 찾는 이들이 많다는 사실은 힘겨운 선교 사역을 하는 이들에게 큰 격려가 된다. 신앙의 자유가 보장되고 전쟁이 없는 곳에 사는 것만도 얼마나 큰 복인지 새삼 깨닫게 된다.

{아흔하나}

건물보다
사람이 우선이다

유럽의 여러 나라들만 아니라 미국과 한국에도 거대한 예배당 건물이 "우상"이 되어 많은 빚을 갚아가면서 교회를 운영하는 곳이 많다. 한국에선 한때 "일단 큰 예배당을 지어놓으면 사람들이 찾아온다"는 말이 있을 정도로 많은 목회자들이 예배당 건축에 "목숨을 걸고" 희생했다. 지난번 한국에서 IMF 사건이 터졌을 때에 마침 한국을 방문했는데 은행 융자로 건축을 하다가 중단되어 기둥은 세웠는데 지붕이 없는 건물들도 보았다. 그리고 교회가 파산하여 교인들이 흩어지는 안타까운 일들도 벌어졌다. 그런데 근래에도 은행빚을 갚지 못해서 파산하고 흩어지는 교회들이 있다고 하니 마음이 아프다. 그 이상으로 나의 마음을 아프게 하는 것은 그런 교회 건물이 이단 집단에게 팔리는 경우가 적지 않다는 것이다.

이미 프랑스와 영국 같은 나라에서는 거대한 교회 건물이 결혼식장이나 레스토랑으로 변해 있다. 교인 수가 너무 적기 때문에 그들의 헌금으로는 건물을 유지할 수 없어서 팔아버린 것이다. 캐나다를 방문했을 때 나의 숙소 건너편에 보이는 돌로 된 멋진 예배당 건물을 잠시 찾아가봤다. 그런데 겉으로는 예배당 건물인데 안을 들여다보니 안타깝게도 헌책방과 중고품 가게가 되어 있었다. 영국의 어느 예배당 건물에는 "락앤롤 클럽" 간판이 어지럽게 붙어 있었다. 반면에 여기저기에 세운 이슬람 사원에는 교인들이 차고 넘쳐서 심지어 금요일

기도 모임에 무슬림들이 들어갈 공간이 부족하여 건물 밖에 길거리까지 나와서 시멘트 바닥에 엎드려 기도하는 경우도 있다. 일부 이슬람 교회는 개신교 교회를 빌려서 월세를 내고 사용하는 딱한 상황이 되고 있다.

더욱이 유럽인들은 자녀를 낳을 생각을 하지 않는 데 반하여 무슬림들은 그들의 법대로 아내를 네 명까지 얻을 수 있고 평균 5명 이상을 낳고 있으니 영국과 프랑스 같은 나라가 이슬람화하는 것은 결국 시간문제가 된 것이다. "벽돌보다 사람에게 투자하라"는 것이 나의 지론 중의 하나이다. 아무리 튼튼하게 지은 건물이라도 시간이 지나면 결국 낡고 무너질 것이지만 사람들을 하나님의 사람으로 세우면 주의 복음이 그치지 않을 것이다. 하나님의 나라 확장은 벽돌이 아니라 훈련된 사람들을 통하여 이뤄지기 때문이다.

실제로 영국의 경우를 보면 이런 현실을 실감할 수 있다. 대부분의 소형 교회들은 문을 닫은 지 오래되었고 예배당 주변은 주차장도 없이 교인들을 묻은 교회 묘지가 되어 있다. 아직까지 교회 문을 닫지 않은 곳에는 10여 명의 교인들이 모이는데 듣기로는 영국에 담임목사가 없는 교회가 약 4만 개가 된다고 하니 정말 마음 아픈 일이다. 대개 평신도들이 모여서 성경을 공부하는 정도인데 그것은 신학교에 학생들이 입학하지 않고 또 목회자가 되기를 원하는 이들이 거의 없기 때문이라고 한다. 그들은 하나님이나 교회에 대해서 아주 차디찬 눈길 밖에 주지 않는 것을 느꼈다.

어쩌다가 이런 상황이 되었을까? 혼자 곰곰이 생각해보았다. 우선 예수 십자가의 도를 전하지 않고 차가운 신학을 전하거나 성경 외에 다른 이야기를 전한 것이다. 그리고 불필요한 신학적 논쟁으로 복음을 흐리게 하였기 때문일 것이다. 열정적인 기도가 사라지고 하나님 말씀의 권위를 상실한 교회는 어쩔 수 없이 시들게 되고 결국 자취를 감추게 된다. 그런데 한국 교회들이 그 자랑스럽지 않은 유럽 교회의 자취를 그대로 따라가는 것은 아닌지 모르겠다.

나는 은퇴 후에 시간적 여유를 갖고 세계 각처의 선교지를 방문하여 현지 교회 지도자를 양성하는 일에 마음을 쏟고 있다. 이제는 주로 오지인 아프리카 지역을 다니며 현지 신학생이나 목회자들을 대상으로 하여 전문적인 강의와 훈련을 하는 것이다. 한 사람의 목회자가 보다 잘 준비되면 그들이 목회하는 수백 명의 사람들이 영적인 도움을 받을 수 있기 때문이다. 그래서 보다 체계적이고 기본적인 성경 공부가 꼭 필요한 현실이다. 외국에서 정식으로 공부하여 박사학위를 가진 교수가 가르친다고 하면 더 열심히 달려온다고하니 내가 더욱 열심을 내야겠다.

{아흔둘}

발을 뻗을 수 있었다

청년 시절에는 비행기를 타는 것이 흥미롭고 신나는 일이었지만 나이가 들면서부터는 비행기를 타는 것이 즐겁지 않다. 더욱이 내 좌석의 양쪽으로 덩치가 큰 사람이 앉을 경우에는 내 자리가 더욱 비좁게 느껴져서 여러 시간 동안 그 자리에서 꼼짝도 못할 때가 있다. 특히 화장실에 가야 할 때는 옆사람 눈치를 봐야 하는데 만일 그 사람이 잠이라도 자고 있으면 이건 정말 자리를 벗어나기가 힘들다. 어느 때에는 어린 아기가 엄마와 함께 탔는데 거의 쉬지 않고 울거나 칭얼거리는 바람에 조금도 쉴 수가 없었다. 아기 엄마는 아기 때문에 승객들에게 피해를 줄까봐 아기를 달래느라 쩔쩔매는 것을 보아서 불편한 기색을 내기도 어려웠다.

미국 서부에서 아프리카로 가려면 대부분 20시간 이상을 가야 하기 때문에 비행기 좌석 배정에 따라 종종 희비가 갈리기도 한다. 그런데 지난번 서부 아프리카를 갈 때에는 이코노미 클래스의 맨 앞자리에 앉을 수 있어서 다행이었다. 요즘엔 비행기 회사도 더 많은 이익을 추구해서 자리를 바꾸는 데에도 추가 금액을 지불해야 한다. 즉 통로쪽 좌석이거나 발을 뻗을 수 있는 좌석을 차지하려면 추가 요금을 내야 한다. 비행기를 예약할 때에 적지 않은 추가 금액을 지불했더니 다리를 조금 더 뻗을 수 있는 앞자리를 구할 수 있었던 것이다.

몇 년 전에는 한국으로 가는 어느 항공사의 이코노미 클래스에 좌석이 없다고 하면서 우리 부부를 불러 일등석을 제공한 적이 있었다. 아마 비행기의 좌석 수보다 더 많은 예약을 받았던 것 같다. 다른 공항을 거쳐서 가지만 목적지 도착 시간도 별 차이가 없는데 일등석이라니! 직접 돈을 지불하고 일등석을 예약하면 엄청나게 비싼데 공짜로 자리를 제공하면서 쿠폰도 주는 것이었다. 우리 부부는 오히려 잘되었다고 생각하고 널찍한 자리에 안내를 받아 앉았다. 양복 상의를 벗으니 승무원이 받아서 잘 걸어두었다. 이코노미 클래스와는 승무원의 서비스가 전혀 달랐다. 먼저 와서 승객에게 인사부터 하고 불편한 것이 있으면 요청하라는 것이다. 기내 음식이 나오는데 테이블에 하얀 식탁보를 깔고 꽃 한 송이를 놓았다. 그리고 일반 양식당에서 먹는 것 같은 수준의 멋진 음식이 나오는 것이 아닌가! 정말 인간대접(?)을 받는 느낌이었다.

그런데 문제는 그 후부터였다. 자리가 너무 편해서 그런지 우리 부부는 얼마 후에 잠이 들었다. 우리가 정신없이 잠을 자는 동안에도 맛있는 음식들이 나오고 훌륭한 간식들이 제공되었다고 하는데 우리는 자는 바람에 그런 것들을 먹지 못한 것이다. 식사만 아니라 다른 것들도 요청하면 다 내어준다고 하는데 우리는 별로 먹은 것이 없었다. 몇 시간이 지났는지 우리가 잠에서 깨었을 때는 목적지에 거의 다 왔을 때였다. 모처럼의 좋은 기회를 놓친 것이 종내 아쉬웠다. "다음에 또 기회가 있으면 눈을 크게 뜨고 거기서 제공하는 모든 서비스를 받아야지." 이렇게 생각했는데 그 후에는 그런 기회가 오지 않았다.

아무튼 아프리카에 갈 때는 삼등석을 탔지만 다리를 뻗을 수 있는 조금 더 넓은 공간이 있다는 것이 그렇게 좋을 수가 없었다. 사실 우리의 행복은 거창한 것이나 많은 것 또는 비싼 것에 있는 것이 아닐 것이다. 지나치는 사람의 밝은 미소, 차례를 기다리는 줄에서 한 자리를 양보해주는 것, 건물에 들어가는데 앞 사람이 문을 열고 기다려서 뒷사람이 들어가도록 친절을 베푸는 것 등, 아주 사소한 일 가운데 행복을 찾는다. 오늘도 누구에겐가 작은 행복을 제공해야겠다. 그러면 모두가 행복해질 것이 아닌가?

{아흔셋}

행복한 여행

그동안 하나님의 은혜로 30여 개 나라를 여행하는 즐거움을 가졌다. 여행의 목적은 거의 다 해외 한인 유학생들을 위한 집회에서 강연하는 것이나 선교지를 방문하여 설교하고 강의하는 것들이어서 그 지역을 돌아보는 관광은 별로 하지 못했다. 그렇지만 짧은 시간이지만 방문하는 나라 여기저기를 틈틈이 돌아보는 유익한 시간도 가졌다.

그 가운데 지난 2016년 7월에 방문한 남부 아프리카의 잠비아 여행도 기억에 새롭다. 그 지역에서 사역하는 한인 선교사들이 모여서 사흘간의 수양회를 가지는 일정에 내가 강사로 서는 것이었다. 오랫동안 영국의 식민지로 있다가 지난 1964년도에 독립했기 때문에 그들의 주된 언어가 영어이어서 누구와도 대화가 가능했다. 대개 영어로 설교하고 현지어로 통역해서 공부하기 때문에 불편한 점도 적지 않았고 또 내가 전혀 알 수 없는 부족어로만 대화하는 나라에서는 언어가 다른 두 명의 통역자들을 두어 강의나 설교를 했기 때문에 이번 경우에는 아주 편리했다.

우선 잠비아는 미국에서도 아주 먼 거리에 있다. 로스앤젤레스에서 아일랜드의 더블린으로 가서 에티오피아의 아디스아바바를 거쳐 잠비아의 수도인 루사카에 가는 약 30시간의 장거리 여행이다. 미국에서는 그곳에 가는 직행이 없기 때문에 중간에 비행기를 갈아타야 하고 여행 시간도 이틀이나 걸리는 것은 상당히 고된 것이다.

그렇지만 나는 여행을 즐기는 편이다. 비행기 안에서 잠비아 출신 청년들과 대화를 하면서 그 나라는 무엇을 자랑하는지 그들에게 물었다. 두 형제로 보이는 청년들은 뜻밖의 질문을 받고 잠시 생각하더니 "우리는 친절합니다"(We are friendly)라고 대답하는 것이다. 그리고 그들의 언어로 두 마디 인사말도 배웠다. "물리 브완지"(안녕하십니까?)와 "지코모"(감사합니다)이다. 몇 번 연습한 후에 공항에서 세관원에게 잠비아 말로 인사하니 아주 좋아했다. 실제로 잠비아에서는 약 75가지의 다른 언어가 사용되는데 그 중에 내가 배운 언어는 "난쟈어"라고 한다. 옛날 바벨탑 사건으로 언어가 복잡해진 것이 새삼 느껴졌다. 천국에서는 한 가지 언어로 통할 것을 기대한다.

미국이 여름인 때에 지구 남반부 근처에 위치한 잠비아는 겨울이다. 나와 연락을 주고받던 선교사가 현지가 추우니 겨울옷을 준비해 오라고 해서 짧은 옷은 한 벌도 없이 겨울옷들을 준비해갔는데 며칠 전까지 춥던 날씨가 뜻밖에도 온화해졌다. 남부 캘리포니아 기후에 익숙한 나에게도 포근하게 느껴지는 최상의 날씨였다. 그래도 현지인들은 춥다고 했다.

수양회 장소로 결정된 곳은 수도 루사카를 한 시간 정도 벗어난 조용한 곳으로 영국인 3세가 운영하는 깨끗한 시설이었다. 음식도 현지인들이 매일 먹는 옥수수 떡 종류의 "쉬마"와 서양 음식을 고루 준비해놓아서 식탁이 풍성했다. 수양관장은 최근에 숙소를 새로 장만했다고 하면서 은근히 시설을 자랑했다. 실제로 숙소는 깨끗하고 잘 정리되어 있어서 조금도 불편하지 않았다. 다른 나라들을 방문할 때 종종 많은 불편을 겪었던 것에 비하면 이곳은 "천국"(?)이었다.

잠비아에서 일하는 30여 명의 선교사들과 함께 사흘을 지내면서 함께 많이 웃고 많이 대화했다. 모두 사역에 지쳐 있던 차에 방해받지 않는 쉼과 거리낌없는 교제와 좋은 음식을 대하면서 그들이 여로모로 새 힘을 얻는 것을 보았다. 늘 현지인들에게 마음과 영혼을 쏟아부어야 하는 사역자들이 이번에는 편하게 앉아서 쉬기도 하고 함께 기도하는 재충전의 기회가 된 것이다. 다음에 다시 와달라는 요청을 받았다.

수양회가 예정된 설교를 마친 후에 바로 인근 나라인 보츠와나로 가서 그 유명한 빅토리아 폭포를 볼 수 있었다. 미국의 나이아가라 폭포와 브라질의 이과수 폭포 그리고 잠비아와 짐바브웨에 걸친 빅토리아 폭포가 세계 3대 폭포인데 이제 세 폭포를 다 본 것이다. 빅토리아 폭포는 여로모로 정말 대단했다. 나이가가라 폭포는 말굽처럼 생겼고, 이과수 폭포는 거대한 물줄기로 유명한데, 빅토리아 폭포는 그 폭이 1킬로미터가 넘을 정도로 넓었다. 폭포에서 떨어지는 물소리가 너무 강해서 현지인들은 그 폭포를 "천둥이 치는 연기"라고 부른다. 물보라가 하늘에 솟구치는 것이 마치 연기구름처럼 보이기 때문에 그런 이름이 붙여졌다고 한다.

이번 방문에 따른 또 하나의 보너스는 유명한 사파리 여행이었다. 자동차로 약 세 시간을 가는데 도중에 국경을 넘어 비자를 받기도 하고 페리로 강을 건너기도 했다. 도착한 "쵸비" 공원은 많은 야생동물이 있는 곳으로 유명한데 어느 미국인 부부와 동행했다. 굉장히 넓은 공원에서 우선 눈에 많이 띄는 것은 바분이라는 원숭이들이다. 이 원숭이들은 사람을 두려워하지 않고 어미와 새끼들이 무리를 지어 이리저리 아주 자유롭게 돌아다닌다. 보기에는 흥미롭지만 화가 나면 사람에게도 덤벼든다고 해서 거리를 두고 보았다.

작은 사파리 차로 이동하는데 갑자기 거대한 코끼리들이 눈에 들어온다. 그 공원 안에만 코끼리가 1만 7,000여 마리 산다고 하는데 가까이서 보니 어마어마하게 컸다. 코끼리도 순하고 느려 보이지만 화가 나면 굉장히 빠르게 달리고 사납다고 한다. 호숫가에는 커다란 악어들이 쉬고 있고 몸무게가 1,000킬로그램이 넘는 하마들이 여행객을 응시하고 있다. 머리가 흰 독수리를 비롯하여 많은 종류의 조류도 있고 기린과 임팔라와 얼룩말들이 한가롭게 풀을 뜯고 있다. 사자와 호랑이는 대개 낮에는 숲속에서 쉬고 밤이 되면 나와서 사냥을 한다고 안내인이 말한다.

예정된 대로 며칠간의 분주한 시간을 보내고 난 후에 한가롭게 "관광객"이 되어 이곳저곳을 돌아보는 것이 여행의 즐거움 가운데 하나이다. 낯선 곳에서 새로운 언어와 생활습관을 보고, 또 다른 곳에서는 먹지 못했던 새로운 음식도 맛보는 재미가 있다. 나는 입맛이 까다롭지 않아서 그런지 어느 나라에 가든지 그 나라의 음식을 잘 먹는 편이다. 수저 대신에 손가락으로 먹는 것도 별로 힘들지 않다. 그리고 내 고향에서는 알지 못하던 새로운 경험을 함으로써 세계를 보는 눈이 조금 더 떠지는 것이 여행이 주는 큰 혜택이다. 학교와 책으로 배우는 것 이상으로 여행을 통해서 배우는 지식과 경험이 얼마나 귀한지를 다시 느낀 여행이었다.

{아흔넷}

휠체어를 타고

카메룬에는 1984년에 사역을 시작한 한국인 선교사가 있다. 한국 교단에서 파송된 그 선교사가 카메룬에 도착한 초기에는 많은 고생을 했다. 아프리카 열대 지방에서 흔한 말라리아에 걸려 많은 고생을 한 것을 비롯하여 그들의 주된 언어인 불어를 배우면서 힘든 시간도 보냈다고 한다. 그의 사역은 광범위하여 약 800여 명이 출석하는 그가 개척한 현지인 교회가 있고, 또 신학교와 중고등학교를 운영하며 의료선교도 하고 있다. 헌신적으로 현지인들을 섬기며 어려운 과정을 거쳤지만 이제는 현지인 교단이 형성되어 있고 그 나라 주변 국가들을 방문하여 사역을 넓히고 있다.

그 가운데 중요한 것은 현지인 전도자와 목회자들을 교육하는 것이다. 그 나라에서 목회자의 다수가 정식 신학을 공부한 적이 없고 심지어 성경 전체를 읽은 이들이 약 10% 밖에 되지 않는다는 사실을 알게 된 그는 정기적으로 목회자 교육을 실시하게 되었다. 성경을 조금 아는 정도면 목사를 하라고 서로 권하는 경우도 있다고 한다. 내가 방문한 것도 그들을 위한 집중 교육을 실시하는 목적이었다. 대체로 한 학기에 해당하는 과목을 한 주간에 집중적으로 가르치고 또 세미나를 인도하는 것이다. 성경적인 기본 진리를 포함하여 복음적인 신학의 기초도 강의한다. 나는 그 경험 많은 선교사와 시간을 나눠서 강의하며 행복한 시간을 가졌다. 강사를 소개하는 지면에 "박광철 목사"라고 썼더니 그렇게만 쓰면 현지인 목회자들이 귀를 열지 않는다고 했다. 즉 자기들도 목사이기 때문에 별로 들을 것이 없을 것이라는 생각이란다. 그러더니 "Rev. Dr. Daniel Park"이라고 "거창한"(?) 명칭을 붙여 놓았다. 그러면 그들이 들을 것이 있을 거라고 생각하여 집중한다는 것이다.

카메룬에는 토착 종교와 이슬람교 및 기독교가 대표적인데 종교적 갈등이 적어서 전도 활동에는 지장이 없다. 개신교가 소수 종교에 속해 있지만 종교 간의 다툼이 없어서 제한을 받지 않고 열심히 설교할 수 있었다. 노방 전도를 시켜도 거리낌없이 가정을 방문하거나 길에서 만나는 이들에게 복음을 전할 수 있다. 생활 환경은 대단히 열악하지만 하나님의 말씀을 더 배우려고 하는 그들의 열정은 어느 나라의 누구에게도 뒤지지 않아 보였다.

카메룬에서는 400여 명의 목회자들을 위한 세미나를 인도하고 또 선교사가 담임목사로 있는 교회에서 주일 예배 설교를 했다. 그들의 찬양은 동적이어서 자리에서 일어나 춤을 추는 이들도 많았다. 모두 열정적으로 호응하는 복된 예배였다. 강의를 마치고 휴식 시간에 선교사와 함께 오래간만에 테니스를 치게 되었다. 그 선교사는 많은 사역을 감당하면서 일주일에 몇 번씩 테니스를 하여 건강을 관리한다고 하여 나도 따라 나섰다. 테니스 라켓을 잡은 지 오래되었지만 권고를 받고 잠시 열심히 뛰었다. 전보다 몸이 둔해졌는데 마음처럼 자유롭게 움직여지지 않았다. 생각은 청년 때처럼 달리고 싶은데 몸이 따라주지 않는 것이 느껴졌다. 테니스 선수 한 명을 내게 붙여주어 개인적으로 연습도 했다. 그런데 그것도 쉽지 않다. "내가 정말 나이가 많이 들었구나." 싶었다.

그런데 사건이 생겼다. 몸이 잘 풀리지 않은 가운데 코트에서 이리저리 뛰어다니다가 갑자기 내가 바닥에 고꾸라진 것이다. 그동안 많이 활동하지 않은 종아리 근육이 "놀랐는지" 근육이 터진 것처럼 아팠다. 테니스 코트에서 쓰러지니 같이 있던 사람들이 더 놀란 것같이 보였다. 병원에 갈 상황이 아니어서 급히 붕대로 감고 통증을 견뎠다. 금방 괜찮을 줄 알았는데 종아리가 많이 아팠다. 그다음 날 미국으로 출국해야 하는데 종아리가 많이 아파서 제자 선교사가 항공사에 청하여 휠체어를 가져 왔다. 무슨 굉장히 아픈 환자처럼 뜻밖에 휠체어 신세를 져야 하는 것에 마음이 불편했다. 그렇게 하여 나는 큰 장애라도 입은 사람처럼 생전 처음으로 휠체어를 타고 미국으로 돌아왔다. 다행히 며칠 후에 통증이 사라졌지만 그 달갑지 않은 기억은 지금도 생생하다. 그래도 나는 성경을 배우기를 열망하는 이들이 기다리는 카메룬을 또 방문할 수 있기를 희망한다. 그곳 선교사는 나에게 연습을 더 하고 또 테니스를 치자고 말하지만 솔직히 이젠 겁이 난다.

{아흔다섯}

명예 추장이 되다

아프리카의 코트디부아르는 서부 아프리카 지역에서도 여러 면에서 가장 발달된 곳이다. 주변의 여러 나라보다 경제적으로도 나은 편이고 오래 계속되던 내전이 그친 후에 나라가 안정을 찾아서 상당히 빠르게 변화하고 있다. 주변의 가나, 토고, 배냉, 라이베리아, 시에라리온, 말리 등의 나라와 비교하면 여러 면에서 많이 발전하여 자동차도 많고 경제력도 나은 편이다. 한국산 중고 자동차들이 길에 많다. 요즘에는 중국인들이 많이 들어와 사업을 하는데 현지인들과 종종 부딪친다고 한다. 현지인들에게 거칠게 대하기도 하여 갈등을 자주 일으킨다는 것이다. 거리에 건축 현장이 많은 것을 보니 경제가 점차 나아지는 것으로 보인다.

이 나라에서 가장 유명한 사람은 대통령이 아니라 축구 선수인 드록바이다. 그는 코트디브와르를 3회 연속으로 FIFA 월드컵 본선 진출로 이끈 주인공으로서 인기가 대단하다. 코트디부아르의 수도는 "야무수크로"이지만 제2의 도시인 "아비장"이 경제 중심도시로서 더 유명한데 거리에는 대통령 얼굴보다 드록바의 광고판이 눈에 더 많이 띄는 것도 그럴 만한 이유가 있다. 그는 현재 미국의 유나이티드 사커 리그의 피닉스 라이징 구단주이다. 그래서 한때 그곳 사람들은 드록바를 대통령으로 출마시키면 모두 뽑을 것이라고 외치기도 했다고 한다.

나는 세 번째로. 그 나라를 방문하여 현지인 목회자 교육을 실시했다. 무더운 날씨에 냉방 시설이 전혀 없이 커다란 선풍기만 힘차게 돌아가는 가운데 오히려 더운 바람이 분다. 땀이 비오듯 하고 소나기가 내리기라도 하면 양철 지붕에서 무슨 커다란 북치는 소리가 나서 강의실로 쓰는 교회당 안에서 마이크로 하는 목소리도 들을 수 없을 정도다. 그런 열악한 환경에서 여러 시간 강의하다 보니 강사도 지치고 학생들도 지쳤다. 그들은 경제적인 여유가 없어서 점심 식사도 제대로 하지 못하는 상황이어서 나보다 훨씬 더 힘들 것인데 그래도 배우고자 하는 그들의 열심을 따를 사람은 없을 것이다. 내가 그곳에 자꾸 가는 것은 한국이나 미국에서 거리가 아주 멀고 가르칠 교수가 부족한데다 또 그들의 배우고자 하는 열정을 보았기 때문이다. 그러나 세 번째로 갔을 때에는 강의실이 외국의 선교부가 지어놓은 건물이라 현재는 현지인에게 넘기고 그 선교부의 선교사들이 다 떠났다고 한다. 그래서 냉방시설이 된 좋은 곳을 빌려서 강의할 수 있었는데 가르치는 나 자신만 아니라 배우는 이들도 훨씬 고생을 덜했다.

어느 한 주일에는 작은 현지인 교회에서 주일 예배 설교를 했다. 예상한 대로 예배가 시작되기 전에 거의 한 시간 정도 열정적인 찬양을 불렀다. 악기는 키보드와 작은 북 하나뿐이지만 성도들은 마치 "성령에 신들린 사람들처럼" 몸을 흔들며 뜨겁게 찬양했다. 그곳에서는 찬양할 때 거의 대부분 몸을 많이 흔들고 실내 가운데 원을 만들어 빙빙 돌면서 노래를 부른다. 한국 대부분의 교회에서 청년 집회 외에는 모두 조용히 앉아서 찬송하는 것과는 달리 그들의 찬양은 정말 역동적이다. 어느 교회에서는 찬양만 두 시간 이상을 하기 때문에 예배 시간이 네 시간이 될 때도 있다고 한다.

주일 예배 설교를 마쳤는데 담임목사가 특별한 선물을 하겠다고 했다. 다른 시골 교회에서는 설교 후에 그들이 늘 사용하는 "땀땀"이라는 작은 북을 나에게 선물로 주더니 이번엔 무얼 주려나 궁금했다. 그는 나를 강단 앞으로 나오게 하고 현지 부족의 추장만 입을 수 있는 옷을 나에게 입혔다. 교회의 장로 한 사람이 나와서 내가 옷 입는 것을 도와주면서 "이 옷은 아무나 입는 것이 아닙니다. 우리 부족의 추장만 입는 옷입니다"라고 했다. 그러자 다른 사람이 이제 내가 그 부족의 명예 추장이 되었다고 말하는 것이다. 그곳에서 추장의 세력은 굉장히 크다. 대체로 나이가 제일 많은 사람이거나 싸움에 탁월한 사람이든지 무엇인가 남다른 것이 있는 사람이 추장이 되는 것으로 보인다. 그래서 어떤 경우에는 추장의 말이 곧 그 부족의 법이 되기도 한다. 명예 추장의 옷을 입고 성도들 앞에서 활짝 웃으며 찍은 사진은 정말 흥미롭다.

{아흔여섯}

작은 교회의 큰 찬양

코트디부아르는 아프리카 지역 가운데서도 전도가 자유롭고 아프리카의 다른 지역에 비하여 조금 더 경제적인 여유가 있는 나라 중의 하나이다. 지난 수년간에 걸친 내란으로 고통을 많이 받았지만 이제는 모든 것이 평정되어 아주 평안하고 안정적이다. 특히 이곳에는 다양한 종교가 있지만 서로 싸우지 않기 때문에 종교 활동에 아무런 제한을 받지 않고 예배를 드리고 전도할 수 있는 것이 놀라운 특권이다.

나는 이미 이 나라를 세 번 방문하여 목회자와 신학생 교육을 했다. 대체로 한 학기 공부를 집중적으로 모아서 오전과 오후로 나눠 한 주간에 걸쳐 공부하는 형식이다. 환경은 아주 열악하고 음식도 부실하지만 공부하는 이들의 그 뜨거운 열정은 대단하다. 어떤 학생은 이 공부를 위해서 아주 먼 곳에서 버스를 타고 와서 교회의 시멘트 맨바닥에서 밤잠을 자며 공부한다. 이들 대부분은 경제적인 여유가 없기 때문에 하루에 한 끼니 정도만 먹는데 감자처럼 생긴 것을 삶아서 만든 후투나 고구마처럼 생긴 카사바를 갈아서 밥처럼 만든 것을 주식으로 먹는다. 거기에 종종 생선 한 토막을 곁들이기도 하고 채소를 함께 먹는다. 그 음식에 영양분이 얼마나 있는지는 모르겠다. 그래도 그것을 하루에 두 번 먹는 것을 은근히 자랑하는 이도 보았다.

지난 2019년 5월에 방문했을 때도 몇몇 현지인 교회에서 설교했다. 그곳은 프랑스 식민지였기 때문에 공용어가 불어이어서 선교사와 함께 설교했다. 그들의 예배에는 특이한 점이 많았다. 첫째로 찬양이 많다는 것이다. 그런데 악기라고는 작은 북과 박을 말려 만든 둥그런 통 주변에 조개 껍질을 줄지어 매달아서 흔들면 소리가 나도록 한 "쉐케러"라는 것뿐이다. 그 흔한 기타나 피아노가 없는데도 그들의 찬양은 정말 뜨겁고 열정적이다. 어떤 성도는 땀을 흘리면서 몸을 흔들기도 하고 손을 높이 들거나 좌우로 흔들면서 하나님을 찬양하는 모습이 조금도 어색하지 않았다. 그것은 교인들만 아니라 그곳 사람들이 전통적으로 추는 춤 가운데 하나이다.

특히 눈에 띄는 것은 헌금시간이다. 작은 소쿠리로 만든 헌금 바구니를 강대상 아래 놓고 교인들이 줄지어 나와서 헌금하는데 거의 모두가 가볍게 춤을 추면서 앞으로 나오는 것이다. 일부 교회에서는 헌금 주머니를 돌리기도 하지만 대부분의 교회에서는 각 사람이 직접 앞으로 나와서 헌금 바구니에 돈을 넣는 형식이다. 아이부터 어른까지 모든 교인이 헌금에 참여하는데 비록 아주 적은 헌금을 드리지만 행복한 표정으로 헌금에 임하는 것을 보니 한편 부럽기도 했다. "춤을 추면서 드리는 헌금! 나도 헌금할 때에 저렇게 춤을 출 정도로 기쁘게 드리는가?" 하나님께 무엇인가 드릴 수 있다는 것이 기쁨 아니겠는가!

내가 두 번이나 방문한 교회는 어느 노인 성도가 자기 집을 주일마다 개방하여 예배 처소로 사용하는 곳이다. 한인 선교사가 담임목사로 있는 곳인데 교인 중에 신실한 이들이 있고 그 가운데 한 청년은 대단히 믿음이 좋고 신학을 공부할 준비를 하고 있었다. 그 키가 작은 노인은 작은 구멍가게를 운영하는데 주일마다 모든 물건을 정리하고 걸상을 놓아서 예배 장소로 바꾸는 것이다. 주님을 사랑하는 마음을 어떻게 표현할까 생각하다가 집을 개방하게 되었다는데 벌써 여러 해 동안 그의 집이 40여 명의 교인들이 모여서 찬송하고 하나님의 말씀을 듣는 간판도 없는 교회가 된 것이다. 무엇보다도 그들의 열정적인 찬양과 따뜻한 환영과 밝은 미소가 방문자의 마음을 편하게 했다. 좀 더 넓고 편리한 예배당을 가질 수 있으면 참 좋겠다.

내가 매년 방문하여 지도하는 복음신학교에서는 나를 "명예 학장"으로 추대해주어 다시 한 번 행복한 경험을 했다. 이 나라는 한국과 미국에서 오기에 거리가 멀고 강사가 부족한 곳이다. 나는 다른 이들이 많이 가지 않는 지역에 가겠다는 "소박한" 결심을 했기 때문에 이곳 방문 사역이 행복하다. 그래도 선교사 숙소가 있어서 안전하고 편안하여 참으로 감사한 마음이다. 미국에서 그곳 선교지까지 가는 길은 쉽지 않지만 현지에서 사역하는 담당 한인 선교사는 내가 건강하기만 하면 앞으로도 매년 계속해서 방문하여 교수해주기를 원하고 있어서 나는 건강관리를 더 잘해야겠다고 다짐한다.

{아흔일곱}

시차를 잘 극복하다

세계를 여행하다 보면 나라마다 시각이 달라서 밤과 낮이 바뀌는 경우가 흔하다. 예를 들어서 한국에서 미국으로 여행을 하면 비행기 안에서 밤낮이 바뀌는데 집에 돌아오면 밤에는 잠이 오지 않고 낮에는 자꾸 졸음이 오는 경우가 많다. 비행기 안에서 잠을 청하기도 하지만 자리가 비좁아서 제대로 잠을 잘 수가 없다. 졸려서 눈은 감기는데 시끄러운 비행기 엔진 소리와 불편한 좌석 때문에 비몽사몽 간에 몽롱한 시간을 보낸다. 자는 것도 아니고 깨어 있는 것도 아닌 경우가 많다. 몸을 웅크리고 여러 시간을 지내다 보면 몸이 찌뿌둥하여 종종 자리에서 일어나 스트레칭을 해야 한다. 다리에 쥐가 날 때도 있다. 그래서 시차 극복이 어려운 사람은 귀국한 후에 거의 한두 주간 동안 제대로 밤잠을 자지 못하는 불편을 겪기도 한다.

지난번 아프리카를 다녀올 때는 비행기를 타는 시간만도 거의 25시간이 넘었다. 현지에서 한 도시를 경유하여 기내에서 한 시간 이상을 기다리다가 두바이까지 8시간을 비행한 후에 공항에서 또 약 2시간을 기다렸다. 그리고 다시 16시간을 비행해야 하기 때문에 비행기 안에서 거의 이틀을 지낸 셈이다. 공항에 나가서 기다리는 시간과 갈아타기 위해 대기하는 시간을 합치면 30시간이 넘는 길고도 긴 여정이었다. 비행기 안에서 기내식을 세 번이나 먹었고 좌석에 있는 모니터로 영화를 몇 편씩 봤다. 아마 내가 영화를 가장 많이 보는 곳은 여행 중 비행기 안에서일 것이다. 그런데 나는 근래에 와서 시차를 크게 느끼지 않고 있다. 전에는 나도 여행 후에 여러 날 동안 잠을 제대로 못 잤는데 요즘에는 시차를 쉽게 극복한다. 내가 남들보다 건강하기 때문일까? 그건 아니다. 이제는 청년 때와 달라서 기력이 전보다 못한 것이 사실이다. 그러나 시차를 극복하는 나만의 비결은 귀국한 후에 거의 하루를 아무 일도 하지 않고 잠을 자는 것이다. 지난번 아프리카에 다녀온 날 밤부터 다음 날까지 거의 12시간 이상을 푹 잤다. 비행기에서 잠을 못 잤기 때문에 집에서 잘 수 있었던 것이다. 잠이 오지 않으면 주변 소음을 없애고 조용한 가운데 잠을 청한다. 그러고 나면 이틀 후부터 정상적인 생활이 가능해진다. 내가 시차를 크게 느끼지 않는 또 하나의 이유는 그동안 거의 매일 조금씩 운동을 한 까닭일 것이다. 매일 아침 인근의 YMCA에 가서 스트레칭과 러닝머신을 사용한 것이 도움이 된 것으로 생각된다.

나는 다시 아프리카 선교 여행을 계획한다. 이번에는 코트디부아르에서 한 주간 동안 가르치고 다시 카메룬으로 가서 신학교와 교회에서 두 주간 동안 집회를 할 것이다. 다음 해에는 좀 더 긴 여행이 될 것이지만 그래도 염려가 되지 않고 오히려 기대가 된다. 무엇보다도 공산권이나 이슬람권에 속한 나라에 가서 가슴을 졸이며 숨어서 설교할 필요가 없이 자유롭게 복음을 외칠 수 있기 때문이다. 아프리카의 많은 나라가 가톨릭의 영향을 받았기 때문에 기독교에 대해 관대하며 특히 코트디부아르는 이슬람교가 가장 큰 세력이지만 다른 종교와 갈등을 일으키지 않아서 그것만 해도 나는 큰 기회요 특혜라고 생각한다. 그래서 나를 필요로 하는 곳에 다시 갈 수밖에 없다.

{아흔여덟}

아름다운 산토도밍고에서

이전에 한국의 한 대형 기업을 이끌던 분이 건강에 어려움을 당한 후에 하나님을 믿게 되었고 결국 하나님께 헌신하여 선교사가 되어서 지금은 도미니카공화국에서 훌륭한 선교 사역을 감당하고 있다. 과거 대기업을 운영하던 많은 노하우가 있어서 그런지 다양한 일들을 많이 벌였다. 25에이커의 큰 대지에 예배실, 숙소, 강의실, 기도실, 도서실, 체육관, 수영장, 농장, 주방, 카페, 기타 다양한 시설을 마련하여 지역 교회들이 유익하게 사용할 뿐 아니라 전 세계에서 많은 이들이 방문하여 다양한 프로그램을 진행하고 있는 것이다. 두 번째 방문할 때에도 100여 명의 목회자들이 모여서 한 주간 동안 오전과 오후로 열심히 공부했다. 그 선교사의 부인이 나의 아내와 중학교 친구였던 것이 계기가 되어 그가 세운 선교 센터에서 일 년에 한 차례 열리는 시니어를 위한 선교 훈련 학교에 참여한 것이다.

65세를 전후하여 은퇴한 이들 가운데 아직 건강하고 신앙을 가진 이들에게 선교적인 관심과 열정을 불러일으키기 위해서 시작된 '시니어 선교 훈련 학교(Senior Mission Training School)'는 이미 2023년에 제6기를 개최했다. 미국과 캐나다와 한국에서 참여한 은퇴 부부들과 섬기는 간사들을 포함하여 40여 명이 약 3주에 걸쳐서 오전엔 선교 관련 강의를 듣고 오후에는 선교 현지를 둘러보는 유익한 프로그램이다. 팬데믹으로 몇 년간 개최하지 않다가 2023년에 다시 열게 되었다. 나도 아내와 함께 참석해서 몇 차례에 걸쳐 설교하고 참석자들과 좋은 사귐을 가졌다. 그런데 그것이 계기가 되어 내가 총책임을 맡게 되었고 한국와 미국 등지에서 훌륭한 강사들을 초청해서 좋은 강의를 들을 수 있었다.

참석자들 중에는 현지인 생활의 열악함을 현장에서 보고 또 선교사의 좋은 사역에 감동받아 선교 헌금을 내어 예배당을 짓게 돕기도 하고 또 다 쓰러져가는 움막 같은 현지인 집들을 새로 지어주며 우물을 파주는 사역도 하였다. 이미 50여 개의 예배당을 건축했고 여러 채의 새 집을 지어주었다. 그런 일로 인해서 선교 센터와 선교사들은 주민들의 신뢰와 사랑을 받고 있는데 그 선교사 부부는 여생을 그곳에서 보낼 뿐 아니라 그곳에서 죽겠다는 결심으로 이미 묘지 자리도 준비해두었고 매일 열심히 섬기는 것을 보았다.

지난번 도미니카공화국의 선교지에서 시니어 선교 훈련을 마친 후에는 뜻밖에 멋진 프로그램이 준비되어 있었다. 그 나라에서 손꼽히는 휴양지인 "푼타카나"라는 해변 지역에서 3일간 자유롭게 휴식을 즐기는 것이었다. 그것은 전혀 예상하지 못한 완전한 선물이었다. 날씨가 좋고 환경도 깨끗하고 숙박 시설도 최고급인데 음식도 다양하다. 또 현지인 목사의 협조로 비용도 상당히 저렴하여 일석이조였다. 숙박비 안에는 시설 안에 있는 여러 식당 가운데 자유로 선택하여 원하는 음식을 먹는 것도 포함되어 있어서 신나는 며칠을 보냈더니 모든 피로가 풀리는 것 같아서 정말 좋았다.

훈련 학교를 개최하는 1월 말과 2월은 도미니카에서 연중 가장 날씨가 좋다. 진푸른 물감을 칠한 것같이 새파란 하늘이 얼마나 깨끗하고 맑은지, 그리고 하루에 몇 번씩 스콜이라고 하는 열대성 소나기가 쏟아지는데 약 5분 정도 퍼붓고 나면 어느새 활짝 개어 햇빛이 찬란해지는 것이다. 그렇다 보니 시내가 아니면 대기오염이 거의 없고 한국에서 "악명 높은" 미세먼지도 전혀 없어서 공기가 아주 깨끗하기 때문에 코로 들어오는 공기가 가슴속까지 씻어주는 느낌이다. 특히 이른 아침에 넓고 안전한 선교 센터 안에서 산책을 하면 매일 새로운 기운을 얻는 것 같다. 기후가 좋아서 사방에 바나나 열매가 계속 열리고 각종 과일이 풍성하여 식사 때마다 파파야와 아보카도가 식탁에 올라오고 무공해 식품으로 된 음식이 맛있다. 그곳에 머무는 동안 거의 매일 하루에 세 끼니를 먹었는데도 체중이 전혀 늘지 않았다.

지난번 방문했을 때에는 미국에서 각종 씨앗을 구해갔다. 오이, 토마토, 고추, 호박 등의 씨앗을 심었는데 기후가 좋고 토질이 좋아서 작은 텃밭에서 잘 자라고 있다. 센터 뒤에는 아직도 개간되지 않은 정글이 있는데 바나나와 비슷한 플라타나가 주렁주렁 달린 나무들이 많고, 연못에는 손바닥만한 물고기가 힘차게 뛰논다. 또 얼마 전에는 캐나다에서 온 분이 농장 가운데 닭장을 세워서 닭들을 키우기도 했다. 최근에는 아이티에서 농장을 세우고 선교 활동을 한 선교사 한 분이 이곳으로 이주해와서 자연 농업을 펼치고 있는데 좋은 결실을 얻을 것이라는 큰 기대가 된다.

어느 부부는 미국에서 상당히 큰 규모의 사업을 하다가 마음의 결심을 하고 재산을 다 정리했다. 집과 차는 물론이고 사냥총과 가구와 전자 제품들을 나눠주거나 팔고 이 선교 센터에 와서 그가 좋아하는 음악 사역을 했는데 얼마 전에 센터를 떠나 개별적인 선교 사역을 하고 있다. 현지인 아이들을 위해서 멜로디카라는 작고 배우기 쉬운 악기를 구입하여 가르치고 또 크로마 하프 찬양팀을 구성하여 열심히 배우고 연주도 하고 있다. 현지에 있는 한인 선교사 부인들이 회원인데 정기적으로 모여서 연습하고 또 음식을 나누며 즐거운 교제를 한다. 이미 이 훈련 학교를 마치고 귀국한 이들은 자기들이 속한 교회에서 다른 시니어들을 격려하여 다음 회기 참여를 독려하기도 하고 또 교회의 선교 프로그램에 적극적으로 참여하고 있다고 한다. 어느 권사는 자녀를 비롯하여 온 친척을 격려하고 선교헌금을 모아 산토도밍고에 예배당을 건축하기도 했다. 그분은 이미 낡아진 양철 지붕 집들을 개조하여 새 집으로 만드는 일을 위해서 상당한 선교헌금을 모금해 보내기도 했다. 우리도 아내의 70회 생일에 잔치를 하지 않고 두 아들의 가정과 돈을 모아서 이곳에 예배당을 한 곳 건축할 수 있게 했다. 참으로 기쁘고 의미 있는 보람된 일이 아닐 수 없다.

나는 그곳에서 또 책임을 맡았다. 영어로 진행하는 "선교대학"(World Mission Bible College)을 설립하기로 했는데 내가 그 대학의 학장으로 임명된 것이다. 지난 2021년에 설립하여 2년간 교육하고 2022년 10월 22일에 11명의 제1회 졸업생을 배출했다. 이 대학은 엄선된 학생들을 2년 이상 교육하여 다른 나라에 선교사로 파송하는 것을 목표로 한 대학이다. 영어가 익숙한 현지인 학생이 주로 대상이지만 영어에 미숙한 학생은 영어를 배우면서 공부하게 하는데 나는 몇 개의 과목을 맡고 있다. 은퇴한 후에 주님을 위해서 섬길 수 있는 기회를 계속해서 주시는 하나님의 은혜에 감사가 넘친다.

{아흔아홉}

스페인어를 연습하면서

세계 각국의 선교지를 자주 방문하면서 늘 흥미 있게 느끼는 것은 언어가 모두 다르다는 것이다. 그동안 여러 나라를 방문하여 현지 신학생과 교회 지도자들을 교육했는데 가장 중요한 것이 소통이다. 나 자신도 영어를 말하는 강연자와 설교자들을 위한 한국어 통역자로 여러 해를 섬겼지만 막상 다른 나라에 가면 대체로 영어가 많이 통하지만 현지인들이 제대로 이해하려면 그들의 언어로 말해야 한다. 선교지에서 약 35년을 지낸 한 선교사의 말에 따르면 선교지에 와서 2~3년이 지나면 대체로 의사소통이 가능하지만 제대로 그들의 마음을 이해하고 소위 "마음의 언어"로 그들의 느낌대로 대화하게 된 것은 약 20년이 지난 후였다고 한다.

케냐에 갔을 때에는 주로 영어로 대화할 수 있었다. 그렇지만 부족민들이 다니는 학교에 가서 설교를 할 때에는 내가 영어로 말하면 현지인이 현지어로 통역했다. 어느 때에는 내 옆에 통역자가 두 명이 서서 징검다리처럼 통역을 했다. 언어라는 것이 한 사람만 걸러도 뜻이 똑같지 않은데 두 사람을 걸렀으니 어떻게 통역했는지 상당히 궁금하기도 했다. 아프리카 대부분의 나라는 옛날 프랑스의 식민지였기 때문에 불어를 사용한다. 그곳에 가서는 영어로 강의하고 영어에 익숙한 현지인이 "아프리카식"(?) 불어로 통역했다. 프랑스 현지어가 아프리카로 건너와서 "현지화"한 것이 또한 흥미로웠다.

러시아어를 사용하는 우크라이나의 신학교를 방문했을 때에는 한국어를 잘 알고 있는 고려인 3세 목사가 통역을 했다. 그는 한국의 신학대학에 유학하여 고생하며 한국어로 대학원을 마치고 왔기 때문에 나의 한국어 강의를 아무런 어려움도 없이 러시아어로 통역해주었다. 강의실에서 재미있는 경험도 했다. 우크라이나 학생 가운데 한 명이 내 나이에 대해서 궁금했던 것 같다. 한 여학생이 스마트폰의 '번역기'를 사용하여 내 나이를 한국어로 물은 것이다. 그런데 한국어 번역이 "너 나이가 몇 살이냐?"로 나온 것이다. 기왕이면 존댓말을 사용하도록 했으면 좋을 텐데 왜 그렇게 표현했는지 제작자의 의도가 의심스러워서 잠시 웃기도 했다.

지난번에 다시 도미니카공화국을 방문했다. 이번에는 현지인 교회 지도자들을 위한 집중 교육이었다. 다행히 한국 대학에서 스페인어를 전공한 한국인 선교사가 강의 통역을 맡아서 정말 시원하게 통역해주었다. 그런데 흥미롭게도 내가 말한 것보다 통역자가 더 재미있게 통역을 하는 것이다. 예를 들어 내가 교육에 참석한 이들에게 치아가 보일 만큼 크게 미소를 띄고 옆 사람에게 인사하라고 말했는데 통역자는 "치아가 누런 사람도 치아가 보이도록 하세요"라고 통역한 것이다. 강의실이 한바탕 웃음바다가 되었다. 나는 앞으로도 그곳에 계속해서 방문하여 강의를 해야 하기 때문에 "부득불"(!) 스페인어의 기초라도 배워야겠다는 생각이 들어 인터넷 앞에서 독학을 시작했다. 거의 매일 스페인어 표현을 익히고 있다.

인간에게는 언어가 있어서 소통이 원활하다. 대화가 막히면 그것은 인간관계가 막히는 것이며 그것으로 각종 오해와 문제가 생긴다.

구약 시대에 교만한 마음으로 바벨탑을 쌓던 사람들을 하나님께서 말이 통하지 않게 하심으로 모두 사방에 흩어지게 했던 사건을 기억하게 된다. 함께 있는 사람들 사이에 대화가 전혀 통하지 않으면 얼마나 답답하겠는가? 가정에서도 부부와 자녀와 형제들 간에 말이 통하고 또 나라에서도 집권자와 국민 사이에 더 잘 소통했으면 좋겠다.

{백}

시니어 선교사

요즘 시니어 선교사에 대한 관심도 많고 실제로 선교지로 나가는 이들도 많다. 전에는 60세쯤 되면 이미 사회에서 노인 취급을 받거나 직장에서 퇴직할 수밖에 없었지만 100세가 넘는 이들이 적지 않은 현실에서 65세가 넘는 소위 "시니어"들의 노후 생활에 대한 관심이높다. 그래서 한국에서는 중년과 노년의 한계를 재수정했다고 한다. 요즘엔 70세 잔치도 많이 하지 않는다고 한다. 그 가운데 평생(?)을 다니던 직장에서는 마지못해서 퇴직했지만 아직 건강하고 숙련된 기술을 썩히는 것도 아까운 경우가 많다. 그래서 근래에 와서 시니어 선교사 이야기가 많아진 것이다.

세계적인 통계로 보면 과거 세계에 파송된 선교사의 평균 연령은 27세에서 32세 정도로 나타나 있다. 얼핏 듣기에는 그런 젊은 사람이 무슨 일을 할 수 있겠는가 반문할 사람도 있겠지만 처음에 한국에 왔던 선교사들도 아주 젊은 나이에 사역을 시작했고 지금도 그런 젊은 이들이 선교지로 나가고 있다. 불타는 열정과 건강한 몸으로 무엇이든지 할 수 있겠다는 용기와 꿈이 있기 때문이다. 그러면 나이가 상당히(?) 많은 시니어들이 무슨 선교일을 할 수 있겠는가? 그런데 미국의 일부 교단에서는 시니어들을 격려하고 국내외로 많이 파송하고 있는데 실제로 그들의 역할이 대단히 효율적이라고 한다. 시니어 선교사가 할 수 있는 몇 가지만 생각해보자.

시니어들은 평생 익힌 특별한 기능과 기술을 갖고 있다. 평생 익혔던 경험과 기술을 그대로 썩혀버리는 것은 너무도 아깝지 않은가? 꼭 기계 기술이 아니더라도 행정과 교육과 문화와 관련된 일들이 얼마든지 있다. 음악과 미술 같은 예술적인 기능도 잘 쓰이고 의사나 교사였던 사람들이 할 일도 아주 많다. 은퇴 후에 대략 25년이나 30년을 더 살 텐데 그동안 그 기술과 기능들이 필요한 곳에서 봉사하는 것은 얼마나 바람직한 일인가!

시니어들은 자녀들이 이미 다 성장했기 때문에 자녀 양육이나 교육에 대한 염려가 없다. 실제로 많은 젊은 선교사들이 자녀 문제로 선교지를 떠날 수밖에 없거나 많은 고충을 겪고 있는데 시니어들은 그런 염려를 벗어났기 때문에 선교비 마련을 위해서 긴장하고 스트레스를 받지 않아도 좋고 보다 자유롭게 일할 수 있다. 물론 시간에 쫓기지 않기 때문에 서두르지 않지만 꾸준히 성실하게 섬기려는 마음이 필요하다. 그런 중에는 영어를 비롯한 언어 교육, 소그룹 성경지도, 컴퓨터 강좌, 자전거 수리, 의약 관련 봉사, 비서와 회계직, 구제 사역, 한의사나 치과의사 등을 포함한 의료봉사, 개인전도 등 다양한 분야에서 일할 수 있다.

그런데 시니어 선교사들이 꼭 기억하고 조심해야 할 것들도 적지 않다. 우선 해외로 나가서 현지 언어를 습득하는 것이 젊은이들보다 훨씬 어렵다는 것이다. 젊은 선교사들처럼 수년간 시간을 투자하여 현지 언어를 배울 시간이 부족하다. 그러므로 새로운 문화와 습관과 충돌하기보다 익숙해지기 위해 많이 노력해야 한다. 현지 선교사들에게서 배우겠다는 겸손한 마음 자세가 꼭 필요하다. 현지 선교사들의 연령은 시니어보다 낮지만 그들이 선교의 선배라는 것을 망각하지 말고 적극적으로 협력해야 한다. 모국에서 배우고 익힌 것을 낯선 선교지에서 강요하거나 다른 선교사들의 사역을 무분별하게 비판하지 않도록 해야 한다. 그리고 건강관리에도 특별히 관심을 가져야 한다. 젊은 때와 같은 활력이 없기 때문에 무리하지 않지만 꾸준히 봉사하는 것이 필요하다. 대부분의 시니어들은 마음은 젊어도 몸은 그것을 따라가지 못한다는 사실을 잊지 않아야 할 것이다.

요즘엔 퇴직 후의 삶에 대하여 장기적인 계획이 있어야 한다. 아무런 준비도 없이 은퇴한 후에 귀한 시간을 허비하는 이들이 아주 많다. 어느 글에 보니 "노인이 빨리 죽는 시기는 할 일을 찾지 못할 때"라고 한다. 시니어 선교사가 되거나 그런 일에 협력하여 평생 배우고 익힌 실력과 재능을 주님을 위해서 아낌없이 사용하는 것은 하나님께 영광을 돌리는 일일 뿐 아니라 자신에게도 큰 보람과 힘이 될 것이다. 편안하고 안전한 곳에서 아무것도 하지 않고 세월을 보내기보다 단 2~3년이라도 국내외에서 자원봉사자로 헌신하는 것은 어떨까?

어느 분은 제4기 시니어 선교훈련을 받고 새로운 용기와 은혜를 받아서 캐나다로 귀국하여 늦은 나이에 신학을 공부하고 또 침술까지 배워서 자격증을 획득한 후 도미니카공화국의 시니어 선교사가 되었다. 그는 이미 70세가 넘었지만 매일 열심히 운동하고 음식도 가려 먹어서 건강한 가운데 현지 교회와 연결된 사역을 하고 있으며 또 선교센터 안에 침술원을 개원하여 의료 봉사를 한다. 현지인들은 침에 대한 "특별한" 신뢰가 있어서 그런지 상당히 효과가 크다고 한다. 대체로 환자들은 침을 꽂은 후에 대략 20분 정도 조용히 기다려야 하기 때문에 그 시간을 이용하여 간단하게 복음을 전하기도 한다. 그분은 현재 스페인어를 익히기 위해서 현지인 개인 교사를 두고 일주일에 두 번 씩 열심히 배우고 있다는데, 그의 사역의 열매도 기대가 된다.

{백하나}

복수 국적

나는 1993년도에 미국 한인교회 담임목사로 초청을 받고 미국 이민자가 되었다. 그전에 미국에 있는 신학대학원의 유학생으로 있을 때에는 학생 신분이었지만 한인교회에 목사로 온 직후에 영주권을 받았고 5년 후에 미국 시민권을 받아서 미국에 살게 된 것이다. 이제 한국인이지만 미국인으로 살게 되었다. 사실 한인들이 많이 사는 로스앤젤레스 같은 곳에서는 영어를 몰라도 별로 큰 불편 없이 살 수 있기 때문에 자신의 신분에 대해서 별로 신경을 쓰지 않는 편이다. 그렇지만 미국의 중부나 남부 또는 동부의 오래된 도시에 가면 한인이 거의 없어서 언어의 불편을 느끼는 이들이 많다. 아무튼 그 후 나는 미국 시민이 되었기 때문에 여권이 바뀌었다. 시민권을 받기 위해서는 필기시험과 인터뷰를 해야 하는데 내게는 별로 어렵지 않은 과정이었다. 이렇게 해서 한국에서 태어나 한국에서 40여 년을 살며 일했지만 이제는 미국에 사는 소위 한국계 미국인이 된 것이다.

한때 미국 여권은 상당히 힘이 있었다. 미국의 달러 가치도 힘이 있어서 어디를 가든지 달러가 잘 쓰였다. 약 30년 전에 한국 여권을 갖고 신학교의 선교사 후보생들을 이끌고 동남아시아를 방문할 때에는 미국 여권을 가진 사람들이 좋아 보였다. 예를 들어 인도에 처음 방문할 때에 공항 세관에서 모두 길게 줄을 서서 입국 심사 차례를 기다리는데 미국 여권 소지자들은 다른 줄을 통해서 쉽게 입국하는 것을 본 것이다. 지금은 그런 광경을 볼 수 없지만 그때에는 그런 것이 눈에 거슬렸다.

"야, 미국 여권이 힘이 있구나!"

그런데 요즘엔 사정이 많이 달라졌다. 유럽을 여행할 때는 대부분의 나라에서 미국 달러를 받지 않고 유럽 화폐인 유로만 받기 때문에 반드시 환전을 해야 한다. 미국 달러가 대접을 받지 못하는 것이다. 또 한국 여권의 "힘"이 세계에서 두세 번째에 해당한다고 하니 대단한 변화다.

몇 년 전에 브라질을 방문할 때였다. 브라질 입국 비자를 받는 것부터 간단치 않았다. 관계 영사관을 찾아가 인터뷰를 하고 적지 않은 비용을 지불하고 비자를 받았는데 브라질 공항을 들어갈 때에 또 공항세를 받는 것이다. 그런데 나와 동행하던 한국인은 공항세를 내지 않고 통과했다. 나는 직원에게 그 이유를 물었다. 그의 대답은 덤덤하면서도 간단했다. "우리가 미국에 들어가려면 공항세를 지불하기 때문에 우리도 미국 여권 소지자에게 공항세를 받는다"는 것이다. 마치 복수라도 하는 것 같은 느낌을 받았다. 그리고 실제로 미국 여권을 가진 내 가방을 다른 여행객들의 것보다 한두 번 더 조사했던 것으로 기억한다. 미국 여권이 힘을 잃은 것인가? 아니면 세상 사람들에게 보복을 당하는 것인가?

지난번 도미니카공화국에 갈 때에도 비슷한 경우를 겪었다. 선교사 훈련을 위한 세미나에 강의차 방문하는 것인데 산토도밍고 공항에서 마침 내가 잘 아는 강사 한 분을 만났다. 반갑게 세관에 갔는데 미국 여권을 가진 나는 공항세를 내고 그는 내지 않는 것이다. 알고 보니 그는 한국 여권과 미국 여권을 다 갖고 있는 복수국적자였던 것이다. 한국에서는 만 65세가 넘은 한국계 사람들에게 한국 국적을 회복해주고 있었다. 한국은 현재 세계 대부분의 나라와 무비자 협정이 되어 있어서 입국이 쉽다고 한다. 반면 미국은 최근 들어서 여러 나라와 충돌하기도 하고 독단주의 형식으로 대하기 때문에 인상이 별로 좋지 않아서 그런지 여러 나라가 "푸대접"을 하는 것이 아닌가 하는 생각이 든다.

얼마 후 나는 한국을 방문할 동안에 서둘러서 복수 국적을 신청했다. 그래서 신청한 복수 국적이 약 8개월 만에 드디어 발급되었다. 한국 국적을 회복하니 한국을 방문했을 때 편리한 점이 적지 않았다. 우선 65세 이상의 노년층에게 지하철은 무료이다. 그래서 그런지 지하철 내부에는 노인으로 보이는 승객들이 상당히 많았다. 그리고 내가 머물던 대전에서 서울과 부산에 가기 위해서 KTX 급행 열차를 탔는데 가격을 할인해주는 것이다. 지난번 한국에 갔을 때 지인을 만나기 위해 속초를 방문했다가 가까운 설악산에 갔는데 입장료가 무료이다. 입장료가 비싸지는 않았지만 무료라는 사실이 흥미로웠다. 이제 나는 미국 여권보다 더 활용도가 높은(?) 한국 여권도 가졌으니 한국 출입국 관리소에서는 한국 여권을 쓰고 미국에 들어올 때에는 미국 여권을 쓸 것이다. 이제 얼마 후에는 다시 러시아를 방문하여 그곳에서 신학교를 운영하는 제자 선교사와 협력할 계획을 갖고 있는데 한국 여권으로 입국하는 것이 더 편리할 것이라는 소식을 들었다. 아무튼 정치만 좀 더 안정되고 전쟁 위협만 사라진다면 대한민국은 정말 살기 좋은 나라일 것이다.

{백돌}

할 일이 있어서 행복하다

팬데믹이 많은 것들을 막았지만 나는 그 기간에도 도미니카공화국을 방문하여 여러 가지 사역을 감당했다. 그 가운데 몇 가지만 생각해 본다. 우선 그곳 현지 선교사가 기도해오던 대로 청년들에게 선교훈련을 시켜서 여러 곳의 선교사로 파송하고자 하는 일이 시작된 것이다. 즉 World Mission Bible College를 시작하여 아이티와 도미니카 그리고 유럽에서 온 학생들 13명을 전액 장학금으로 기숙사에 머물게 하고 봄 학기와 가을 학기로 나누어 교육을 시작했다.

아이티는 2023년 지금도 대혼란 가운데 있다. 부패한 정치인들만 아니라 각종 조직 폭력배와 깡패들이 사회를 심히 어지럽게 하여 그곳에서 10여 년씩 사역하던 선교사들이 대부분 다른 나라로 가거나 도미니카공화국으로 건너왔다. 종종 거대한 허리케인이 강타하여 시설물과 주택이 붕괴되고 인명 피해가 나지만 복구는 엄두도 내지 못하고 있는 상황이다. 그런데 바이블 칼리지에 온 학생들 대부분이 아이티 출신인 것은 K 선교사의 아이티에 대한 사랑과 관심 때문일 것이다.

World Mission Bible College 입학에 필요한 우선적인 조건은 영어를 이해해야 하는 것이다. 놀랍게도 아이티에서 온 청년들도 영어를 듣고 말할 수 있었다. 나도 영어는 외국어지만 그동안의 많은 경험을 살려서 열심히 가르치고 지도했다. 그리고 강의가 없는 기간에는 학생들이 선교센터의 여러 가지 일들을 하는 것이 교육의 실습장이 되었다. 기도회, 찬양, 운전, 방문자 안내, 지역 교회 방문 사역, 현지 선교사와의 협력 봉사 등 할 일은 많다. 학생들이 처음에는 서로 어색하여 분위기가 써늘했지만 지난 2년 동안 모두 한 곳에 살면서 함께 하루 세 끼의 식사를 하다 보니 이제는 정말 가족같이 되었다. 지난 2022년 10월 22일에 첫 졸업생을 배출하면서 나의 가슴에 감사가 넘쳤다.

또 한 가지 사역은 센터 안에서 교회를 개척한 것이다. 주일만 되면 그곳 선교센터에 있는 이들은 인근 현지인 교회나 멀리 한인 교회를 찾아가 예배를 드리면서 여로모로 불편을 느꼈는데 이 문제를 놓고 오래 기도해온 K 선교사가 나와 마음이 맞아서 2021년 10월에 선교센터 안에 International Tabernacle Church(ITC)를 세운 것이다. 사실 센터 안에는 성경의 규모대로 성막을 건축했기 때문에 거기에 알맞은 이름이다. 그리고 내가 교회의 담임목사가 되었다. 모든 예배 진행은 영어로 하기로 했다. 만일 한국어를 사용하는 교회가 되면 인근 한인 교회에 혹시 피해가 될 수 있고 한편 스페인어로 말하는 교회를 시작하면 현지인 교회들로부터 불편한 말을 들을 수 있기 때문에 영어 예배를 드리기로 한 것이다.

첫 예배에는 센터 안에 있는 20여 명의 형제 자매들이 참석했는데 단기 선교팀들도 방문하고 또 현지인들이 참여하기 시작하면서 교회는 활기를 띠었다. 특히 바이블 칼리지 학생들이 인도하는 찬양팀은 그야말로 멋지다. 그들은 음악성을 타고난 것인지 제대로 배우지도 않은 각종 악기를 잘 연주하고 찬양도 잘했다. 이제는 스크린도 설치하여 찬양 가사도 띄우고 또 우리 교회애서 첫 장로로 안수받은 Max

형제가 멋진 강단을 기증하여 잘 사용하고 있다. 내가 자리를 비우는 동안에는 현지인 목사 중에 영어 설교가 가능한 이들을 초청하여 주의 말씀을 듣거나 또는 방문하는 교회의 설교자들이 강단을 지키고 있다. 그리고 최근에는 Ministry Training Seminar (MTS)를 신설하여 한 달에 한 번씩 아이티 출신 목사들을 집중 교육하는 프로그램을 시작하였다. 아프리카와 남미 대부분의 나라의 목회자들이 성경을 제대로 배우거나 신학을 공부할 기회가 없었기 때문에 설교와 성경 지도에 어려움이 많은 것이 현실이다. 그들을 돕는 것이 곧 교회를 살리는 것이라는 생각으로 참석자들은 월요일 오후에 선교센터에 와서 화요일 오후까지 다양한 분야의 전문적인 강사들을 초빙하여 강의를 듣고 있다. 목회 현장에서 바로 사용할 수 있는 실질적인 교육을 시도하고 있는 것이다.

{백셋}

나의 힘이 닿는 날까지

목회 현장에서 은퇴한 이후에도 여러 곳에서 나를 필요로 한다는 사실이 참으로 감사하다. 특히 신학교에서 내게 배운 제자들이 세계 여러 나라에서 수고하는 경력 선교사들이 되어서 내게 와서 현지인 교육을 도와달라는 경우가 적지 않다. 하나님께서 나를 여기까지 인도하셨기에 이제는 내가 배우고 익힌 것들을 다음 세대를 위해서 돌려줘야 할 때가 된 것이다. "하나님은 받은 것이 많은 사람에게는 많은 것을 요구하신다"는 성경 말씀처럼 나야말로 하나님으로부터 평생 받은 것이 많은 사람이어서 사명감을 가지고 어디든지 가서 섬겨야 하겠다. 이것이 얼마나 큰 특권인가!

나는 건강하게 사는 날 동안에 몇 가지 일들을 열심히 하려고 한다. 노령의 나이가 되어 비행기를 오래 타기 힘들기 전까지는 우선 나의 도움이 필요하고 나를 필요로 하는 선교지를 계속해서 방문하여 선교사들을 격려하고 현지인 교회 지도자들을 위한 교육을 할 것이다. 할 수 있으면 러시아와 우크라이나에서도 내가 다시 와서 강의해주기를 바라고 있어서 그것도 준비하고 있다. 그리고 도미니카공화국에서 매년 실시하는 시니어 선교 훈련 학교에도 계속 가서 열심히 사역하려고 한다. 건강한 시니어들이 선교에 눈이 뜨여서 그들이 출석하는 지역 교회나 해외 선교지에서 봉사하게 된다면 얼마나 좋은 일인가! 그 외에도 선교지에서 성경을 가르칠 기회가 준비되면 그것이 어느 것이든지 달려가서 열심히 감당할 것이다.

지난번 산토도밍고에 올 때에 뉴욕 공항을 통해서 입국하면서 흥미로운 일이 있었다. 미국 세관 경찰은 대개 방문자가 왜 어디에 가서 얼마 동안 있을 것인지를 묻는데 그날은 엉뚱한 질문을 한 것이다. 그는 내 여권과 얼굴을 번갈아 보면서 "당신이 정말 1947년생입니까? 본인입니까?"라고 묻는 것이다. 나이에 비해서 너무 젊게 보이기 때문에 다른 사람이 아닌지를 확인한 것이다. 입국 스탬프를 찍은 후에 그는 "나도 나이가 더 들어도 당신처럼 되었으면 좋겠다"고 하면서 빙그레 웃는 것이다. 그 말이 얼마나 신나는(?) 일이었는지!.

또한 나는 미국과 한국에서 요청이 있는 대로 교회 집회를 계속할 것이고 또 아내와 종종 여행을 다니고 또 자녀들과 손주들과 함께 멋진 추억을 만들려고 한다. 개인적으로는 매일 묵상의 글을 쓰고 책을 집필하며 내가 좋아하는 그림을 그리고 또 팬플루트와 오카리나 같은 것을 포함하여 한두 가지 다른 악기를 연습할 것이다. 글을 쓰고 악기를 다루는 사람은 치매에 걸릴 확률이 적다고 하니 좋은 생각이 아닌가?

그리고 혹시 내가 건강상 멀리 비행기로 여행하기가 힘들게 되면 국내에서 요청이 있는 대로 설교하고 또 강의할 것이다. 또한 가까이 있는 후배와 제자들을 격려하고 돕는 일을 계속하겠다. 내가 평생 배운 것들을 그들에게 나누는 일을 나의 사명 가운데 하나로 여기려고 한다. 나의 평생에 하나님께로부터 받은 많은 은혜를 생각하면 내가 아무리 해도 그 은혜를 어찌 다 갚겠는가? 그저 내가 배우고 경험한 것들을 남김없이 나누고 싶은 마음이다. 그리고 나도 사도 바울의 고백처럼 달려갈 믿음의 길을 쉬지 않고 달리고 하나님이 내게 주신 사명을 충성스럽게 감당하고 싶다.